관 광 창업론

박철호 저

기문사

www.kimoonsa.co.kr

인사말

관광산업은 타 산업과의 융복합이 용이하고 기술적으로 접목할 수 있는 범위가 넓고 다양하다. 그에 따라 현대의 관광산업은 타 산업과의 융복합을 추진하며 새로운 가치를 창출하는 역할을 수행한다. 이에 새롭고 다양한 관광 수요가 창출될 수 있으며, 이러한 수요를 충족할 수 있는 새로운 관광비즈니스 모델을 개발하여 관광창업에 이르기까지 관광산업의 다각적 · 질적 성장을 도모할 수 있다.

창업이란 새로운 기업을 설립하여 재화나 서비스를 제공하기 위한 수단이다. 그러나 시대가 변화함에 따라 창업의 의미는 단순한 사전적 의미를 벗어나 새로운 가치와 창의적인 서비스를 융합하여 창출하기 위한 하나의 수단으로서도 인식되고 있다. 관광과 정보기술(IT)을 융합하여 관광지 또는 관광객들에게 유 · 무형적 서비스를 제공하는 모델은 새로운 관광형태에 대한 수요와 공급이 일어날 수 있는 기초제가 될 수 있는 것이다. IT, ICT, IoT, 플랫폼, 빅데이터, 최근 들어서는 대화형 정보기술의 중심에 있는 AI, ChatGPT 등을 관광산업과 융합한 색다른 관광창업 모델은 또 다른 관광시장을 창출할 수 있을 것으로 기대한다.

이에 본 교재는 관광창업연구 단계를 거쳐 관광창업론을 집필하며 관광창업을 대비한 예비 관광창업가에게 보다 쉽게 접근할 수 있도록 하였다. 관광창업을 위한 관계 법령에서부터 창업환경분석과 비즈니스 모델의 이해, 기업가정신의 이해, 창의적 아이디어 발굴 등 관광창업에 필요한 필수적 내용뿐만 아니라 창업 트렌드 및 흐름과 이슈를 집중적으로 다루었다. 관광창업에 대한 통섭적 이해력을 높이고 실제 적용할 수 있도록 심혈을 기울였기에 미래의 관광창업가에게 초석이 되기를 희망한다.

마지막으로 본서가 출간될 수 있도록 도움을 주신 모든 분들에게 고마움을 전하며, 본서를 출간해 주신 도서출판 기문사 한인환 사장님, 이하 임직원 분들의 노고에 심심한 감사를 드린다.

2023년 2월 1일

박 철 호

차 례

프롤로그

프롤로그

I

창업교육의 중요성

1. 창업교육의 중요성

■ 대학의 창업교육은 개인에게 창업의 동기를 부여해주고 새로운 기술의 발견과 발명을 통한 창업촉진 및 혁신, 중소 및 벤처기업의 성공여부에 영향을 주는 창업관련지식의 전달을 통하여 국가경제와 지역경제의 성장에 중요한 역할을 담당하기 때문에 매우 중요함.

■ 미국의 경우 창업교육은 1947년 마일즈 메이스(Myles Mace)교수가 하버드 대학교에서 창업(Entrepreneurship) 강의를 한 것을 시작으로, 점점 많은 대학에서 창업 교육의 중요성과 그 필요성이 확산되어 이제는 하나의 학문 분야로 자리를 잡아가고 있음.

■ 우리나라의 창업교육은 90년대 중반부터 활성화되기 시작하였으며 특히 IMF를 경험하면서 퇴직자가 급증하고, 경기침체로 인한 극심한 취업난으로 인한 청년 실업자의 증가로 창업이 취업의 대안으로 자리 잡으면서 창업교육 수요가 크게 증가하고 있음.

■ 예비 창업자 중심의 창업교육을 중심으로 발전한 우리나라도 창업교육은 이제 하나의 학문적 영역으로 발전하는 단계에 이르렀음.

■ 많은 대학들이 창업교육 수요를 반영하여 자체적으로 또는 노동부 등의 지원을 받아 창업관련 과목을 급속하게 개설하고 있음.

■ 일부 대학은 학부 과정에 창업관련 학과를 개설하고 있으며, 중소기업청의 지원으로 2004년부터 시작된 5개 창업대학원이 석사 과정으로 창업학 컨설

팅 등 세부 전공을 개설하고 있으며, 일부 대학은 창업학 박사 과정을 개설·운영하고 있어 창업학은 본격적으로 독립학문으로서의 영역을 구축하고 있는 시점임.

2. 체계적인 창업교육의 부재

- 우리나라는 창업교육의 역사가 짧고 교육과정의 개발 미흡, 교수 인력, 교수방법, 교재개발 등도 부족해 체계적인 창업 교육에 한계를 지니고 있음.
- 미국의 경우에는 1960년대 말부터 현재까지도 대학에서 창업교과과정을 개설하는 수가 지속적으로 증가해 왔으며, 오랜 시간 지속적인 창업교육을 통해 실리콘 벨리를 중심으로 수많은 벤처기업 및 중소창업기업들이 생겨나고 있으며, 스타트 업에서 글로벌 기업으로 성장한 사례도 많음.
- 미국의 경우와는 달리, 국내의 경우에는 1997년의 '벤처기업육성에 관한 특별조치법'을 시작으로 창업의 양적확대가 이루어 졌고 2000년 후반부터 또 다시 정부의 다양한 창업지원이 시작되면서 국내의 창업시장은 다시금 급속한 양적 증가 현상을 보이고 있음.
- 이러한 현상은 오히려 부실 창업기업을 육성하게 되어 장기적으로 창업의 활성화를 저해하는 문제점이 나타날 수 있음.
- 따라서 정부의 다양한 지원으로 창업이 활성화 되고 있는 시점에서 앞으로 지속적으로 나타나게 될 창업가들을 위하여 가장 필요한 부분은 창업교육임.
- 특히 고등교육의 한 부분으로써 대학의 창업교육은 학생들의 기업가정신 함양과 창업에 필요한 계획 그리고 창업기업 운영을 위한 기술 등을 배양시키는 것이 중요함.
- 이러한 창업의 능력을 배양하기 위해서는 대학에서 창업교육의 범위와 내용을 이해하고 체계적인 교육 프로그램을 설계하여 교육하는 것이 필요함.

3. 창업교육 과목의 필요성

▰ 경제적 측면

■글로벌 금융위기로 인해 전 세계적인 경기침체가 이어 지고 있는 가운데 창업을 통한 경제 활성화가 매우 중요한 논제가 되고 있음.

■우리나라 역시 각종 규제를 풀어 우호적인 투자환경을 조성하는 한편 1인 기업, 1인 지식 기업, 1인 창조기업 등 풀뿌리 경제를 활성화하기 위한 지원책 마련에도 노력을 기울이고 있는 실정임.

■그러나 기초가 튼실하지 않은 창업 활성화와 창업 지원책은 과거의 경험에서 보듯이 더 큰 부작용이 야기될 수 있기 때문에 준비되지 않은 창업으로 인한 실패는 창업자 개인에게는 인생 실패의 한 단면이 되고, 국가 경제적으로는 사회적 비용을 발생시킴.

■창업교육의 필요성을 고려한다면 규모를 떠나 장사가 아닌 사업화의 관점에서 창업을 이해하고, 체계적인 교육을 통한 잠재적 창업가의 육성이 매우 중요함.

■특히 대학이 창업교육의 주체가 되어 체계적인 창업교육을 실시한다면 잠재적인 창업가를 육성하고 관련 학문의 발전을 꾀할 수 있으며, 창업교육은 창업의 저변을 확대하고 창업을 촉진함으로써 우리나라의 경제적 기초를 강화하는데 기여할 것임.

▰ 사회적 측면

■창업교육을 '사회 인프라'로 인식하는 인식의 전환과 함께 대학의 창업교육은 직업탐색의 과정이란 관점으로 검토되고 전개되어야 함.

■창업선진국에서는 많은 기업들이 창업의 경험을 자산으로 인정해 주기 때문에 창업에 실패해 본 경험이 많을수록 기업들의 선호도가 높음.

■창업에서 취업, 취업에서 다시 창업으로 유기적으로 연계되면서 기업들은 창업경험자의 열정을 얻을 수 있고, 학생들은 실패하더라도 재충전의 기회를 얻을 수 있기 때문에 최근에는 우리나라 일부 대기업들에서도 직원채용 시 창업경험자를 우대하고 있음.

■100세 시대를 맞이하여 개인적인 관점에서도, 일자리를 만들기 위한 국자적인 관점에서도 창업의 중요성은 논쟁의 여지가 없음.

관광산업 측면

■관광 소비계층의 증가와 여가시간의 증대에 따라 일반시민들의 관광에 대한 인식은 높아지고 있으나 한국의 관광산업은 선진국들에 비해 규모가 작을 뿐만 아니라 사업영역에 있어서도 전문화와 다각화 차원에서 발전 속도가 느리고 사업모델이 지속적으로 진화하지 못하는 한계를 드러내고 있음.

■최근에는 인터넷과 정보기술(IT)의 발달로 인해 전통적인 관광에 정보기술을 창의적으로 융합한 관광서비스상품들이 주를 이룰 것으로 예상되고, 디지털 콘텐츠의 수요가 급증함에 따라 관광콘텐츠 역시 앞으로 성장 가능성이 큰 고부가가치 산업으로 주목받고 있는 시점에서 관광사업에 대한 새로운 시각과 접근방법이 필요함.

■특히 관광산업은 다른 산업과의 융·복합이 용이하고 기술적으로 접목할 수 있는 여지가 넓기 때문에 4차 산업혁명이 관광산업에 미치는 파급력은 어느 분야보다도 클 것으로 전망되고 있음.

■이러한 시대적 흐름 속에서 4차 혁명의 중심에 있는 IT, ICT, IoT, 플랫폼, 빅데이터 등과 관광산업을 융합한 창의적인 관광서비스 및 관광사업 비즈니스모델의 개발로 새로운 관광시장을 창출할 수 있는 인재의 양성이 필요함.

4. 창업교육 사례분석

4.1. 미국 대학 창업교육

■미국의 창업교육과 문화는 지난 20년간 마이크로 소프트, 오라클 및 델 컴퓨터 등의 수많은 세계적인 벤처기업과 3600만 개의 새로운 일자리를 발생시킴.

■또한, 이들 새로운 벤처기업들은 다양한 신제품과 새로운 서비스의 산출을 통해 미국 국부를 증가시킴은 물론 국가 경쟁력을 한층 더 강화시킴.

■미국은 60년대 말부터 창업교육과정을 대학에 개설해 오고 있고 현재까지

많은 대학에서 창업관련 교과목을 중요한 교과목으로 개설하고 있으며 창업 교육을 전공으로 설치하는 대학과 대학원이 계속 증가하고 있음.

■ 이에 대표적인 미국 대학의 창업교육 운영현황 및 특징을 분석하여 시사점을 도출해 보고자 함.

Babson College

■ Babson College는 1967년 대학원생을 대상으로 창업 강좌를 개설한 이래로 1971년 학부에서 창업강좌를 개설하였으며, 1979년부터는 학부과정을 Business Administration 학위를 수여하면서 창업, 재무, 마케팅, 부동산, 법학, 경영관리, 경제학의 총 7가지의 세부전공 과정으로 나누는 합동 전공 과정을 개설하여 운영 중에 있음.

■ 창업교육의 목표를 글로벌 리더 양성에 두고, New business Creation, Managing Growth, Entrepreneurial Finance, Entrepreneurial Marketing 등 4개의 중점 과목의 교육을 Family Businesses, Women's Leadership, Social/Nonprofits, Corporate Entrepreneurship, Technology Enterprises, Public Policy, Global Entrepreneurship의 7개의 부문에 적용하여 창업교육을 실시하고 있음.

■ 창업교육 사례로 빠지지 않고 등장하는 Babson College는 창업과목을 특화시킨 대표적인 대학으로 U.S. News & World Report(2009)의 미국 우수대학 순위 발표에서 창업학 분야에서 대학 및 대학원 프로그램이 모두 1위를 차지하였음.

- Babson College는 창업학 분야에서 학부 프로그램은 12년 연속, MBA 프로그램은 16년 연속 1위를 차지하였음.

■ Babson College의 학부과정은 기업가의 리더십에 초점을 두고 경영학과 교양과목간의 통합연구를 강조하고 있음.

(1) 창업교육과정

■ Babson College의 학부 창업교육은 크게 경영관리와 일반교양 두 가지로 나누어지며, 난이도에 따라 기초과정과, 중급과정, 고급과정으로 나누어져 있음.

- 중요한 점은 기초과정의 필수과목을 모두 이수해야 중급과정으로 넘어갈 수 있고, 중급과정 역시 필수과목을 모두 이수해야 고급과정의 수업을 들을 수 있음.
- 기초 과정과 중급과정은 학부생들이 공통으로 들어야 하는 과목들로써 학부 필수 과목들로 구성되어 있고, 고급과정에서는 필수적으로 이수해야 하는 과목들 대신에 학습자의 선호에 따라 창업학 범위 내에서 과목을 정하여 이수할 수 있다.

■ 고급과정은 크게 일반 교양과목과 창업과목으로 나누어지는데, 창업과목은 다시 기본과정과 심화과정으로 나누어져 있음.

- 고급과정의 기본과정에서는 필수과목인 Entrepreneurship and New Venture와 선택과목인 Financing Entrepreneurial Ventures, Managing Growing Businesses, Venture Growth Strategies 등의 과목이 개설되어 있고, 심화과정에서는 New Venture, Corporate Entrepreneurship, Family Entreprisng, Social Entrepreneurship 분야의 과목이 개설되어 원하는 분야를 선택해서 집중적으로 창업교육을 받게 됨.

■ 1학년부터 3학년 1학기까지는 18학점을 이수할 수 있고, 3학년 2학기부터는 16학점을 이수할 수 있으며, 총 126학점을 취득해야 졸업이 가능함.

■ Babson College의 학부과정은 학습자의 사전 학습이나, 학습 목적, 학습내용의 이해를 돕기 위해서 한 학기 이전에 강좌계획서를 제공하여 수강신청을 하고 있음.

- 각 과목이 계획된 날짜와 시간부터 배우게 될 내용, 과제의 내용과 형태, 수업의 형태가 기재된 강좌계획서를 6~20페이지 내·외의 분량으로 제작하여 철저한 학습자를 위한 학습자 위주의 시스템을 운용

1) **기초과정**(Foundation)

■ 기초과정은 기초경영과목과 기초교양과목으로 나누어지며, 기초경영과목은 창업과목인 FME(Foundation Management Entrepreneurship)를 중심으로 경영과목인 Foundations of Business Law, Financial Accounting을 필수과목으로 이수하여야 하며, 기초 경영 과목에 특별하게 설계되어 있는 General College Credit 과정인 1학점의 First Year Seminar을 반드시 이수하여야 함.

■ 1993년에 신설된 FME는 2학기에 걸쳐 진행되는데 이 과정은 전교생이 입학과 동시에 들어야 하는 필수 수업임.
- 10~30명의 학생들이 한 팀을 이뤄 사업 아이디어를 내고 교수들 앞에서 프레젠테이션도 하면서 사업계획서를 작성하게 됨.
- 학교 측은 팀 당 최대 3000달러의 시드머니(Seed Money)를 지급하면서 학생들이 실제 창업을 하도록 하고 학생들은 사업의 흑자달성을 위한 계획, 사업개시, 경영 등을 지도받게 됨.
- 학생들은 1년 동안 회사 운영을 통해 벌어들인 수익의 일부는 신입생들이 주관하는 자선프로젝트에 제공되고 나머지는 현금으로 전액 지역 사회에 전액 기부함.
- 1999년 이 프로그램이 시작한 이래 누적 기부액만 43만 달러에 달하며, 지금까지 모든 팀들이 흑자를 기록하고 있음.

■ 이같이 학생들은 아이디어 발굴, 제품 개발 · 출시, 회사 운영 · 청산 등 창업 전 과정을 경험하면서 마케팅, 회계, 생산관리 등 강의실에서 학습한 내용을 체득하게 되고 이는 기업가정신을 기르는 것은 물론 기업의 사회적 책임에 대한 인식도 함께 높이는 기능을 하고 있음.

2) 중급과정(Intermediate)

■ 중급과정 역시 기초과정처럼 중급경영과목과 중급교양과목으로 나누어지며, 중급경영과목은 세부전공을 선택하기 전에 창업에 관심 있는 학습자는 창업과목인 ACE(Accelerated Curriculum for Entrepreneurship)를 선택하여 들을 수 있고 필수과목으로 Managerial Accounting, Tech Operations, Organizational Behavior, Microeconomics, Finance, Marketing을 이수하여야 함.

■ 중급교양과목에서는 3학점의 Applied Quantitative Modeling, Principles of Macroeconomics를 필수로 이수하여야 하며, 3학점의 5개 교과목을 분야별로 선택하여 이수해야만 고급과정의 교과목을 수강할 수 있음.

3) 고급과정(General College/Advanced Electives)

■ 보통 3학년부터 수강하게 되는 고급과정은 크게 일반교양과목과 창업과목

으로 나누어지며, 창업과목은 다시 기본과정과 심화과정으로 나누어져 있고, 모두 4학점의 과목들로 구성되어 있다.

- 고급과정에서 필수로 이수해야 하는 과목은 Entrepreneurship and Venture를 포함한 4과목이며, 창업과목과 교양과목 중 선택하여 학기당 16학점을 이수할 수 있음.
- 고급과정에서 특이한 점은 교양에 해당되는 과목을 필수로 20학점을 이수하여야 한다는 점으로써, 학부의 모든 과정에서 교양과목을 중요시 하고 있음.

Babson College의 고급과정 창업교과목

구분	교과목
필수1	- Entrepreneurship and Ventures
필수2(택1)	- Financing Entrepreneurial Ventures and the Business Plan - Managing a Growing Business
필수3(택2)	- Financing Entrepreneurial Ventures and the Business Plan(상기 필수과목을 수강치 않은 경우) - Family Business Management - Managing a Growing Business(상기 필수과목을 수강치 않은 경우) - Venture Growth Strategies(상기 필수 과목을 수강치 않은 경우) - Entrepreneurship in Latin America - Social Entrepreneurship Management - Value Selling for the Entrepreneur - Social Entrepreneurship by Design - Living the Entrepreneurial Experience - Raising Money: VCs, Angels and Incubators - Family Enterprises - Real Time Case Study - The Ultimate Entrepreneurial Challenge - Marketing for Entrepreneurs - Family as Entrepreneur - The Observational Entrepreneur From Obstacle to Opportunity - Hi-Tech Entrepreneurship : Assessing Opportunities and Viability of Hi-Tech Startups or Products
자유선택	- Commercial Law - Marketing Communications - Management Communications - Managing Contemporary Ethical Issues - Marketing and Developing New Products - Accomplishing Strategy - Negotiations - Money, Banking and the Economy - Technological Entrepreneurship and the Market Economy

(2) 창업교육의 특징

- 첫째, Babson College의 창업교육은 학습자 위주로 구성되어 있고, 창업을 가르치려 하기 보다는 촉진자나 대리자의 입장에서 동기를 유발시킴으로서 학습자가 경험과 필요를 느껴 체득하게 하고 있음.
  - 즉 창업은 단지 학습에 의해 얻어지는 것이 아니라 경험에 의해 체득된다는 점에서 체험적 학습 및 사례학습을 강조
  - 창업교육을 제 1의 건학이념으로 삼고 있으며, 강의실과 현장에서 창업의 이론과 함께 현장위주의 교육 실시
- 둘째, 창업교육은 경제·경영 분야의 교수들에 국한되어 있는 것이 아니라 예술, 법, 철학, 부동산 등 다양한 분야의 교수들에 의해서 이루어지고 있음.
- 셋째, FME(Foundation Management Entrepreneurship), FYS(First Year Seminar) 등의 특수한 교과목을 개설하고 학습자의 수준평가, 학습자가 자신의 강점과 진로를 명확히 파악할 수 있도록 배려하는 교육과정을 운영함.
- 넷째, 각종대회 등을 통하여 학습자들에게 동기를 부여하고, 교육의 질을 높이기 위하여 강좌와 병행하는 프로그램을 개발함은 물론, 창업관련 연구소, 협회, 학회 등을 통하여 창업교육의 효과성을 높이고 있음.
- 넷째, 지역기업, 전문가 그룹, 창업관계자 그룹, 동문 창업자 및 창업관계자와 지속적으로 교류할 수 있도록 하기 위한 네트워크 구축하는데 많은 노력을 기울이고 있음.

Stanford University

- Stanford University에서 창업은 1950년대부터 교과목으로 개설되었으며 1996년에는 창업연구센터를 설립하여 장기적인 관점에서 창업을 활성화하기 위해 연구하고 있음.
- Stanford University는 미국 서부에 위치하여 학생들은 실리콘밸리(Silicon Valley) 기업생태계에 초점을 맞춰 학습 할 수 있는 기회를 가지고 있음. 특히, 고부가 가치 산업과 생물공학의 아이디어를 가진 학생들은 샌드힐 로드(Sand Hill Road) 벤처공동체와 함께 할 수 있는 기회를 가짐.
- 스탠포드 기업가네트워크(The Stanford Entrepreneurship Network)는 학

생과 교수 및 동창생들을 법과대학(The School of Law)과 기술자격사무소(The Office of Technology Licensing)를 포함한 대학의 모든 학과 영역과 연결하여 학습할 수 있는 기회를 제공하고 있음.

(1) 창업교육과정

■ Stanford University의 교과과정은 가을 학기의 일반경영관점과정(General Management Perspectives)을 통해 경영의 원리와 기능을 검토하고 겨울학기와 봄학기에는 일반경영기본과정(General Management Foundations)을 통해 경영의 큰 틀을 이해하는데 목적을 두고 다양한 주제에 따라 전문프로그램으로 교과과정을 구성하고 있음.

■ Stanford University는 모든 학생들에게 글로벌 학습여행, 해외 봉사학습여행, 국제인턴쉽과 학생교환경험의 기회를 제공하고 있으며 소그룹을 통해 학생과 교수가 심도 있고 광범위한 토론을 할 수 있는 세미나 수업을 지향하고 있음.

■ 모든 학생은 1학기에 7개의 필수과정과 2학기에 1개의 필수과정으로 구성된 일반경영관점과정(General Management Perspectives)을 이수하며 과정의 목적은 경영자와 지도자에게 요구되는 통찰력을 향상시키는데 있음.

■ 계절학기인 겨울학기와 다음 학기인 봄 학기 동안 일반경영기본과정(General Management Foundations)의 필수과목을 이수하며, 일반적으로 경영교육에서 요구되는 기초들을 위한 11개의 원칙을 학습하게 됨.

■ 두 번째 해에는 학생들의 경험과 관점을 넓히고 특정 영역에서의 지식을 확대하고 기술을 개발할 기회를 제공하며, 100개 이상의 선택과목들에서 선택할 수 있음. 이를 통해 학생들의 부족한 학습영역을 보완하며 일반경영기본과정(General Management Foundations)에서 학습한 내용을 발전시켜 줌.

■ 이러한 선택과목은 기업세계의 변화와 사회 각 부문의 요구 및 학생들의 흥미를 반영하고 있으며, 일반적으로 계절학기까지 과목들이 개설되어 있어 학생들은 14개의 과목을 수강하며 최고 18개까지 수강할 수 있음.

■ 모든 선택과목들은 주제에 따라 구분되어 있어 개인의 목적에 맞는 주제를 선택하여 학습할 수 있는데 창업교육과 연계된 기업가정신(Entrepreneurship)의 세부교과목을 살펴보면 다음과 같음.

- 사모투자 세미나(Private Equity Investing Seminar)
- 투자경영과 기업금융(Investment Management and Entrepreneurial Finance)
- 투자세미나(Investment Seminar)
- 부동산투자(Real Estate Investment)
- 환경과 기업가정신(Environmental Entrepreneurship)
- 스포츠비즈니스 금융 (Sports Business Finance)
- 스포츠비즈니스 경영(Sports Business Management)
- 가능성 극대화를 위한 기업설계(Entrepreneurial Design for Extreme Afforda -bility)
- 바이오디자인혁신(Bio design Innovation)
- 경영자와 법환경(Managers and the Legal Environment)
- 지식재산권과 사업효과(Intellectual Property & Its Effect on Business)
- 설계와 전문영업관리운영(Building and Managing Professional Sales Organization)
- 창업벤처기업의 기업가정신(Entrepreneurship: Formation of New Ventures
- 기업가정신과 벤처자본(Entrepreneurship and Venture Capital)
- 성장기업의 마케팅(Managing Growing Enterprises)
- 기업가적 기회평가의 세부정보(Detailed information on Evaluating Entrepreneurial Opportunities)
- 사회분야의 기업가정신(Social Entrepreneurship)
- 정보처리산업의 전략과 행동(Strategy and Action in the Information Processing Industry)
- 기술과 혁신의 전략경영(Strategic Management of Technology and Innovation)
- 여성관점의 기업가정신(Entrepreneurship from the Perspective of Women)
- 신사업 워크숍(New Venture Workshop)

(2) 창업교육의 특징

■ 첫째, 봄·가을 학기 이외에도 여름·겨울의 계절학기까지 수업이 이루어지고 있음. 이를 통해 학생들은 교과목을 선택함에 있어서도 다양한 주제에 대하여 학습할 수 있음.

■둘째, 대학은 소그룹 형식의 세미나 수업을 지향하고 있음. 특히, 두 번째 해의 개강 직후에 세미나 수업을 통해 교수와 학생이 함께 토론하여 지식을 심화시키고 내용을 보다 명확히 구체화하고 있음.

■셋째, 학생들의 체험학습을 강화하기 위하여 현장체험학습, 집중체험학습 및 글로벌체험학습 프로그램을 운영하고 있음. 이를 통해 실무적인 문제해결 방법을 체험하고 개인의 관심도에 따라 경험수준을 높이며, 글로벌 인턴쉽이나 연수 등을 통해서 국제화 감각을 키워나갈 수 있음.

■넷째, 모든 교과목들은 사례연구, 이론적 개요, 토론, 시뮬레이션, 문제해결 수업, 역할분담과 팀 프로젝트 등으로 과목의 특성에 따라 수업 방식을 상이 하게 운영하여 학습의 효과를 극대화하고 있음.

N.C State University

■N.C State University의 창업교육 프로그램은 경영교육과 전문기술을 익히는데 목적을 두고 있으며, 학생들로 하여금 새로운 아이디어를 창출하고 새로운 제품의 생산과정과 운영을 이해하며 개발하는데 지원하고 있음.

■교과과정에서는 분야별 전문가와 학생이 팀을 이루어 다양한 사업분야를 개척하고 글로벌사회에서 리더가 될 수 있게 필요한 기술을 습득하는데 초점을 두고 있음.

■대학원의 경우에는 초기 성장기업부터 다국적기업까지 밀접한 비즈니스 관계를 가지고 있어 학생들에게 다양한 사례 및 체험교육을 시키고 있으며, 경력 개발지원과 글로벌마인드 향상을 위한 해외연수 및 인턴쉽 과정을 지원하고 있음.

■N.C State University에서 지향하는 학습방법은 학급프로젝트 및 팀별프로젝트 형식의 과제를 부여하며 사례 및 시뮬레이션 학습을 강조하고 있음.

(1) 창업교육과정

■N.C State University의 창업교육은 기술상업화에 특화를 시킨 대학으로 기술창업교육을 목적으로 하고 있으며 교과과정을 개발함에 있어서 경영분야와 기술분야에서 양립할 수 있도록 커리큐럼을 구성하고 있음.

■ 교육체계는 기술조건을 강화시킬 수 있는 공개선택과목과 특화된 집중과정을 선택할 수 있도록 하고 있으며, 시뮬레이션 사례학습과 프로젝트를 통해서 학생들에게 현실감 있는 교육과 많은 경험을 쌓을 수 있도록 배려하고 있음.

■ N.C State University의 교육과정은 필수코스와 선택코스 그리고 집중코스로 이루어져 있으며, 각 코스는 주제에 따라 다양한 선택교과목으로 구성되어져 있음. 학생들은 개인의 목적에 따라 선택할 수 있는데 의사소통 기술, 네트워킹, 협상, 팀스킬, 사회적 책임 등의 경영에 있어 필수적인 코스를 이수하도록 하고 있음.

■ 학생들이 수강할 수 있는 전체코스는 회계학, 경영학, 경제학으로 구분하여 총 50여개의 코스로 구성되어 있으며, 네트워킹, 컨설팅, 전략, 마케팅, 신기술창업, 기업가정신 등 다양한 주제로 구성되어 있음.

■ 특히 창업과 연관된 기업가정신은 세부적으로 창업과정의 요인과 적용, 기업가정신, 사업과 전략, 벤처금융과 구조, 성장과 리스크 관리, 사업계획서 등으로 구성되어 있으며, 신기술창업은 기술상업화 전략의 개발, 기술상업화 접근자 조사, 사업계획개발, 사례를 통한 기술경영의 적용 등으로 구성되어 있음.

■ 또한 N.C State University에는 필수 및 선택코스 외에도 학생들이 전문분야에 보다 근접하여 학습할 수 있도록 8개의 집중과정을 개설하고 있음. 각 과목들은 한 분야에서 집중된 교육과 함께 핵심기술을 만들어 갈 수 있도록 하고 있으며, 학기 중 지속되는 프로젝트는 통합적으로 집중과정에서 학습한 내용의 해결책을 제시하는데 도움을 주고 있음.

■ N.C State University의 8개 집중과정은 다음과 같음.
- 생의학경영(Biopharma Management)
- 기업가정신과 기술상업화(Entrepreneurship and Technology Commercialization)
- 재무 관리(Financial Management)
- 정보기술경영(Information Technology Management)
- 혁신경영(Innovation Management)
- 마케팅경영(Marketing Management)

– 서비스경영(Services Management)
– 공급사슬경영(Supply Chain Management)

■ 기업가정신과 기술상업화(Entrepreneurship and Technology Commercialization)의 세부내용은 기회창조·기회이용·기업가를 만드는 요인 등을 학습하는데, 특히 기업가정신을 강조하는 이유는 학생들이 모든 단계에 있는 회사의 형성과정이나 성장과정을 이해할 수 있도록 기회를 제공하고자 하는 것임.

■ 또한 기업가정신과 기술상업화과정은 성장과 경쟁에 놓인 초기기업에 초점을 맞추어 대학의 기술창업과 상업화(TEC: Technology Entrepreneurship and Commercialization) 프로그램의 사전교육을 목적으로 하고 있는 과정임.

(2) 창업교육의 특징

■ 첫째, N.C State University의 창업교육 특징은 기술과 창업을 조화롭게 구성시킨 교과 과정에 있음.
- 교과목 구성은 주제에 따라 다양한 선택과목으로 구성되며 모든 코스에는 전통적인 경영학적 내용뿐만 아니라 기술적인 부분까지 포함하여 교육
- 또한, TEC프로그램을 통해서 실무적이고 실천적인 교육 수행

■ 둘째, 교육방법에 있어서는 학급과제 및 팀별과제를 지향하며 시뮬레이션 및 컨설팅까지 포함한 코스를 통해 집중적으로 세분화한 교육을 실시하고 있음.

University of Iowa

■ University of Iowa의 창업교육을 담당하는 창업교육센터는 경영 대학에 설치가 되어 있으며 University of Iowa의 학부 창업교육 프로그램은 미국 중소기업협회(USASBE)에서 선정한 전국 우수 프로그램(National Model Program)으로 선정됨.

■ 창업교육센터는 총 17명의 연구교수(Clinical Professor)와 전문가 등의 교수인력과 8명의 센터 운영인력이 University of Iowa의 창업교육 프로그램을 설계하고 관리하고 있으며 총장, 경영대학장, 의대학장, 지역 기업가 및 전문가 등으로 구성된 14명의 창업교육센터 자문위원회와 동문으로 구성된 10명의 동문 이사회(Alumni Board)를 구성하여 운영하고 있음.

■이처럼 University of Iowa에서의 창업교육은 학교의 주요 인력이 대규모 포함되어 적극적인 개입을 통해 이 대학의 창업교육을 성장시키고 있음.

(1) 창업교육 과정

■University of Iowa 학부의 대표적인 정규 창업교육은 경영학과의 '창업경영트랙(Entrepreneurial Management Track)'이 있음.

■창업경영트랙은 창업전략, 조직론, 인사관리, 창업 마케팅, 협상론, 기업성장관리의 전공필수 6과목과 창업실습, 창업컨설팅, 창업재무, 사업계획, 인턴십의 5개 선택과목으로 이루어져 있음.

■창업경영트랙이 일반 경영관련 전공학생이 수강한 커리큘럼과 중복될 수 있으므로 기술과 혁신의 전략경영론, 사회적 기업, 창업가의 온라인전략 등의 3개 과목을 추가로 제공하고 있음.

■또한, University of Iowa의 학부 학생들은 자신의 전공과는 별도로 학교에서 진행하는 3가지 창업교육 강좌를 수강할 수 있는데 학부 학생들이 선택할 수 있는 창업교육과정은 다음과 같음.

- 창업경영과정(Certificate in Entrepreneurial Management) : 이 과정은 사업의 기초라고 할 수 있는 창업의 이론과 실제를 가르치며, 학생들의 전공과 상관없이 향후 창업이 가능할 수 있도록 교육시키는데 그 목적이 있음.
- 기술창업과정(Technological Entrepreneurship Certificate) : 공과대학과 협동과정으로 운영을 하며 미국 내 공과대학에서는 처음으로 시도가 되었음. 기술과 관련된 창업의 과정과 전략을 학습하며 혁신에 대한 이해와 분석능력을 제고시키는데 목적이 있음.
- 공연예술과정(Certificate in Performing Arts Entrepreneurship) : 공연예술학과와 협동과정으로 운영을 하며 향후 예술분야 창업을 목적으로 하는 학생들이나 공연예술관련 창업의 기회를 찾는 학생들에게 창의성과 창업기술에 대한 개발을 증대 시키는데 목적이 있음.

(2) 창업교육의 특징

■첫째, 창업의 다양한 강좌가 개설되어 있음. 30개 이상의 창업관련 교과목

은 학생들에게 보다 세밀한 배움의 기회를 제공하며 학생들이 수준별로 학습에 참여할 수 있도록 세분화 되어있음.

■ 둘째, 교과과정의 크로스 캠퍼스(Cross-Campus)과정 운영이 다양성과 더 많은 기회를 제공하고 있음.

- University of Iowa은 지리적 위치로 인해 하이테크 및 고성장 벤처보다는 중소기업 창업이 더 많은 수를 차지하고 있기 때문에 실제적인 교육과 지원을 위해 서비스 및 제조관련 창업지원을 위한 활동들이 많이 이루어지고 있음.
- 하지만 대학이 가진 자원을 적극 활용하기 위해 공대와 의대 그리고 예술분야와의 협업을 통한 크로스 캠퍼스 교과과정을 운영하여 학생들에게 기회의 원천을 크게 해주고 아이디어 개발에 대한 시야를 넓혀주고 있음.

■ 셋째, 다양한 행사와 지원활동 그리고 학생참여 프로그램의 지원이 이루어지고 있음.

- 장학제도와 인턴십을 통한 지원과 각종 경진대회 및 이벤트를 통해 학생들이 팀을 이루어 창업 지식을 경험적으로 습득할 수 있도록 지원하고 있음.
- 특히 의료혁신그룹의 두 학기 프로젝트는 실제 아이오와 대학병원에 적용이 될 정도의 현실적인 프로젝트이며, 다양한 분야의 학생들이 자연스럽게 네트워킹이 되어 아이디어의 교환과 보완을 경험할 수 있도록 해주ㄱ 있음.

■ 넷째, 영향평가 보고서(Impact Report)의 연간 발행을 통하여 창업교육센터의 교육과정과 다양한 프로그램들이 어떤 영향을 미치고 있는지 지속적인 창업교육센터의 관리와 분석이 이루어지고 있음.

University of Missouri, Kansas City

■ 미국 미주리 주의 캔자스시티에 위치한 University of Missouri의 창업교육센터 역시 경영대학에 위치하고 있고 University of Missouri의 창업교육 프로그램은 학부와 대학원 모두 프린스턴 리뷰(The Princeton Review)에서 선정하는 상위 랭킹에 포함되어 왔음.

■특히 대학원의 창업교육 프로그램은 미국 중소기업협회(USASBE)의 전국 우수 프로그램(National Model Program)으로 선정되었고 2012년도에는 미국 제품혁신 경영학회(Journal of Product Innovation Management)가 선정한 혁신경영 연구 대학 1위에 선정되었음.

■University of Missouri의 창업교육센터는 총 8명으로 구성되어 있으며 4명의 교수와 4명의 센터의 운영인력이 미주리 대학의 창업 교육 및 프로그램을 설계하고 관리하고 있음.

(1) 창업교육 과정

■University of Missouri 학부의 정규 창업교육은 창업 트랙, 혁신경영 트랙, 부동산창업 세부전공, 창업 부전공 등 총 4개의 과정이 제공되고 있음.

■University of Missouri에서는 부동산 관련 교과과정이 학부와 일반 석사과정뿐 아니라 MBA와 수료과정에도 제공되고 있음. University of Missouri에는 루이스 화이트 부동산 센터(Lewis White Real Estate Center)를 통하여 특화된 부동산 관련 교과과정을 개발하였고 이를 창업분야와 연계하여 일부 교과과정을 운영하고 있음.

■대학 전체에서 창업관련 정규 교과목은 총 32개가 제공되고 있으며 네 개의 창업과정마다 각기 다른 필수 및 선택과목을 이수하여야 함. 학부의 각 과정별 특징은 다음과 같음.

- 창업 트랙(Entrepreneurship Track) : 향후 창업을 할 학생을 대상으로 강좌를 운영하고 있으며 창업을 시작하고 성장시키는 방법에 대한 교육을 담당함. 창업 기업 설립, 창업기업 관리, 벤처캐피털 재무와 투자가 필수과목 3개로 구성되어 있으며 창업관련 선택과목 1개를 이수하여야 함.
- 혁신경영 트랙(Innovation Management Track) : 창업관련 과목이지만 창업을 하기 보다는 향후 취업이 목적인 학생을 대상으로 혁신관리 및 창업 원리의 적용을 기본 내용으로 교육하고 있음. 창업의 이해와 신상품 개발 2과목이 필수과목이며 창업관련 선택과목 3개 혹은 창업관련 선택과목 2개와 재무/마케팅관련 선택과목 1개를 이수하여야 함.
- 부동산창업 세부전공(Entrepreneurship with Concentration in Real Estate) : 창업의 관점에서 부동산에 대한 영역을 교육하고 있음. 기업

가정신의 이해, 창업기업 설립, 창업기업 관리, 부동산 개론, 부동산 재무기초 등 총 5개의 필수과목으로 구성되어 있음.

- 창업 부전공(Entrepreneurship Minor) : 총 18학점(6과목)을 이수하도록 설계되어 있으며 기업가정신의 이해, 창업기업의 설립을 필수로 이수하고 창업기업관리, 기술창업, 신제품 개발, 창업재무, 창업 마케팅 등의 과목에서 4과목을 선택하여 부전공을 이수하도록 운영하고 있음.

(2) 창업교육의 특징

■ 첫째, 학교의 자원을 충분히 활용하여 특화된 교과과정을 개발하였음. 미주리 대학에 설치되어 있는 부동산 센터와 연계한 교과목을 개발하여 제공하고 있으며, 창업과 부동산을 접목시킨 관련 세부전공을 만들어 대학과 대학원에서 개설하여 운영하고 있음.

■ 둘째, 활발한 학문적 연구와 학술활동을 바탕으로 교과목 및 교육과정을 지속적으로 개발하고 있음.

- University of Missouri의 창업분야 연구는 공신력 있는 기관인 미국 중소기업협회나 제품 혁신경영학회에서 오래도록 높은 수준을 인정받고 있는데 특히 혁신경영분야에서는 세계 최고로 인정받는 교수들이 활발한 연구 활동을 하고 있음.
- 이러한 활동은 결국 교과목 및 교과과정의 수준에도 영향을 미쳐서 교수들은 연구내용을 바탕으로 다양한 최신 사례 발굴 및 새로운 창업교육을 위한 교과목을 개발하여 교육에 이를 반영하고 있음.

■ 셋째, 창업관련 프로그램 하나하나가 전문화되어 매우 깊이 있게 진행되고 있음.

- 예를 들면, 경진대회의 횟수는 일 년에 한번이지만 전문 심사위원의 선발과 및 오랜 학생들의 준비 기간을 통해 비중이 있는 경진대회 프로그램을 제공하고 있음.
- 또한, 이를 통하여 실제 학생들에게 창업투자가 이루어지고 학생 창업기업이 탄생하고 있음. 이러한 실질적인 지원체계를 통하여 대학의 목표인 연간 100여명의 학생창업가와 10개의 고성장 벤처기업을 탄생시키기 위해 노력하고 있음.

Saint Louis University

■ Saint Louis University의 창업교육센터는 1987년 미국 내 23번째 창업교육센터로 경영대학에 설립되었음. 1994년 이래 학부와 MBA 프로그램이 지속적으로 학술평가에서 미국 내 상위권에 랭크되고 있으며, 2006년 미국 창업교육센터 협의체(NCEC: National Consortium of Entrepreneurship Center)에서 선정한 창업교육 공로상을 수상함.

■ 또한 Saint Louis University의 창업교육 프로그램은 미국 중소기업협회(USASBE)의 전국 우수 프로그램(National Model Program)으로 선정이 되었으며 창업교육 순위 평가 기관의 연간 발표도 상위권으로 포함되어 있음.

■ 창업교육센터는 5명의 전담교수와 2명의 운영인력으로 운영되고 있으며, 미국내 창업교육 연구 분야에 활발한 활동을 하고 있는 교수진이 직접 프로그램을 설계하고 관리하여 높은 수준의 프로그램들이 제공되고 있음.

(1) 창업교육 과정

■ Saint Louis University 학부의 정규 창업교육은 두 가지가 제공되는데 첫째는, 경영학 전공에서 창업 세부전공으로 선택할 수 있고 다른 세부전공을 선택한 경영대 학생들을 대상으로 보조분야(Supporting Area)라는 부전공 개념의 시스템을 적용하여 추가로 창업과정을 선택하여 이수 할 수 있음. 각 과정별 세부 내용은 다음과 같음.

- 창업세부전공(Entrepreneurship Concentration) : 창업 세부전공을 듣는 학생들은 필수과목인 아이디어 개발, 창업기업 자원관리, 사업계획서 작성의 3과목을 이수하여야 하고, 일반선택과목에서 창업관련 교과목 2개, 심화선택과목에서 1과목을 선택하여야 함. 일반선택과목의 과목들은 대부분 경영학 과목들로 구성이 되어 있으며 인턴십, 가족기업, 설득 및 갈등관리 등의 과목이 포함되어 있고, 심화선택 과목은 부동산, 통합마케팅 커뮤니케이션, 마케팅 조사, 인적 판매가 포함되어 있음.
- 창업 부전공(Entrepreneurship Supporting Area) : 경영학과 전공자들에게만 제공되는 창업 부전공 과정은 창업 세부전공과 마찬가지로 필수과목(아이디어 개발, 창업기업 자원관리, 사업계획서 작성) 3개를 이수하고, 일반선택과목 1개를 이수하도록 운영하고 있음.

(2) 창업교육의 특징

■ 첫째, 창업 교과과정과 창업교육센터의 프로그램들이 상호 보완할 수 있도록 지원하고 있음.

- 학생들이 창업학 교과과정을 통해 이론적 지식을 배우고 창업교육센터의 프로그램을 통해 실천을 할 수 있도록 다양한 프로그램들을 제공
- 이는 학생의 수준과 기호에 맞게 실습분야를 정할 수 있으며, 이러한 연계성은 학생에게 창업을 이해하고 간접 경험하는데 상당한 기여를 함.
- 또한, 고등학교 학생들을 대상으로 하는 프로그램을 진행하며 학교의 잠재적 수요를 성장시키고 학생의 기업가정신을 고취시키는 기능 담당

■ 둘째, 네트워크의 필요성을 강조하며 창업교육센터가 네트워크 풀을 보유하기 위하여 노력하고 있음.

- 네트워크 구축은 Saint Louis University에서 전략적으로 행하고 있는 분야로 창업가를 통한 창업 아이디어 검증 및 선행 경험에 대한 간접학습은 학생들에게 매우 중요한 의미이자 동기부여를 해 줄 수 있는 중요한 요인임.
- 이를 위해서 창업교육센터는 지속적인 네트워크 구축에 힘쓰고 있으며 이러한 창업가들에게 금전적 보상이 아닌 명예와 영광을 줌으로써 이들의 자발 적인 참여를 유도하고 있음.

■ 셋째, 창업교육과 중소기업 분야 등의 연구에 지속적인 활동을 하고 있음. 이미 창업교육 부분에서 많은 공헌을 해 온 Saint Louis University은 지속적인 연구 활동을 통하여 시대의 흐름을 빠르게 파악하고 최신정보를 학생들에게 전달하는 데에 노력하고 있음.

University of Louisville

■ 켄터키 주에 위치한 University of Louisville의 경영대학은 동부의 뱁슨대학(Babson College)처럼 창업(Entrepreneurship)에 특화하여 대학의 창업교육 프로그램을 설계함. 2008년 설립된 University of Louisville의 창업교육센터는 센터를 설립하기 전 5년 동안 교수들이 연구를 통한 프로그램 개발과 커리큘럼을 개발하여 창업 교과목을 개설함.

■ University of Louisville은 학부 과정보다는 대학원 과정(MBA, 박사)이 인지

도가 높으며, 창업학 박사 프로그램은 2010년 미국 중소기업협회(USASBE)의 전국 우수 프로그램(National Model Program)으로 선정되었음.

- 경영대학은 전체가 창업 교과과정을 위해 특화되어 있으며 미국의 창업연구 분야 유명학자 5인을 정기적으로 초빙하여 창업학 발전 세미나를 개최하고 있음.
- 창업교육센터에는 5명의 전담교수와 2명의 운영인력이 있으며, 1993년에 설립된 가족기업센터(Family Business Center)와 다양한 협업을 하고 있음.

(1) 창업교육 과정

- 경영대학의 정규 창업교육은 학부 부전공, 창업 MBA, 그리고 창업학 박사 3 가지가 제공되고 있음.
- 학부의 창업 부전공과정은 경영학을 전공하는 3학년 및 4학년 학생에게만 제공되며, 창업 부전공 교과과정은 총 12학점을 이수하여야 하고 각 과목은 기업가정신의 이해를 비롯하여 총 4개의 과목으로 구성되어있음.

(2) 창업교육의 특징

- 첫째, 대학원 중심의 창업교육과정을 운영하고 있음.
  - 창업학 박사과정은 교원양성 및 최고 수준의 연구자 배출을 목적으로 운영되고 있으며, 창업 MBA과정은 실제 창업을 목적으로 개설되어 켄터키 주와 대학의 지원을 이용하여 창업에 성공할 수 있도록 프로그램을 제공하고 있음.
  - 학부의 부전공 과정은 경영대학 학생에게만 제공을 하며 기업가정신의 의식고취를 목적으로 함.
- 둘째, 내부의 프로그램을 만드는 것이 아닌 외부의 프로그램을 참여하는 외부자원 활용에 적극적임.
  - 창업교육센터 내 경진대회 및 다양한 지원조직을 별도로 설립하지 않고 켄터키 주 및 대학에서 진행하는 행사에 적극 참여하여 센터자원의 낭비를 줄이고 유사 중복사업을 없애며 외부에 적극 홍보할 수 있는 기회를 찾음.

George Washington University

■ 미국 워싱턴 DC에 위치한 George Washington University는 2005년 경영대학 내에 창업교육센터를 설립하였고 창업관련 교과목은 경영학과에서 운영하고 있음.

■ George Washington University는 창업교과목을 학부생이 모두 들을 수 있는 과목으로 선정하였고, 이에 따라 창업교육을 하는 교수들을 위한 교수법에 대해 다양한 연구와 시도를 하고 있음.

■ 학부의 교과과정은 따로 없으며, MBA에서 세부전공으로 창업과 중소기업(Entrepreneurship and Small and Midium Enterprises)을 선택할 수 있고 박사과정의 매니지먼트 전공에서 세부분야를 창업(Entrepreneurship)으로 선택할 수 있음.

■ 창업교육센터인 CFEE(Center for Entrepreneurial Excellence)는 총 3명의 전담교수와 2명의 지원 인력이 프로그램 관리 및 운영을 하고 있음.

(1) 창업교육 교과목

■ 학부에는 창업교육 과정이 특별하게 설정되어 있지 않으며 모든 학생이 수강해야 할 기본과목이라는 개념으로 교과목을 설계하고 진행하고 있음. George Washington University에서 제공되는 창업 교과목은 다음과 같음.

- 창업(Entrepreneurship) : 창업 아이디어를 개발하고 사업계획서를 작성하는 교육을 통해 창업의 기초 교육
- 창업전략(Strategic Entrepreneurship) : MBA의 세부전공을 선택하면 이수할 수 있는 교과목으로 직접 팀을 구성하여 다양한 창업기업을 지원하는 활동을 통해 전략 개발
- 기술창업과 사내기업가정신(Technology Entrepreneurship and Intrapreneurship) : 기업의 내부와 외부의 혁신 과정을 학습하고 이를 통하여 창업을 시작하고 회사를 설립하는 기술 교육
- 창업의 시작(New Venture Initiation) : 창업의 시작에 있어서 계획하는 방법, 재무의 원천, 새로운 창업기회의 평가, 창업을 위한 사업계획서 분석능력 교육

– 창업재무(New Venture Financing) : 대학원 교과목으로 창업 초기 투자기회의 분석법과 실행 교육
– 여성창업 리더십(Women's Entrepreneurial Leadership) : 여성 창업에 초점을 맞춘 교과과정으로 창업을 위한 지식과 기술을 사회적 기업, 예술분야, 창업분야를 포함하여 교육
– 기술업체 창업(Launching Technical Ventures) : 2012년부터 새롭게 제공되기 시작한 교과목으로 대부분의 창업실패는 제품의 문제가 아닌 고객 요구의 불일치 문제에서 시작된다는 린 스타트업 경영(Lean Startup Management)의 내용을 교육

(2) 창업교육의 특징

■ 첫째, 학부의 창업교과과정 보다는 모든 학생이 창업교육을 들을 수 있도록 제도화하였음.
– 대학원의 세부전공은 선택이 가능하지만 학부의 창업전공은 따로 정해져 있지 않으며 다양한 전공의 학부 학생들이 창업관련 과목을 수강할 수 있도록 유도

■ 둘째, 활발한 연구 활동을 통한 네트워크 개발과 이를 통해 같은 분야의 교수들과 함께 협력하여 학제적인 접근을 하고 있음.
– George Washington University의 교수들은 미국 중소기업협회의 학회활동 및 중소기업 국제협의회(ICSB)의 컨퍼런스 활동을 적극적으로 하며 창업분야의 네트워크 개발과 협력으로 프로그램에 많은 지원을 받고 있음.
– 카우프만 재단에서도 세 개 이상의 프로그램을 지원하고 있으며, 3E 학습과 같은 프로그램을 중소기업협의회 학회에서 심사를 하며 대학 프로그램의 다양한 홍보와 지원을 동시에 이루어 내고 있음.

4.2. 미국 대학 창업교육의 범위 및 내용

■ 미국 내 창업교육 현황 파악을 위해 146개 대학의 창업교육 센터를 대상으로 학부의 교과과정별 개설과목을 보면 현재 미국의 창업교육의 교과목 제공 내용을 알 수 있음.

■ 대학별 해당 창업교과과정 운영 비율을 보면 조사대학의 46%가 창업교과목

을 세부전공으로 선택하고 있는 것으로 나타났고, 부전공은 31%, 전공은 24%로 나타남.

■ 또한 미국 대학(학부)에서 개설된 창업 교과목을 살펴보면, 기업가 정신, 사업계획서 작성, 창업재무, 성장전략, 소기업관리, 창업실습, 창업마케팅 등이 가장 많은 대학에서 개설된 과목임.

■ 반면 가장 적게 개설된 과목은 프랜차이즈, 사내기업가정신, 기술이전 과목임.

미국 대학(학부)의 프로그램 별 개설과목 비율

교과목명	교과과정			
	세부전공	부전공	전공	선택과목
대학별 해당 창업교과과정 운영 비율(%)	46	31	24	
기업가정신(Introduction to Entrepreneurship)	39	19	14	8
사업계획서 작성(Business Plan Development)	33	19	18	8
창업재무(Entrepreneurial Finance)	23	12	13	17
성장전략(Entrepreneurial Growth)	13	9	8	6
소기업관리(Small Business Management)	13	9	12	10
창업실습(Entrepreneurial Field Project)	12	9	8	11
창업마케팅(Entrepreneurial Marketing)	10	11	8	2
타당성 분석(Feasibility Analysis)	11	5	4	5
창업법률(Law and Entrepreneurship)	6	5	5	7
인턴십(Internship)	6	5	6	17
창조와 혁신(Creativity and Innovation)	6	5	2	7
가족기업(Family Business)	2		4	15
신상품개발(Product Development)	2	4	1	6
사내기업가정신(Corporate Entrepreneurship)	2			2
프랜차이즈(Franchising)	1			2
기술이전(Technology Transfer)	1	1	1	4

주 : 각 과목별 해당 프로그램의 숫자는 조사 대학에서 해당 과목이 제공되는 비율과 그 해당 과목을 각 프로그램에서 필수로 선택해야 하는 비율을 나타냄.

관 광
창업론

제 1 장

창업의 이해

관　광
창업론

01

제1장

창업의 이해

학습 목표

1. 중소기업창업지원법상 창업의 개념과 범위에 대해 이해한다.
2. 글로벌 창업의 트렌드에 대해 이해하고 미래 유망기술 및 시장을 예측하고 대비할 수 있다.

창업이란 제품 또는 용역을 생산하거나 판매하는 사업을 시작하기 위해서 현재까지 시행해오지 않은 기업조직을 새로이 설립하는 행위를 말한다. 즉, 새롭게 제품이나 용역을 생산하거나 판매할 목적으로 물적 요건으로는 토지, 건물, 제조설비, 각종구축물, 비품 등을 갖추고, 인적으로는 제품생산 또는 용역을 수행하기 위해 필요한 인원을 배치하는 것을 말한다. 따라서 창업주(개인 또는 법인)가 이제까지와 다른 새로운 사업을 시작하는 것도 창업이다.

1. 중소기업창업지원법상의 창업

창업이란 새로이 중소기업을 설립하는 것으로 원시적(原始的)으로 사업을 개시하는 것을 의미한다. 여기서 원시적인 사업의 개념이란 기존 사업의 변경이 아닌 새로운 사업이 창출되는 것으로서 새로운 사업주체(법인, 개인 사업자)가 새로운 사업을 개시하는 것을 말한다.

2001년 3월에 개정된 중소기업창업지원법 제2조1에 따르면 "창업"이라 함은 중소기업을 새로이 설립하는 것으로 정의하고 있으며, "창업기업"이란 중소기업을 창업하여 사업을 개시한 날부터 7년이 지나지 아니한 기업(법인과 개인사업자를 포함한다)을 말한다.

관계법령

중소기업창업 지원법

제1조(목적) 이 법은 국민 누구나 창의적인 아이디어와 혁신적인 기술을 바탕으로 기업가정신을 발휘하여 창업에 도전하고 글로벌 선도기업으로 성장할 수 있는 창업생태계를 조성하여, 디지털경제 시대에 새로운 국가경제의 성장동력과 일자리를 창출하는 창업국가 건설을 목적으로 한다.

제2조(정의) 이 법에서 사용하는 용어의 뜻은 다음과 같다. 이 법에서 사용하는 용어의 뜻은 다음과 같다.

1. "중소기업"이란 「중소기업기본법」 제2조에 따른 중소기업을 말한다.
2. "창업"이란 대통령령으로 정하는 바에 따라 중소기업을 새로 설립하는 것을 말한다.
3. "창업기업"이란 중소기업을 창업하여 사업을 개시한 날부터 7년이 지나지 아니한 기업(법인과 개인사업자를 포함한다)을 말한다. 이 경우 사업 개시에 관한 사항 등 창업기업의 범위에 관한 세부사항은 대통령령으로 정한다.
4. "예비창업자"란 창업을 하려는 개인 등을 말한다.
5. "재창업"이란 중소기업을 폐업하고 새로운 중소기업을 설립하는 것을 말한다.
6. "재창업기업"이란 재창업하여 사업을 개시한 날부터 7년이 지나지 아니한 기업을 말한다. 이 경우 사업 개시에 관한 사항 등 재창업기업의 범위에 관한 세부사항은 대통령령으로 정한다.
7. "예비재창업자"란 재창업을 하려는 개인 등을 말한다.
8. "신산업창업"이란 기존 산업을 융복합하거나 시장성, 파급효과, 성장 잠재력 및 국민경제 발전에 기여도가 높을 것으로 예상되는 산업(이하 "신산업"이라 한다)을 기반으로 하여 창업하는 것을 말한다.
9. "기술창업"이란 창의적인 아이디어, 신기술, 과학기술 및 정보통신기술에 기반하여 문화 등 다양한 부문과의 융합을 촉진함으로써 새로운 사업영역을 개척하거나 도전하는 창업을 말한다.
10. "초기창업기업"이란 창업하여 대통령령으로 정하는 기준에 따른 사업을 개시한 날부터 3년이 지나지 아니한 창업기업을 말한다.
11. "청년창업기업"이란 창업기업 대표자의 연령이 39세 이하인 창업기업을 말한다.
12. "예비청년창업자"란 창업을 하려는 39세 이하의 개인 등을 말한다.
13. "중장년창업기업"이란 창업기업 대표자의 연령이 40세 이상인 창업기업을 말한다.

(1) 중소기업의 개념

흔히 규모가 작은 사업장을 중소기업이라 부르고 있지만 법적인 의미의 중소기업은 보호와 육성의 대상으로 법령에서 규정한 기업을 말한다. 중소기업 범위기준은 중소기업기본법 제2조 및 같은 법 시행령 제3조에서 다음과 같이 상세하게 규정하고 있다.

관계법령

중소기업기본법

제2조(중소기업자의 범위) ① 중소기업을 육성하기 위한 시책(이하 "중소기업시책"이라 한다)의 대상이 되는 중소기업자는 다음 각 호의 어느 하나에 해당하는 기업 또는 조합 등(이하 "중소기업"이라 한다)을 영위하는 자로 한다. 다만, 「독점규제 및 공정거래에 관한 법률」 제31조제1항에 따른 공시대상기업집단에 속하는 회사 또는 같은 법 제33조에 따라 공시대상기업집단의 소속회사로 편입·통지된 것으로 보는 회사는 제외한다.

1. 다음 각 목의 요건을 모두 갖추고 영리를 목적으로 사업을 하는 기업
   가. 업종별로 매출액 또는 자산총액 등이 대통령령으로 정하는 기준에 맞을 것
   나. 지분 소유나 출자 관계 등 소유와 경영의 실질적인 독립성이 대통령령으로 정하는 기준에 맞을 것
2. 「사회적기업 육성법」 제2조제1호에 따른 사회적기업 중에서 대통령령으로 정하는 사회적기업
3. 「협동조합 기본법」 제2조에 따른 협동조합, 협동조합연합회, 사회적협동조합, 사회적협동조합연합회, 이종(異種)협동조합연합회(이 법 제2조제1항 각 호에 따른 중소기업을 회원으로 하는 경우로 한정한다) 중 대통령령으로 정하는 자
4. 「소비자생활협동조합법」 제2조에 따른 조합, 연합회, 전국연합회 중 대통령령으로 정하는 자
5. 「중소기업협동조합법」 제3조에 따른 협동조합, 사업협동조합, 협동조합연합회 중 대통령령으로 정하는 자

② 중소기업은 대통령령으로 정하는 구분기준에 따라 소기업(小企業)과 중기업(中企業)으로 구분한다.

③ 제1항을 적용할 때 중소기업이 그 규모의 확대 등으로 중소기업에 해당하지 아니하게 된 경우 그 사유가 발생한 연도의 다음 연도부터 3년간은 중소기업으로 본다. 다만, 중소기업 외의 기업과 합병하거나 그 밖에 대통령령으로 정하는 사유로 중소기업에 해당하지 아니하게 된 경우에는 그러하지 아니하다.

④ 중소기업시책별 특성에 따라 특히 필요하다고 인정하면 해당 법률에서 정하는 바에 따라 법인·단체 등을 중소기업자로 할 수 있다.

우리나라 중소기업은 2019년 기준으로 전체 기업의 99.9%를 차지하고 있으며, 기업 종사자의 82.7%가 일하고 있다. 정부는 중소기업이 스스로의 노력으로 성장 · 발전하는 단계에서 대기업에 비하여 상대적으로 취약할 수밖에 없으므로, 자생력을 강화할 수 있도록 창업 · 자금 · 경영 · 판로 · 기술개발 및 동반성장 등 다양한 분야에서 지원정책을 마련하여 시행하고 있다.

(2) 중소기업이 될 수 있는 대상

먼저, 기업이란 ① 영리를 목적으로 하고 ② 계획성 · 계속성을 가지며 ③ 재화와 용역을 공급하는 영업활동을 해야 하며 ④ 인적 · 물적 조직이 있어야 한다. 여기서 다양한 지원정책을 받을 수 있는 중소기업이 될 수 있는 대상은 「중소기업기본법」 상 영리를 목적으로 사업을 영위하는 기업, 즉 법인인 기업(상법상 회사 등)과 개인사업자이다.

영리법인이란 수익사업을 영위할 뿐만 아니라 구성원에게 영업활동으로 발생한 이익을 분배할 수 있어야 하며, 이러한 구성원에 대한 잉여금 배당 여부가 영리성의 본질이다.

비영리법인은 다음 중 어느 하나에 해당하는 법인을 의미한다.

㉠ 「민법」 제32조에 따라 설립된 사단 · 재단법인

㉡ 「사립학교법」」이나 그 밖의 특별법에 따라 설립된 법인으로서, 학술 · 종교 · 자선 · 기예 · 사교 · 기타 영리 아닌 사업을 목적으로 하고 주주 · 사원 또는 출자자에게 이익을 배당할 수 없는 법인

※ 예외적으로 농업협동조합(중앙회), 수산업협동조합(중앙회), 산림조합(중앙회), 신용협동조합(연합회/중앙회), 새마을금고(연합회), 대한염업조합은 이익 배당이 가능하지만 비영리성을 갖춘 것으로 보아 비영리법인으로 분류함.

다만, 예외적으로 「사회적기업 육성법」 제2조제1호 및 제7조에 따라 사회적기업으로 인증을 받은 사회적기업, 「협동조합 기본법」 제2조에 따른 협동조합(연합회), 사회적협동조합(연합회), 이종(異種)협동조합연합회(이 법 제2조제1항 각 호에 따른 중소기업을 회원으로 하는 경우로 한정한다), 「소비자생활협동조합법」 제2조에 따른 소비자생활협동조합((전국)연합회), 「중소기업협동조합법」 제3조에 따른 중소기업(사업)협동조합(연합회) 경우에는 영리법인이 아니라 해도 중소기업 기준을 충족하면 중소기업이 될 수 있다.

또한 타 법령에서 시책별 특성에 따라 필요하다고 인정하는 때에는 비영리법인·단체 등을 중소기업으로 간주할 수 있으나(예 : 「중소기업제품 구매촉진 및 판로지원에 관한 법률」제33조), 이는 해당 법령의 적용에만 한정하는 것이며 「중소기업기본법」상 중소기업을 의미하지는 않는다.

관계법령

중소기업기본법 시행령 제3조

제3조(중소기업의 범위) ① 「중소기업기본법」(이하 “법”이라 한다) 제2조제1항제1호에 따른 중소기업은 다음 각 호의 요건을 모두 갖춘 기업으로 한다.

1. 다음 각 목의 요건을 모두 갖춘 기업일 것
   가. 해당 기업이 영위하는 주된 업종과 해당 기업의 평균매출액 또는 연간매출액(이하 “평균매출액등”이라 한다)이 별표 1의 기준에 맞을 것
   나. 자산총액이 5천억 원 미만일 것
2. 소유와 경영의 실질적인 독립성이 다음 각 목의 어느 하나에 해당하지 아니하는 기업일 것
   가. 삭제 〈2020. 6. 9.〉
   나. 자산총액이 5천억 원 이상인 법인(외국법인을 포함하되, 비영리법인 및 제3조의2제3항 각 호의 어느 하나에 해당하는 자는 제외한다)이 주식 등의 100분의 30 이상을 직접적 또는 간접적으로 소유한 경우로서 최다출자자인 기업. 이 경우 최다출자자는 해당 기업의 주식등을 소유한 법인 또는 개인으로서 단독으로 또는 다음의 어느 하나에 해당하는 자와 합산하여 해당 기업의 주식등을 가장 많이 소유한 자를 말하며, 주식 등의 간접소유 비율에 관하여는 「국제조세조정에 관한 법률 시행령」 제2조제3항을 준용한다.
      1) 주식 등을 소유한 자가 법인인 경우 : 그 법인의 임원
      2) 주식 등을 소유한 자가 1)에 해당하지 아니하는 개인인 경우 : 그 개인의 친족
   다. 관계기업에 속하는 기업의 경우에는 제7조의4에 따라 산정한 평균매출액등이 별표 1의 기준에 맞지 아니하는 기업
   라. 삭제 〈2017. 12. 29.〉

② 법 제2조제1항제2호에서 “대통령령으로 정하는 사회적기업”이란 영리를 주된 목적으로 하지 않는 사회적기업으로서 다음 각 호의 요건을 모두 갖춘 기업으로 한다. 〈개정 2014. 4. 14., 2016. 4. 26., 2021. 4. 20.〉

1. 제1항제1호 각 목의 요건을 모두 갖출 것
2. 삭제 〈2014. 4. 14.〉
3. 제1항제2호나목에 해당하지 않을 것

> ③ 법 제2조제1항제3호에서 "대통령령으로 정하는 자"란 제2항 각 호의 요건을 모두 갖춘 협동조합, 협동조합연합회, 사회적협동조합, 사회적협동조합연합회 및 이종(異種)협동조합연합회(법 제2조제1항 각 호에 따른 중소기업을 회원으로 하는 경우로 한정한다)를 말한다. 〈개정 2016. 4. 26., 2021. 6. 8.〉
> ④ 법 제2조제1항제4호에서 "대통령령으로 정하는 자"란 제2항 각 호의 요건을 모두 갖춘 조합, 연합회 및 전국연합회를 말한다. 〈신설 2019. 2. 12.〉
> ⑤ 법 제2조제1항제5호에서 "대통령령으로 정하는 자"란 제2항 각 호의 요건을 모두 갖춘 협동조합, 사업협동조합 및 협동조합연합회를 말한다. 〈신설 2021. 4. 20.〉

(3) 중소기업의 범위기준

「중소기업기본법 시행령」 제3조에서는 매출액 등 외형에 따른 규모기준과 계열관계에 따른 독립성 기준을 모두 충족하여야 중소기업임을 규정하고 있다.

1) 규모기준(외형적 판단기준)

규모기준은 「중소기업기본법 시행령」 제3조제1항제1호에 따른 [별표1]의 업종별 규모기준과 상한기준으로 구분된다. 업종별 규모기준을 충족하더라도 상한기준을 충족하지 못하면 중소기업에 해당하지 않는다. 업종별 규모기준은 업종의 특성을 반영하여 표준산업분류(대분류, 제조업은 중분류) 기준으로 매출액 규모를 다르게 정하고 있으며, 상한기준은 업종에 상관없이 적용하는 기준으로서 자산총액이 5천억 원 이상인 경우에는 중소기업에서 배제하고 있다.

❶ 업종별 규모기준

해당 기업이 영위하는 주된 업종에 따라 평균매출액 등의 규모기준을 충족해야 한다.

■ 주된 업종별 평균매출액 등의 중소기업 규모기준(중소기업기본법 시행령 [별표 1]

해당 기업의 주된 업종		규모 기준
제조업 (6개 업종)	의복, 의복액세서리 및 모피제품 제조업	평균매출액 등 1,500억 원 이하
	가죽, 가방 및 신발 제조업	
	펄프, 종이 및 종이제품 제조업	
	1차 금속 제조업	
	전기장비 제조업	
	가구 제조업	

<table>
<tr><td colspan="2">농업, 임업 및 어업</td><td rowspan="18">평균매출액 등 1,000억 원 이하</td></tr>
<tr><td colspan="2">광업</td></tr>
<tr><td rowspan="12">제조업
(12개업종)</td><td>식료품 제조업</td></tr>
<tr><td>담배 제조업</td></tr>
<tr><td>섬유제품 제조업(의복 제조업 제외)</td></tr>
<tr><td>목재 및 나무제품 제조업(가구 제조업 제외)</td></tr>
<tr><td>코크스, 연탄 및 석유정제품 제조업</td></tr>
<tr><td>화학물질 및 화학제품 제조업(의약품 제조업 제외)</td></tr>
<tr><td>고무제품 및 플라스틱제품 제조업</td></tr>
<tr><td>금속가공제품 제조업(기계 및 가구 제조업 제외)</td></tr>
<tr><td>전자부품, 컴퓨터, 영상, 음향 및 통신장비 제조업</td></tr>
<tr><td>그 밖의 기계 및 장비 제조업</td></tr>
<tr><td>자동차 및 트레일러 제조업</td></tr>
<tr><td>그 밖의 운송장비 제조업</td></tr>
<tr><td colspan="2">전기, 가스, 증기 및 공기조절 공급업</td></tr>
<tr><td colspan="2">수도업</td></tr>
<tr><td colspan="2">건설업</td></tr>
<tr><td colspan="2">도매 및 소매업</td></tr>
<tr><td rowspan="6">제조업
(6개 업종)</td><td>음료 제조업</td><td rowspan="9">평균매출액 등 800억 원 이하</td></tr>
<tr><td>인쇄 및 기록매체 복제업</td></tr>
<tr><td>의료용 물질 및 의약품 제조업</td></tr>
<tr><td>비금속 광물제품 제조업</td></tr>
<tr><td>의료, 정밀, 광학기기 및 시계 제조업</td></tr>
<tr><td>그 밖의 제품 제조업</td></tr>
<tr><td colspan="2">수도, 하수 및 폐기물 처리, 원료재생업(수도업 제외)</td></tr>
<tr><td colspan="2">운수 및 창고업</td></tr>
<tr><td colspan="2">정보통신업</td></tr>
<tr><td colspan="2">산업용 기계 및 장비 수리업</td><td rowspan="6">평균매출액 등 600억 원 이하</td></tr>
<tr><td colspan="2">전문, 과학 및 기술 서비스업</td></tr>
<tr><td colspan="2">사업시설관리, 사업지원 및 임대 서비스업(임대업 제외)</td></tr>
<tr><td colspan="2">보건업 및 사회복지 서비스업</td></tr>
<tr><td colspan="2">예술, 스포츠 및 여가 관련 서비스업</td></tr>
<tr><td colspan="2">수리(修理) 및 기타 개인 서비스업</td></tr>
<tr><td colspan="2">숙박 및 음식점업</td><td rowspan="5">평균매출액 등 400억 원 이하</td></tr>
<tr><td colspan="2">금융 및 보험업</td></tr>
<tr><td colspan="2">부동산업</td></tr>
<tr><td colspan="2">임대업</td></tr>
<tr><td colspan="2">교육 서비스업</td></tr>
</table>

❷ 상한기준

업종별 규모기준을 충족하더라도 재무상태표 상 자산총계(자본총계+부채총계)가 5,000억 원 미만이어야 중소기업에 해당한다. 자산총액은 기업의 형태에 따라 다음과 같이 구분하여 산정한다.

- 직전 사업연도가 있는 기업 : 직전 사업연도 말일 현재 재무상태표 상의 자산총계
- 해당 사업연도에 창업 · 분할 · 합병한 기업 : 창업일 · 합병일 · 분할일 현재의 자산총액

관계법령

중소기업기본법 시행령 제4조

제4조(주된 업종의 기준) ① 하나의 기업이 둘 이상의 서로 다른 업종을 영위하는 경우에는 제7조에 따라 산정한 평균매출액등 중 평균매출액 등의 비중이 가장 큰 업종을 주된 업종으로 본다. 〈개정 2014. 4. 14.〉

② 제3조제1항제2호다목의 경우에는 지배기업과 종속기업 중 평균매출액 등이 큰 기업의 주된 업종을 지배기업과 종속기업의 주된 업종으로 본다.

제7조(평균매출액등의 산정) ① 제3조제1항제1호가목 및 제8조제1항에 따른 평균매출액등을 산정하는 경우 매출액은 일반적으로 공정 · 타당하다고 인정되는 회계관행(이하 "회계관행"이라 한다)에 따라 작성한 손익계산서상의 매출액을 말한다. 다만, 업종의 특성에 따라 매출액에 준하는 영업수익 등을 사용하는 경우에는 영업수익 등을 말한다. 〈개정 2011. 12. 28., 2014. 4. 14., 2015. 6. 30.〉

② 평균매출액 등은 다음 각 호의 구분에 따른 방법에 따라 산정한다. 〈개정 2011. 12. 28., 2014. 4. 14.〉

1. 직전 3개 사업연도의 총 사업기간이 36개월인 경우 : 직전 3개 사업연도의 총 매출액을 3으로 나눈 금액
2. 직전 사업연도 말일 현재 총 사업기간이 12개월 이상이면서 36개월 미만인 경우(직전 사업연도에 창업하거나 합병 또는 분할한 경우로서 창업일, 합병일 또는 분할일부터 12개월 이상이 지난 경우는 제외한다) : 사업기간이 12개월인 사업연도의 총 매출액을 사업기간이 12개월인 사업연도 수로 나눈 금액
3. 직전 사업연도 또는 해당 사업연도에 창업하거나 합병 또는 분할한 경우로서 제2호에 해당하지 아니하는 경우 : 다음 각 목의 구분에 따라 연간매출액으로 환산하여 산정한 금액

가. 창업일, 합병일 또는 분할일부터 12개월 이상이 지난 경우 : 제3조에 따른 중소기업 해당 여부에 대하여 판단하는 날(이하 "산정일"이라 한다)이 속하는 달의 직전 달부터 역산(逆算)하여 12개월이 되는 달까지의 기간의 월 매출액을 합한 금액

나. 창업일, 합병일 또는 분할일부터 12개월이 되지 아니한 경우 : 창업일이나 합병일 또는 분할일이 속하는 달의 다음달부터 산정일이 속하는 달의 직전 달까지의 기간의 월 매출액을 합하여 해당 월수로 나눈 금액에 12를 곱한 금액. 다만, 다음 중 어느 하나에 해당하는 경우에는 창업일이나 합병일 또는 분할일부터 산정일까지의 기간의 매출액을 합한 금액을 해당 일수로 나눈 금액에 365를 곱한 금액으로 한다.

1) 산정일이 창업일, 합병일 또는 분할일이 속하는 달에 포함되는 경우

2) 산정일이 창업일, 합병일 또는 분할일이 속하는 달의 다음 달에 포함되는 경우

제7조의2(자산총액) ① 제3조제1항제1호나목 및 같은 항 제2호나목에 따른 자산총액은 회계관행에 따라 작성한 직전 사업연도 말일 현재 재무상태표상의 자산총계로 한다. 〈개정 2014. 4. 14.〉

② 해당 사업연도에 창업하거나 합병 또는 분할한 기업의 자산총액은 제1항에도 불구하고 창업일이나 합병일 또는 분할일 현재의 자산총액으로 한다.

③ 제3조제1항제2호나목에 따른 외국법인의 경우 자산총액을 원화로 환산할 때에는 직전 5개 사업연도의 평균환율을 적용한다.

2) 독립성 기준(계열관계에 따른 판단기준)

기업이 규모가 커지거나 사업영역을 다각화할 경우 출자를 통해 별도의 기업을 설립하거나 인수하여 자회사를 보유하는 경우가 많다. 이렇듯 개별기업은 중소기업 규모라 하더라도 대기업의 자회사이거나 계열사들과 합한 규모가 중소기업 규모기준을 초과하는 기업도 중소기업으로 인정하는 것에 대한 불합리성이 꾸준히 제기되어 왔다.

독립성 기준은 이와 같은 기업들을 중소기업에서 배제하여 중소기업 지원예산의 효율적 분배와 합리적 지원을 위해 1995년 도입되었으며, 특히 관계기업 제도는 2009년에 법령에 반영되어 일정기간의 시행유예를 거친 뒤 2011년 1월 1일부터 본격적으로 시행되었다.

현행 독립성 기준은 아래의 3가지가 있으며 여기의 어느 하나라도 해당하는 경우, 그 기업은 규모기준을 충족하더라도 중소기업에 해당하지 않는다.

① 「독점규제 및 공정거래에 관한 법률」에 따른 공시대상기업집단에 속하는 회사
② 자산총액 5,000억 원 이상인 법인(외국법인 포함, 비영리법인 등 제외)이 30% 이상의 지분을 직·간접적으로 소유하면서 최다출자자인 기업
③ 관계기업에 속하는 기업의 경우에는 출자 비율에 해당하는 평균매출액을 합산하여 업종별 규모기준을 충족하지 못하는 기업

독립성 기준은 주식등의 출자관계로 인해 발생하므로 개인사업자가 아닌 법인인 기업만 적용한다. 다만, 비영리 사회적 기업 및 협동조합은 법인형태를 갖추었더라도 예외적으로 독립성 기준 중 ③의 관계기업 제도를 적용하지 않는다.

❶ 공시대상기업집단에 속하는 기업

공정거래위원회는 대기업의 경제력 집중·시장 지배력 남용 등을 방지하기 위해 「독점규제 및 공정거래에 관한 법률」 제14조에 따라 자산총액이 5조 원 이상인 기업집단을 공시대상기업집단으로 지정하고, 지정된 공시대상기업집단 중 자산 10조 원 이상의 기업진단을 상호출자제한기업집단으로 지정하고 있다. 2022년 1월 현재, 공정거래위원회가 지정한 공시대상기업집단은 삼성, SK 등 64개이며, 총 계열회사 수는 2,301개이며, 「중소기업기본법」에서는 이들 공시대상기업집단에 속한 기업은 중소기업에 해당하지 아니하는 것으로 규정하고 있다. (중소기업기본법제2조제1항)

❷ 자산총액 5,000억 원 이상인 법인의 피출자기업

공시대상기업집단으로 지정된 기업집단이 아니어도 이에 버금가는 매우 큰 기업 집단이 있는데 이러한 대규모 기업들은 여러 개의 자회사를 보유하는 경우가 많다. 공시대상 기업집단이 이러한 형태의 자회사를 모두 포함하지 못하는 한계성을 보완하기 위하여 별도 기준을 마련하였다. 이에 따라 자산총액 5,000억 원 이상인 모법인이 30% 이상의 주식 등을 직·간접적으로 소유하고 모법인의 임원과 합하여 최다출자자인 경우, 해당 기업의 규모와 관계없이 중소기업에 해당하지 않는다. (중소기업기본법 시행령 제3조제1항제2호나목)

다만, 중소기업의 투자유치 및 M&A 활성화를 위해 자산총액이 5,000억 원 이상인 중소기업창업투자회사 등이 지분을 소유한 경우에는 동 규정을 적용하

지 않는다. 적용제외 대상은 중소기업창업투자회사, 신기술사업금융업자, 신기술창업전문회사, 산학협력기술지주회사, 금융투자업자, 사모집합투자기구, 채권금융기관(부실징후기업, 구조조정기업, 회생절차개시기업의 주식 등을 소유한 경우에 한함) 등이 있다.

관계법령

중소기업기본법 시행령 제3조의2제3항

제3조의2(지배 또는 종속의 관계) ③ 다음 각 호의 어느 하나에 해당하는 자가 다른 국내기업의 주식등을 소유하고 있는 경우에는 그 기업과 그 다른 국내기업은 제1항에 따른 지배기업과 종속기업의 관계로 보지 아니한다.

1. 「중소기업창업 지원법」에 따른 중소기업창업투자회사
2. 「여신전문금융업법」에 따른 신기술사업금융업자
3. 「벤처기업육성에 관한 특별조치법」에 따른 신기술창업전문회사
4. 「산업교육진흥 및 산학연협력촉진에 관한 법률」에 따른 산학협력기술지주회사
5. 그 밖에 제1호부터 제4호까지의 규정에 준하는 경우로서 중소기업 육성을 위하여 중소벤처기업부 장관이 정하여 고시하는 자

중소기업 범위 및 확인에 관한 규정 제2조

제2조(지배기업으로 보지 아니하는 자) 영 제3조의2제2항제5호에 따라 지배기업으로 보지 아니하는 자는 다음 각 호의 어느 하나에 해당하는 자를 말한다.

1. 「자본시장 및 금융투자업에 관한 법률」 제8조에 따른 금융투자업자(다만, 금융투자업자가 금융 및 보험업 이외의 업종을 영위하는 기업이 주식등을 소유한 경우로서 해당 기업과의 관계에 한정한다)
2. 「자본시장 및 금융투자업에 관한 법률」 제9조제19항에 따른 사모집합투자기구(같은 법 제279조에 따라 금융위원회에 등록한 외국 사모집합투자기구를 포함한다)
3. 「기업구조조정 촉진법」 제2조제3호에 따른 채권금융기관(다만, 채권금융기관이 다음 각 목의 어느 하나에 해당하는 기업의 주식 등을 소유한 경우로서 해당 기업과의 관계에 한정한다)
   가. 「기업구조조정 촉진법」 제2조제7호에 따른 부실징후기업
   나. 채권금융기관으로부터 받은 신용공여액의 합계가 500억 원 미만으로서 「기업구조조정 촉진법」을 준용하여 기업구조조정 중인 기업
   다. 「채무자 회생 및 파산에 관한 법률」에 따라 법원으로부터 회생절차 개시의 결정을 받은 기업

❸ 관계기업에 속하는 기업

개별 기업의 크기로 보면 중소기업 규모이지만 계열사와 규모를 합하면 대기업 규모의 기업들도 많이 존재한다. 이와 같은 형태의 기업을 중소기업에서 배제함으로써 실질적인 중소기업에게 정부 지원의 혜택이 분배될 수 있도록 할 필요성이 제기되었고 이에 따라, 관계기업 제도를 2009년 3월 25일에 법령에 반영하고, 1년 9개월가량의 시행유예를 거쳐 2011년 1월 1일부터 전면 시행하게 되었다.

관계기업 제도의 기본 개념은 어떤 기업이 다른 기업의 주식 등을 소유하여 중요한 지배력을 행사할 수 있는 요건을 갖춘 경우 지배 · 종속의 관계로 규정하고, 이들 기업을 서로 독립된 기업이 아닌 하나의 기업으로 간주하여 매출액을 주식 등의 소유비율만큼 합산하여 중소기업 여부를 판정하는 것이다. 다만, 기업 간에 지배 · 종속의 관계가 성립하더라도 지배기업이 외부감사 대상 기업이 아니면 관계기업이 성립하지 않는다. 또한, 관계기업에 속하더라도 모두 중소기업에서 제외되는 것이 아니라, 관계기업 간에 주식 등 소유 비율에 따라 합산한 매출액이 업종별 규모기준을 충족하지 못하는 경우에만 중소기업에 해당하지 않는다.

(4) 중소기업의 구분

1) 중기업과 소기업의 구분

중소기업은 규모가 다양하므로, 그 규모에 따라 중기업, 소기업, 소상공인으로 구분하여 지원시책을 차별화하고 있는데, 소기업은 중소기업 중에서 아래의 기준을 충족하는 기업이며, 중기업은 중소기업 중에서 소기업을 제외한 기업을 말한다.

■ 주된 업종별 평균매출액 등의 소기업 규모 기준(중소기업기본법 시행령[별표 3]

해당 기업의 주된 업종	규모 기준
식료품 제조업	평균매출액 등 120억 원 이하
음료 제조업	
의복, 의복액세서리 및 모피제품 제조업	
가죽, 가방 및 신발 제조업	
코크스, 연탄 및 석유정제품 제조업	
화학물질 및 화학제품 제조업(의약품 제조업 제외)	

의료용 물질 및 의약품 제조업	평균매출액 등 120억 원 이하
비금속 광물제품 제조업	
1차 금속 제조업	
금속가공제품 제조업(기계 및 가구 제조업 제외)	
전자부품, 컴퓨터, 영상, 음향 및 통신장비 제조업	
전기장비 제조업	
그 밖의 기계 및 장비 제조업	
자동차 및 트레일러 제조업	
가구 제조업	
전기, 가스, 증기 및 공기조절 공급업	
수도업	
농업, 임업 및 어업	평균매출액 등 80억 원 이하
광업	
담배 제조업	
섬유제품 제조업(의복 제조업 제외)	
목재 및 나무제품 제조업(가구 제조업 제외)	
펄프, 종이 및 종이제품 제조업	
인쇄 및 기록매체 복제업	
고무제품, 및 플라스틱제품 제조업	
의료, 정밀, 광학기기 및 시계 제조업	
그 밖의 운송장비 제조업	
그 밖의 제품 제조업	
건설업	
운수 및 창고업	
금융 및 보험업	
도매 및 소매업	평균매출액 등 50억 원 이하
정보통신업	
수도, 하수 및 폐기물 처리, 원료재생업(수도업 제외)	평균매출액 등 30억 원 이하
부동산업	
전문·과학 및 기술 서비스업	
사업시설관리, 사업지원 및 임대 서비스업	
예술, 스포츠 및 여가 관련 서비스업	
산업용 기계 및 장비 수리업	평균매출액 등 10억 원 이하
숙박 및 음식점업	
교육 서비스업	
보건업 및 사회복지 서비스업	
수리(修理) 및 기타 개인 서비스업	

2) 소상공인의 구분

소상공인이란, 소기업 중 소상공인 기준을 충족하는 기업을 의미한다. (「소상공인기본법」 제2조) 소상공인의 구분은 상시 근로자 수로 판단하며, 이는 관계기업을 고려하지 않은 해당기업만의 근로자 수를 말한다.

근로자란 직업의 종류와 관계없이 임금을 목적으로 사업이나 사업장에 근로를 제공하는 자를 의미하는데, 소상공인은 상시 근로자 수가 10명 미만이어야 하며, 업종별 상시 근로자 수 기준은 다음과 같다.

◘ 업종별 상시 근로자 수 기준

업종	기준
광업 · 제조업 · 건설업 · 운수업	상시 근로자 수 10명 미만
그 밖의 업종	상시 근로자 수 5명 미만

또한 상시 근로자 수는 근로자 중에서 다음에 해당하는 자를 제외한 자를 말한다. (「소상공인기본법 시행령」 제3조제3항)

① 임원 및 일용근로자

② 3개월 이내의 기간을 정하여 근로하는 자

③ 기업부설연구소 또는 연구개발전담부서의 연구전담요원

④ 1개월 동안 정해진 근로시간이 60시간 미만인 단시간근로자

※ 고령화 시대 및 다양한 일자리 형태의 변화를 반영하는 등 일자리 나누기를 활성화하기 위하여 1개월간의 소정 근로시간이 60시간 미만인 단시간근로자의 경우 2012년부터 상시 근로자 수의 산정에서 제외되었다.

2. 창업의 범위(대상)

중소기업 창업지원시책을 적용 받을 수 있는 창업의 범위는 중소기업을 새로이 창설하는 효과가 있는 경우로서, 중소기업기본법상의 중소기업범위와 중소기업창업지원법상의 창업에 해당하여야 한다.

중소기업창업지원법상 중소기업 창업지원시책을 적용받을 수 있는 창업의 범위는 사행산업 등 경제질서 및 미풍양속에 현저히 어긋나는 업종의 창업 및 창업기업 등을 제외하고 모든 업종을 창업지원대상으로 하고 있다.

관계법령

중소기업창업 지원법 제5조

제5조(적용 범위) ① 이 법은 창업 및 창업기업 등에 관하여 적용한다. 다만, 사행산업 등 경제질서 및 미풍양속에 현저히 어긋나는 업종의 창업 및 창업기업 등에 관하여는 적용하지 아니한다.

② 제1항 단서에 해당하는 업종의 범위는 대통령령으로 정한다.

중소기업창업 지원법 시행령 제2조

제2조(창업의 범위) ① 「중소기업창업 지원법」(이하 "법"이라 한다) 제2조제2호의 창업은 중소기업을 새로 설립하여 사업을 개시하는 것으로서 다음 각 호의 어느 하나에 해당하지 않는 것으로 한다.

1. 타인으로부터 사업을 상속 또는 증여받은 개인이 기존 사업과 같은 종류의 사업을 개인인 중소기업자로서 개시하는 것
2. 개인인 중소기업자가 기존 사업을 계속 영위하면서 중소기업을 새로 설립하는 것으로서 다음 각 목에 해당하는 것
   가. 개인인 중소기업자로 사업을 개시하는 것
   나. 개인인 중소기업자가 단독으로 또는 「중소기업기본법 시행령」에 따른 친족과 합하여 의결권 있는 발행주식(출자지분을 포함한다. 이하 같다) 총수의 100분의 50을 초과하여 소유하거나 의결권 있는 발행주식 총수를 기준으로 가장 많은 주식의 지분을 소유하는 법인인 중소기업을 설립하여 기존 사업과 같은 종류의 사업을 개시하는 것
3. 개인인 중소기업자가 기존 사업을 폐업한 후 중소기업을 새로 설립하여 기존 사업과 같은 종류의 사업을 개시하는 것. 다만, 사업을 폐업한 날부터 3년(부도 또는 파산으로 폐업한 경우에는 2년을 말한다) 이상 지난 후에 기존 사업과 같은 종류의 사업을 개시하는 경우는 제외한다.
4. 법인인 중소기업자가 의결권 있는 발행주식 총수의 100분의 50(법인과 그 법인의 임원이 소유하고 있는 주식을 합산한다)을 초과하여 소유하는 다른 법인인 중소기업을 새로 설립하여 사업을 개시하는 것
5. 법인의 과점주주(「국세기본법」 제39조제2호에 따른 과점주주를 말한다. 이하 이 조에서 같다)가 새로 설립되는 법인인 중소기업자의 과점주주가 되어 사업을 개시하는 것

6. 「상법」에 따른 법인인 중소기업자가 회사의 형태를 변경하여 변경 전의 사업과 같은 종류의 사업을 계속하는 것

② 창업기업에 해당하는 개인인 중소기업자가 본인이 대표자가 되어 새로 설립하는 법인인 중소기업에 기존 사업에 관한 모든 권리와 의무를 포괄적으로 이전시킨 경우에는 그 법인은 기존 창업기업으로서의 지위를 승계한다.

③ 제1항제1호, 제2호나목, 제3호 및 제6호에 따른 같은 종류의 사업의 범위는 「통계법」 제22조제1항에 따라 통계청장이 작성 · 고시하는 한국표준산업분류(이하 "한국표준산업분류"라 한다)상의 세세분류 기준에 따른다.

④ 제1항 각 호의 기준에 관한 세부기준은 중소벤처기업부장관이 정하여 고시한다.

제4조(창업에서 제외되는 업종) 법 제5조제1항 단서에 따른 사행산업 등 경제질서 및 미풍양속에 현저히 어긋나는 업종의 범위는 다음 각 호와 같다. 이 경우 업종의 분류는 한국표준산업분류에 따른다.

1. 일반유흥주점업
2. 무도유흥주점업
3. 기타 사행시설 관리 및 운영업
4. 그 밖에 경제질서 및 미풍양속에 현저히 어긋나는 업종으로서 중소벤처기업부령으로 정하는 업종

사례별 창업 인정 여부

주체	사업장소		사례	창업 여부
A개인이	갑장소에서	갑장소에서의 기존 사업을 폐업하고	B법인을 설립하여 동종업종을 생산	조직변경
			B법인을 설립하여 이종업종을 생산	창업
		갑장소에서의 기존 사업을 폐업않고	B법인을 설립하여 동종업종을 생산	형태변경
			B법인을 설립하여 이종업종을 생산	창업
A법인이	갑장소에서	갑장소에서의 기존 사업을 폐업하고	B법인을 설립하여 동종업종을 생산	위장창업
			B법인을 설립하여 이종업종을 생산	창업
		갑장소에서의 기존 사업을 폐업않고	B법인을 설립하여 동종업종을 생산	형태변경
			B법인을 설립하여 이종업종을 생산	창업
A개인이	을장소에서	갑장소에서의 기존 사업을 폐업하고	B법인을 설립하여 동종업종을 생산	법인전환
			B법인을 설립하여 이종업종을 생산	창업
		갑장소에서의 기존 사업을 폐업않고	B법인을 설립하여 동종업종을 생산	창업
			B법인을 설립하여 이종업종을 생산	창업
A법인이	을장소에서	갑장소에서의 기존 사업을 폐업하고	B법인을 설립하여 동종업종을 생산	사업승계
			B법인을 설립하여 이종업종을 생산	창업
		갑장소에서의 기존 사업을 폐업않고	B법인을 설립하여 동종업종을 생산	창업
			B법인을 설립하여 이종업종을 생산	창업
A가	을장소에서	갑장소에서의 기존 사업을 폐업하고	다시 A명의로 동종업종을 생산	사업이전
			B법인을 설립하여 이종업종을 생산	창업
		갑장소에서의 기존 사업을 폐업않고	다시 A명의로 동종업종을 생산	사업확장
			다시 A명의로 이종업종을 생산	업종추가

3. 창업의 중요성

▰ 일자리! 특히 청년들의 일자리가 줄어들고 있다.

통계청이 발표한 청년고용동향을 보면, 2013년 처음으로 청년 고용률이 40% 미만으로 떨어졌다. 우리나라 청년고용률은 OECD국가 중에서도 매우 낮은 수준이며 우리나라의 잠재성장률이 2050년에 1% 이하로 떨어질 것이라는 전망이 나온 바 있다. 인구구조 고령화 등으로 우리 경제의 성장잠재력이 약화되는 가운데 복지지출 증가로 재정건정성이 위협받기 때문이다. 성장률이 1% 하락하면 일자리는 5~7만 개가 줄어든다.

▰ 일자리, 앞으로가 더 걱정이다.

더욱 안타까운 것은 일자리 감소가 구조적인 문제이기 때문에 해결되기 어렵다는 점이다. 영국 옥스퍼드 대학 연구진은 20년 후 미국 일자리의 절반이 전산화되면서 소멸할 수 있다고 발표하였다. 기술혁신과 자동화의 진행으로 인간의 손을 통해 이루어졌던 작업을 기계화 센서 칩, 로봇 아바타 등이 대체한다는 것이다.

세계미래학회(World Future Society : WFS)는 2013년 '미래에 사라질 10가지'의 네 번째로 일자리를 언급하며 전 세계에서 20억 개의 일자리가 사라질 것이라고 예측하였다.

▰ 4차 산업혁명, 일자리 창출의 새로운 기회

4차 산업혁명이 일자리 창출의 새로운 기회가 될 것이라는 의견도 많다. 전문가들은 자동화 프로그램과 로봇 등으로 쉽게 대체될 수 있는 단순 반복적인 업무를 수행하는 직업군에서는 일자리 감소가 불가피하지만 ICT를 중심으로 새로운 일자리가 많이 창출될 것이라 전망하고 있다.

특히 인공지능을 원활하게 사용하기 위해서 인간의 창의력 같은 고도의 능력은 반드시 필요하기 때문에 창의적 업무를 수행하는 일자리는 늘어날 것으로 기대를 하고 있다. 많은 전문가들은 융합이 활발하게 이루어지는 만큼 전혀 새로운 형태의 일자리가 창출될 것으로 예상하고 있다.

▰ 일자리도 진화한다.

일자리 감소에 대한 우려는 과거 산업혁명이 일어났을 때에도 제기되었다. 1차 산업혁명 당시 영구에서 일어난 러다이트운동(기계파괴운동)이 대표적 사례이다. 기계를 파괴할 만큼 많은 노동자들이 직장을 잃었지만 기계로 대체된 것보다 훨씬 많은 새로운 고용이 창출되어 결과적으로 산업혁명이 일자리 창출로 귀결되었다.

전문가들은 일자리는 사라지지 않고 진화한다고 말한다. 산업혁명의 역사를 돌아보면 농업인과 가내수공업인이 공장 노동자로 바뀌고, 타이피리스트가 프로그래머로 진화를 했다는 것이다. 기술 혁신으로 생산성이 낮은 일자리가 기계로 대체되면서 인간은 생산성이 높은 일자리로 이동했으며, 그 결과 1인당 국민소득은 산업혁명을 거듭할수록 증가했다.

▰ 고용창출과 성장, 창업이 답이다.

우리나라의 국민소득은 계속 2만 달러에 멈춰 있다. 막스플랑크연구소는 '국민소득 2만 달러까지의 성장은 생산요소의 투입으로 가능하지만 그 이상 성장하기 위해서는 기업가정신의 확산이 관건이다.'라고 하였다.

미국, 영국, 이스라엘은 국민소득 2만 달러 달성 시점에서 기업가정신 교육을 국가 아젠다로 정하고 기업가정신 교육을 의무화하였다. 우리나라도 국민소득 3만 달러의 달성과 4만 달러 시대의 개막을 위해서는 기업가정신으로 무장된 청년들의 창업도전이 요구된다.

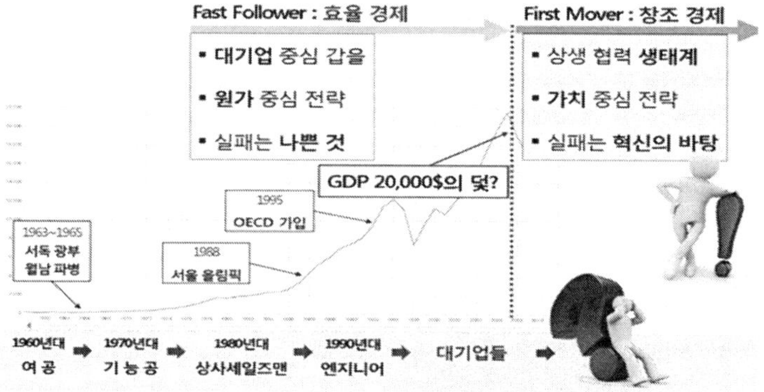

〈그림 1〉 창조경제연구회, 21차 공개포럼 발표자료 - 창조경제의 세계화(2016)

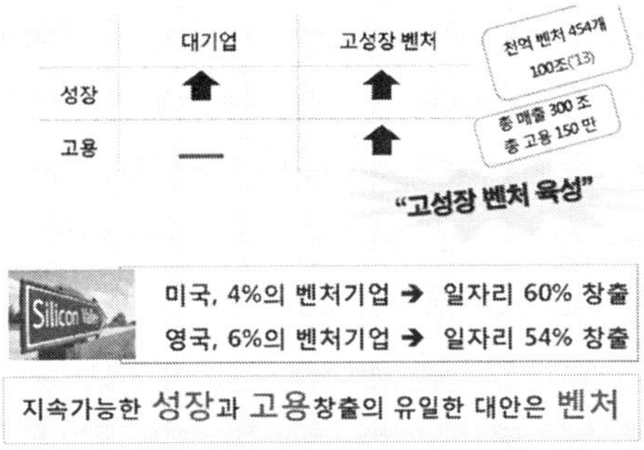

〈그림 2〉

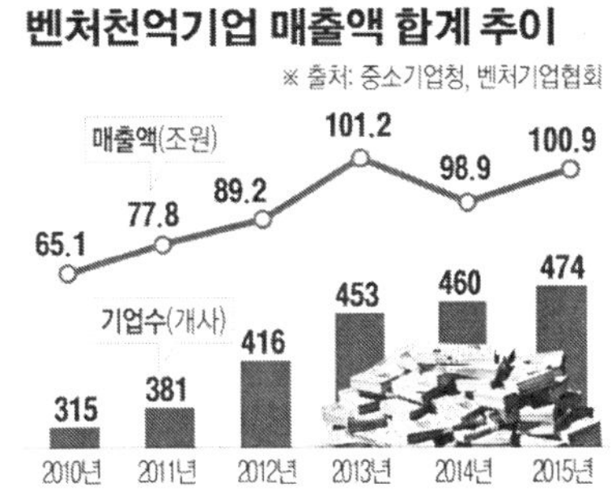

〈그림 3〉 벤처천억기업 매출액 합계 추이

4. 글로벌 창업 트렌드의 변화

창업의 변화 : 가벼운 창업

■ 창업비용의 격감

- 실리콘벨리 인터넷벤처 창업의 경우 10년 동안 창업비용이 1/1,000로 줄어듬.

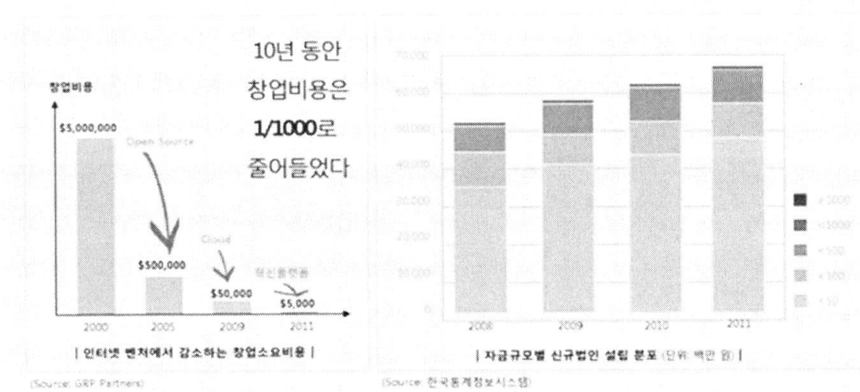

■협업기반의 창조성 발현

- 팔방미인 모범생 vs 괴짜들

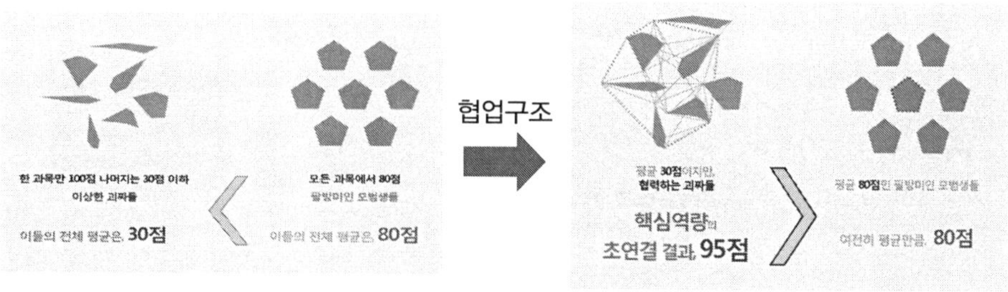

■핵심 강점을 가진 협력 Co-opetition

- 협력하는 괴짜가 되라

■무거운 창업 vs 가벼운 창업

무거운 창업	가벼운 창업
R&D + 생산 + 영업 + 관리 공장, 부품, 재고 막대한 자본의 소요 개별 기업 경쟁 - 비 핵심 역량이 중요 - 국가전체 자원의 중복 여과 후 출판	핵심역량만 혁신 중심 가벼운 창업 플랫폼 기반 경쟁 - 복합 기업 생태계 - 구글, 애플, 카카오 출판 후 여과

5. 4차 산업혁명과 미래 유망기술

2017년 세계경제포럼이 선정한 10대 미래유망기술

(1) 액체생체검사(Liquid biopsies)

암 등을 진단할 때 혈액과 같은 액체를 사용하여 진단하는 기술이다. 전통적으로 암 진단 시 사용되어온 조직생체검사로는 불가능한 비 침습 생체 검사가 액체 생체 검사에서는 가능할 뿐만 아니라 광범위하고 완벽한 질병 데이터를 얻을 수 있다. 특히, 혈액 내에 순환하고 있는 암세포 DNA를 분석하여 병의 진행정도, 치료율 등을 빠른 속도로 분석이 가능하여 암 치료를 더욱 정확하고 쉽게 할 수 있다.

(2) 공기에서 물 획득(Harvesting clean water from air)

공기 중에 있는 수분에서 깨끗한 물을 얻을 수 있는 기술은 공기 중 습도가 아주 높아야 가능하고 전기에너지가 많이 필요해서 실제로 사용이 어려운 기술이다. MIT, California대, Berkeley대 공동팀이 개발한 다공성 결정물은 전기 에너지가 없이 물로 전환할 수 있었고, 또 다른 시도로 Zero Mass Water(Arizona주)라는 Start-up은 off-grid solar system으로 하루에 2-5 리터의 물을 생산하였다. 대기 중에는 약 1,000조 리터의 물이 있다.

(3) 시각작업 딥 런닝(Deep learning for visual tasks)

컴퓨터의 인공지능이 딥 러닝 기술 덕분에 사람보다도 훨씬 이미지 분석 능력이 뛰어나게 되었다. 자율 주행 차에서 이미지 분석, 정밀의료진단 이미지 분석, 보험에서 손해평가, 저수지 물 저장 수준, 농업에서 작물 생산 현황 등 다양한 활용 용도가 개발되고 있다.

(4) 태양광이용 이산화탄소 액체연료화(Liquid fuels from sunshine)

광합성이 가능한 식물 인공 잎으로 이산화탄소와 물을 이용하여 식물과 같은 설탕, 전분 등의 자장에너지를 만들 수 있을까? 라는 질문을 많이 했다.

지금은 상당히 긍정적인 방향으로 받아 들여 지고 있다. 태양광으로 활성화되는 식물의 엽록체와 같은 촉매가 개발되었다. 개발된 촉매로 쉽게 물 분자에서 수소를 만들어서 공기 중 CO_2를 탄화수소(Hydrocarbon)로 전환할 수 있다. 우리가 사용하는 연료인 알코올, 휘발유, 디젤, 등유는 탄화수소 물질이기 때문에 태양광과 물, 이산화탄소로 충분히 연료를 만들 수 있다.

(5) 인간세포 지도(The Human cell atlas)

인간신체를 해독할 목적의 국제 공동연구과제인 'Human Cell Atlas(인간세포지도)'가 2016년 10월에 결성되었다. 인간조직에 있는 모든 세포의 위치, 형태, 기능을 파악하여 활성화하는데 필요한 유전자, 단백질 또는 다른 물질 등을 정확히 알아낸다. 특정 세포는 정확하게 어떻게 다른 세포와 접촉하는가, 유전적 변화 또는 한 개의 세포가 변했을 때 신체 내 변화는 어떻게 되는가 등 인체에서 일어나는 모든 현상을 정확히 파악하는 기술이다. 성공적으로 과제가 끝나면 1,000만 장 이상의 세포이미지를 확보해 개인건강관리뿐만 아니라 의학, 화학, 식품, 제약 등 모든 산업에 엄청난 변화를 가져 올 것이다.

(6) 정밀농업(Precision farming)

4차 산업혁명기술은 물과 비료, 농약 등의 화학물질의 투여를 최소화하거나 질병 및 해충 등을 정확히 파악하여 적절한 방제로 작물의 생산성과 질을 최대화할 수 있게 한다. 측정센서, 로봇, GPS, 드론, 이미지 및 데이터분석 소프트웨어 등을 이용하여 작물이 필요한 모든 것을 공여하고, 실시간 작물의 상태를 파악하여 예상되는 수확량과 출하시기를 조정할 수 있고 아울러 농장간 클라우딩으로 농업의 수요/공급을 조정할 수 있다.

(7) 녹색 자동차용 범용촉매기술(Affordable catalysts for green vehicles)

수소연료전지 기술로 구동되는 자동차는 현재 자동차에서 배출되어 문제시되는 CO_2, 유해gas, 미세 먼지 등을 무방출하는 기술(Zero emission technology)이다. 수소연료전지는 백금이 포함된 고가의 촉매를 사용하여 경제성이 없다. 현재 고가의 팔라듐(Pd)과 같은 희귀금속이나 백금(Pt)의 사용을 줄이는 기술이 개발되었고 최근에는 전혀 백금을 사용하지 않는 촉매나 희귀금속과 같은 금속을 전혀 사용하지 않는 촉매가 개발되어서 수소를 저렴한 가격으로 생산하는 실용화 기술이 개발되고 있다.

(8) 유전자 백신(Genomic vaccines)

유전자인 DNA나 RNA를 사용한 백신은 전통적인 단백질로 생산된 백신에 비해 우수하고 돌발적으로 발생하는 감염병에 대해서 빠른 시간에 대응하고 저렴한 사용이 가능하다. 인체 내에서 직접 감염병 항체를 생산하게 만들어 사용하는 방법으로 인류가 큰 난제중 하나인 감염병 문제를 해결할 수 있게 된다.

(9) 지속가능 공동생활 디자인(Sustainable design of communities)

녹색 디자인기술로 공동생활을 하면서 소비하는 물과 에너지 등을 획기적으로 줄일 수 있는 기술이다. 지역적으로 생산되는 solar energy를 smart microgrid를 사용하며 50%의 전력소비를 줄일 수도 있고 화장실, 하수도 폐수의 재할용하는 기술과 빗물을 이용하는 물 사용 재 디자인 기술은 현재에 사용하는 수돗물을 70%까지 줄일 수 있다. California와 Berkeley대학에서는 공동생활체에서 탄소제로(Carbon zero)방출 과제도 수행중이다.

(10) 양자 컴퓨팅(Quantum computing)

양자컴퓨터의 거의 무한한 가능성 때문에 실지하는데 필요한 어려움이나 고가의 비용에도 불구하고 매우 매력적이다. 2016년 IBM은 양자컴퓨팅을 첫 번째로 대중 접근을 제공하였고 이결과 20여 편 이상의 학술지가 출판되고 현재 50개 이상의 Start-up이 양자컴퓨터를 만들기 위해 전 세계적으로 협력을 하고 있다.

현재의 컴퓨터방식은 한 번에 한 단계씩 계산이 이루어지는데 비해서 양자컴퓨터는 양자가 가지는 파동과 입자적인 이중성과 불확실성 때문에 중첩(Superposition)되어 있어서 단 한 번의 조작으로 모든 가능한 상태를 모두 조작한 것과 같은 효과를 가지고 굉장히 빠른 연산이 가능하다.

만약, 56비트의 비밀암호를 현재의 컴퓨터로 찾으면 1,000년이 걸리지만 양자 전산을 사용하면 4분이면 가능하다. 결국 현재 슈퍼컴퓨터로 풀 수 없는 기상재해, 복잡한 자연 현상, 거시경제, 유전체 등 아주 복잡한 영역의 연구가 쉽게 해결될 전망이고 빠른 전산 속도만큼 빠른 과학 발전을 기대한다.

세계경제포럼의 미래유망기술 발표 후의 추이를 조사하면 아주 빠른 속도로 산업화되고 있음을 실감할 수 있게 된다. 2014~2017년에 발표한 여러 가지 미래유망기술들을 이용한 초기제품들이 우리는 이미 시장에서 볼 수 있다.

2014-2017년 여러 가지 미래유망기술

2014년	2015년	2016년	2017년
신체적응 웨어러블 전기전자기술	연료전지 자동차	나노센서와 나노 사물인터넷	액체 생체검사
나노구조 탄소복합체	차세대 로보틱스	차세대 전지	물 획득 기술
해수담수화 과정에서 금속 채취	재활용 가능한 열경화성 고분자	블록체인	시각 작업 딥 러닝
전기저장 그리드	정밀한 유전공학 기술	2D소재	태양광 이용 액체연료 제조기술
나노와이어 리튬이온 전지	첨삭가공	자율주행자동차	인간세포 도감
스크린없는 디스플레이	다가오는 인공지능	장기 칩	정밀농업
인간 마이크로비옴 치료제	분산 제조업	페로브스카이트 태양전지	환경친화 이동수단 촉매
RNA기반 치료제	'감지와 회피' 드론	개방형 인공지능 생태계	게놈백신
개인 계량화 및 예측분석	뉴로모픽 기술	광유전학	공동생활권 디자인
뇌-컴퓨터 인터페이스	디지털 게놈	시스템대사공학	양자컴퓨팅

■ 한국과학기술기획평가원(KISTEP)이 2014년 선정한 10대 미래유망기술

기술	설명	참고
생체인증기술	지문, 음성, 망막 등 개개인의 생체 고유 정보를 이용하여 인증하는 기술	기존 신분증명 방식을 대체하여 분실, 도난의 위험을 낮추고 높은 보안성 제공
가상화 보안기술	가상환경 내부로 침투하는 보안 위협과 공격을 막기 위해 VM(Virtual Machine)을 적용한 보안제품 및 서비스 기술	서울역 스마트워크센터와 같이 온라인 업무수행에 필요한 철통 보안 제공
양자정보통신 기술	양자 기술로 생성한 암호키를 송수신 측에 안전하게 전달하는 방식으로, 중간에 도청이 있어도 암호키 자체가 손상돼 내용을 알 수 없는 통신기술	금융정보를 포함한 데이터 전송 과정에서 손실 또는 해킹되는 정보를 보호
빅 데이터 기반 범죄예측기술	과거 범죄 데이터를 분석하고 패턴을 파악함으로써 범죄발생 위험이 높은 장소와 시간을 예측하는 기술	범죄에 대한 신속한 대응 가능
초소형 비행 감시 로봇	실내외에서 자율비행하면서 위험요소를 감시, 추적해 정보를 제공하는 비행 로봇	범죄 대응과 함께 재난에 대한 상황 파악에 활용
상황인식기술	사용자의 행위, 주변 환경등을 분석하여 상황에 맞게 적절한 기능을 자동 수행하는 소프트웨어 기술	세콤과 같은 보안 시스템의 진화형으로 온라인 시스템 접근에도 활용
전자 코	인간의 후각 시스템을 모방한 전자적 장치로 인간의 코가 연속적으로 다른 냄새를 맡지 못하며, 맡을 수 있는 냄새에 한계가 있다는 점을 보완해 만들어진 시스템	냄새 분자를 통해 유해성분을 감지하여 식품, 의료 등에 활용
식품 스마트 패키징 기술	온도, pH, 압력, 빛과 같은 외부와 내부 환경 변화를 모니터링하거나 적응하면서 식품을 보호하는 기술	화부환경에 민감한 제품의 유통 등에 활용
고속진단 페이퍼 칩 기술	종이 위에 미세유체 칩을 이용하여 현장에서 질병의 원인균을 신속하고 정확하게 진단하는 기술	리트머스 시험지 등과 같이 특정 세균에 반응하여 질병을 신속 정확하게 진단
식물생산백신 (그린백신)	유전공학기술을 이용하여 식물에 유용한 유전형질을 삽입시켜 발현시킴으로써 유용한 단백질(백신)을 대량으로 생산하는 기술	백신을 대량 생산할 수 있는 경제적인 기술

■ 한국과학기술정보연구원(KISTI)이 2016년 선정한 10대 미래유망기술

미래유망기술	기술 정의
바이오 프린팅	살아있는 세포를 원하는 형상이나 패턴으로 적층하여 조직이나 장기를 제작하는 3D 프린팅 기술
합성 세포 기술	인공적으로 합성된 유전체를 유전자가 제거된 생명체에 도입하여 인공세포를 만드는 기술
신체 증강 기술	자연적 또는 인공적 수단을 통하여 영구적으로나 일시적으로 인간의 몸의 한계를 뛰어넘게 시도하려는 기술
의료용 가상현실 응용 기술	현실 세계를 모방한 가상의 3차원 디지털 환경을 의료 분야에서 응용하는 기술
소프트 웨어러블 기술	신체에 착용하여 사용자의 생체신호 및 주변의 환경 정보를 지속적으로 수집하고 음성, 영상, 터치 등으로 사용자와 소통할 수 있게 하는 기술
자동차 경량화 소재	알루미늄, 마그네슘, 고장력 강판 등의 금속재료와 탄소섬유강화복합재료 등 자동차의 차체 경량화를 위해 사용되는 소재 기술
산업 인터넷 (Industrial IoT)	사물인터넷을 제조업 전부문의 공정, 제품, 서비스, 마케팅, 유통 등에 적용 및 활용하여 기계-데이터-사람의 연결에 기반한 새로운 부가가치를 창출하는 플랫폼 기술
가시광 활용 차세대 통신 (Li-Fi)	라디오 전자기파를 이용하는 와이파이 전송기술에 비해 가시광선을 이용해 빛에 디지털 정보를 담아 데이터를 전송하여 기존의 와이파이보다 무선 인터넷 속도가 최고 100배 이상 빠른 차세대 통신기술(Li-Fi, Light-Fidelity)
지능형 사이버 보안	인공지능 기법을 활용하여 방대한 사이버 보안 위협의 탐지와 대응을 자동화하고, 알려지지 않은 잠재적 위협까지 예측하는 보안 기술
카멜레온 환경감응 소재	물리적/화학적 자극(열, 기계적 힘, 압력, 자성, 전기장, 빛, 압력, 화학물질, pH 등)에 의한 외부 환경의 미세한 변화에 스스로 반응하여 화학적 성질 및 물리적 형상을 가역적 혹은 비가역적으로 제어할 수 있는 자극-응답 첨단 화학소재 기술

6. 미래유망시장

▰ 블루슈머(Bluesumer)

블루슈머는 경쟁자가 없는 시장을 의미하는 블루오션(Blue Ocean)과 소비자(Consumer)의 합성어로 블루오션의 새로운 소비자를 뜻한다. 블루슈머를 찾아내서 이들의 니즈를 충족시키는 사업을 할 수 있다면 높은 수준의 기술이 아니더라도 소규모 자본으로 창업을 통해 꿈을 이룰 수 있다. 통계청은 지난 2007년부터 다양한 분야의 통계 분석을 통해 경쟁이 없는 시장의 새로운 소비자를 의미하는 블루슈머를 찾아내 제시함으로써 경제주체들이 새로운 시장을 열고 사업기회를 발굴하는 데 도움이 되는 정책적 노력을 해오고 있다.

(1) '온라인 과거가 두렵다.' 과거 지우개족

> 강선미(가명, 30세) 씨는 지난 해 사랑하는 가족을 잃는 슬픔을 겪었다. 장례를 포함한 이별 절차를 거의 마무리했다고 생각하고 있었는데, 갑자기 당황스러운 일이 생겼다. 고인의 페이스북을 확인해보니 사망소식을 모르고 있었던 지인들이 생일축하 메시지나 안부를 묻는 글을 남기고 있는 것을 확인한 것이다. 계정을 삭제하려고 해봤지만 한 두 개도 아니고 너무 과정이 복잡했다. 우연히 디지털 장례를 서비스하는 업체를 소개받아 고인의 온라인 기록을 일괄 정리할 수 있었다.

인터넷이 본격적으로 도입된 지 20여 년. 이제 인터넷이 없는 생활은 상상하기조차 힘들다. 인터넷은 우리의 생활을 편리하게 해주고 있지만 부작용도 만만치 않다. 익명성에 기댄 인신공격성 악성댓글, 프라이버시 침해, 해킹 등에 의한 개인정보 침해, 불법 허위정보의 유포 등의 문제들이다.

한국인터넷진흥원에 접수된 개인정보 침해 상담 건수는 3년 사이에 24%나 증가하였고 개인정보에 대한 관심을 최근 카드사의 개인정보 유출사건으로 더욱 높아지고 있다. 이러한 추세를 반영하여 개인정보를 삭제해 주거나 별도로 관리해 주는 서비스업이 유망산업으로 떠오르고 있다. 과거 인터넷에 게시된 글을 찾아 삭제해 주는 '디지털 세탁소'나 고인이 남긴 인터넷상의 흔적을 없애주는 '디지털 장례식' 등이 그 예이다.

대표적인 온라인 상조회사인 미국의 '라이프인슈어드닷컴(lifeensured. com)'은 가입한 회원이 사망하면 인터넷 정보를 어떻게 처리할지에 대해 사전에 작성한 유언을 확인한 후 고인의 '흔적 지우기'에 들어간다. 페이스북 등에 올려둔 사진을 삭제하는 것은 물론 회원이 다른 사람 페이지에 남긴 댓글까지도 일일이 찾아 지워준다. 국내에도 고인의 인터넷 계정, 접속기록, 콘텐츠 등을 삭제해주는 '디지털 장례식'이 인기를 끌고 있다. 최근에는 설정한 시간이 지나면 데이터가 자동으로 소멸되는 '디지털 소멸 시스템(Digital Aging System)'이라 지칭된 특허가 출원돼 상용화를 앞두고 있다.

한 개인이 인터넷에서 자신의 흔적을 모두 지우기란 거의 불가능하다. 오래된 게시글도 관리해 주는 '디지털세탁소'도 선진국에 이어 우리나라에도 등장해 서비스를 하고 있는 중이며, 향후 지속적으로 성장할 사업 분야 중 하나이다.

이외에도 소중한 고인의 디지털 유산을 정리해 영구히 보관할 수 있는 디지털 유산 관리 사업 등도 유망사업 중 하나로 등장할 것으로 전문가들은 예상하고 있다.

(2) '웨딩푸어를 거부한다.' 스몰 웨딩족

> 소프트웨어 엔지니어인 최필섭(가명, 33세) 씨는 오래 사귄 연인이 있다. 하지만 서로 쉽게 결혼 얘기를 꺼내지 못한다. 부모님의 지원을 기대하기 힘들고 박봉에 저축한 돈도 넉넉지 않아 결혼식 비용, 주거 마련 등을 감당키 어렵다는 사정을 서로 알기 때문이다. 혼수와 결혼식 비용을 과감하게 줄이고 '작은 결혼식'을 치르자고 얘기하고 싶은데 양가 부모님을 설득하기가 난감할 것 같아 망설여진다. 하지만 최근'웨딩푸어', '허니문푸어' 등이 화두가 되면서 알뜰 웨딩을 하는 친구들이 많아지고 있어 용기를 내볼까 생각하고 있다.

지난 해 9월 연예인 이효리-이상순 커플의 소박한 결혼식이 크게 화제가 되었다. 이들은 연예인들에게 흔한 결혼업체의 협찬도 없이 일가친지들만 제주도에 초대해 조촐하게 결혼식을 올렸다. 이효리씨는 친환경 드레스를 입고 부케도 마당에서 꺾은 꽃으로 대신했다. 이들의 작은 결혼식이 화제가 될 만큼 우리나라 예비부부들의 결혼식 비용은 높기만 하다. '웨딩푸어'와 '허니문푸어'라는 말이 유행어가 된 것도 높은 결혼비용이 원인 중 하나라고 할 수 있다. 여성가족부의 〈2010년 제2차 가족실태조사〉에 따르면 결혼 비용으로 남자는 평균 8,078만 원, 여자는 2,936만 원을 썼다. 2013년 한국소비자원이 결혼 당사자와 혼주 1,000명을 대상으로 한 설문조사 결과에서도 주택마련 비용을 뺀 1인당 평균 결혼비용이 5,198만 원인 것으로 나타났다.

최근에는 결혼비용의 거품을 빼기 위해 가짓수를 줄이고 실속은 높인 웨딩문화가 젊은이들 사이에서 호응을 얻고 있다. 패션 전문 쇼핑몰 A사가 지난해 미혼여성을 대상으로 진행한 설문조사 결과 전체 응답자의 81%가 '화려한 드레스보다 나만의 스타일링으로 주목받을 수 있는 실속 웨딩'을 선호한다고 답했다. 하객 초청을 최소화하고 교회의 정원이나 집에서 결혼식을 치르기도 하고 주례 없는 간소한 결혼식도 인기를 얻고 있다.

해외여행경험이 많은 젊은 예비부부들에게 전통적인 허니문 여행 상품은 별로 인기가 없다. 온라인 여행업체 E사가 지난 해 20~39세의 미혼인 직장인 남녀 총 1,000명을 대상으로 '허니문'에 대한 설문조사를 한 결과 응답자의 86.1%는 직접 계획한 자유로운 허니문 여행을 선호했고, 패키지 여행상품을 선택한 비율은 13.9%에 불과했다. 현재 많은 여행사들이 '자유허니문 여행'이라는 이름의 실속 여행 상품을 내놓고 있다.

결혼비용 중에는 주택구입 또는 전셋집 마련 비용 또한 만만치 않다. 대부분 작은 규모의 신혼집을 마련하는데 이런 작은 집을 개조하는 신혼집 인테리어업도 유망한 사업 아이템으로 부상하고 있다. 결혼식 비용을 최소화하고 함께 살 집을 짜임새 있게 재구성하려는 수요가 늘고 있기 때문이다. 접으면 공간을 최소화할 수 있는 폴딩베드(Folding Bed)와 벽걸이 세탁기 등 공간 절약형 가구, 가전제품도 인기를 얻고 있다.

(3) '엄마도 여자이고 싶다.' 꽃보다 누나

주부 임지연(가명, 47세) 씨는 지난해 부쩍 외출이 늘었다. 지난해 외동딸이 대학을 진학한 이후 시간이 많아졌기 때문이다. 비슷한 상황인 친구들과 오전에 만나 이야기를 나누고 맛있는 음식을 먹으러 다니는 일이 즐겁기만 하다. 오전 시간에 관람료를 할인해 주는 공연들도 많아 문화생활도 풍족해졌다. 친구들이 미시족같은 몸매와 외모를 가꾸는데 과감히 투자하는 것을 보고 이제 가족만이 아니라 자신을 위해서도 씀씀이를 늘리겠다고 다짐해본다.

경기 침체에 소비자들이 지갑을 닫고 있지만 자신이 가치 있다고 생각하는 것에는 투자를 아끼지 않는 가치형소비가 마케팅의 주목을 받고 있다. 그 중심에 '루비족(Ruby)' 또는 '골드퀸(Gold Queen)'으로 불리는 4050여성들이 있다. 이들은 평범하고 전통적인 아줌마이길 거부하고 아름다움과 젊음을 위해서는 과감히 투자한다.

불경기 속에서도 소비를 주도하고 있는 4050 골드퀸 여성을 타깃으로 한 새로운 맞춤형 상품이나 서비스가 인기 몰이를 하고 있다. 패션업체에서는 기존의 아줌마 패션이 아닌 4050 여성 전용 브랜드를 속속 선보이고 있다. 패션업체 J사가 출시한 4050 여성 전용 바지 브랜드는 45세를 전후로 허리나 복부 사이즈가 늘어나는 여성들의 체형 변화를 반영한 제품이다.

젊음과 아름다움을 유지하고자 하는 4050 여성을 겨냥한 건강기능식품과 화장품도 인기를 모으고 있다. 한국건강기능식품협회의 〈2013 건강기능식품 소비자 조사보고서〉에 따르면 건강기능식품 소비의 40%를 4050 여성이 차지하는 것으로 알려졌다. 특히 갱년기 증상 완화 제품이 큰 인기를 끌고 있다고 한다. 최근에는 한약재를 끓여서 수증기를 쏘이는 좌훈요법을 즐길 수 있는 좌훈 카페도 등장했다. 2030 대상 저가 화장품 기업인 T사는 중년 타깃 온라인몰을 통해 4050 여성을 대상으로 한 브랜드를 출시했다.

외식업계도 소비시장의 큰 손인 4050 여성을 위한 이색 마케팅을 발빠르게 전개하고 있다. 외식기업인 K사는 주부고객을 대상으로 노래교실을 운영 중이며, 오전 시간이 자유로운 중년 여성을 위해 12시 이전에 방문하면 음식 값을 할인해주는 음식점들도 늘고 있다.

이밖에도 중년 여성들과 비슷한 연령대의 배우들이 등장하는 공연 등도 큰 인기를 얻고 있다.

(4) '떨어져 살지만 행복하다.' 견우와 직녀

> 공공기관에 근무하는 김복동(가명, 40세) 씨는 지난해 갑자기 다니던 직장이 지방으로 이전했다. 가족들과 함께 이사를 하고 싶었지만 아내의 직장과 아이들의 교육 때문에 혼자만 내려갔다. 처음에는 낯설고 힘들었으나 생활가전과 가구가 갖춰진 빌트인 오피스텔을 얻어 주거 걱정을 덜었고, 아내가 국배달서비스 주문 등 멀리서도 식사까지 꼼꼼하게 챙겨줘 큰 불편함이 없이 사는 편이다. 외로움이 문제였지만 오랜만에 만나니 가족에 대한 정이 더욱 두터워지는 느낌도 있다. 하지만 언제까지 이렇게 살아야 하나 하는 걱정도 종종 한다.

통계청의 〈2010년 인구주택총조사〉 자료에 따르면 2010년 기준 다른 지역에 가족이 있는 가구는 245만 1,000가구로 전체 가구(1,773만 9,000가구)의 14.1%에 달한다. 이 중 결혼을 했지만 배우자와 떨어져 사는 이른바 '기러기 가구'는 115만 가구에 달한다. 이는 전체 결혼 가구의 10%에 이르는 것으로, 10년 전인 2000년 5.9%에 비해 2배 가까이 증가한 것이다. 또한 정부부처 및 공공기관의 지방 이전이 본격화되면서 주말부부는 더욱 늘어날 것으로 보인다.

직장 등의 이유로 가족과 떨어져 혼자 살아야 하는 남편들에게 가장 먼저 부딪치게 되는 문제는 안정적인 주거 환경이다. 생활비가 이중으로 들기 때문에 아파트 등 큰 주거공간 대신 원룸이나 오피스텔을 얻어서 생활하는 것이 일반적이다. 최근에는 이삿짐이 필요 없이 모든 생활가전 가구가 구비된 소형 주거형태인 '코쿤 하우스(Cocoon House)'가 주목을 받고 있다. 원룸보다는 작고, 고시원보다는 규모가 커 혼자 생활하기에 불편이 없다.

가사에 서툰 혼자 사는 남편들의 부담을 덜어줄 생활가전도 인기를 얻고 있다. 가전업체 L사의 '트롬 스타일러'는 양복, 니트 등 입을 때마다 세탁하기에 번거로운 의류를 항상 새 옷처럼 관리해주는 의류관리기로 혼자 사는 남성들이 선호하는 제품이다. 혼자 식사를 해결해야 하는 남편을 위해 국과 반찬을 배달해주는 사업도 성행할 것으로 보인다. 최근에는 혼자 외식하는 사람들을 위해 독서실처럼 칸막이를 만들어 눈치를 보지 않고 식사를 할 수 있는 레스토랑도 생겼다.

아이가 있다면 떨어져 살다가 오랜만에 만나도 부부끼리 둘만의 오붓한 시간을 내기가 쉽지 않을 것이다. 가족여행을 가도 마찬가지다. 이런 점에 주목해 아이들은 마음껏 놀고, 엄마 아빠는 편안하게 쉴 수 있는 펜션 여행 상품 등도 유망 사업 아이템 중 하나다. 최근에 아이들을 위한 장난감과 미니 도서관, 체험 프로그램을 풍성하게 갖춘 키즈 펜션이 등장해 관심을 끌고 있다.

떨어져 있는 가족들의 일상, 자라나는 아이들의 모습을 수시로 보고 싶어하는 홀로 생활하는 이들에게는 와이파이(Wi-fi) 기능이 탑재되어 사진을 무선으로 전송받을 수 있는 디지털 액자, 홈 CCTV 등의 감성형 가전제품도 지속적으로 인기를 끌 것으로 보인다.

(5) '뽀삐도 가족이다.' 반려족

> 11살 여자아이를 둔 직장맘 문미진(가명, 38세) 씨는 지난 해 생소한 반려동물 장례식을 치렀다. 혼자 있는 아이를 위해 몇 년 전에 애완견을 한 마리 마련해 주었다. 지난 해 갑자기 강아지가 죽자, 정이 많던 아이가 비통함 때문에 밥도 못 먹고, 아프기까지 해서 애완견 장례업체에 의뢰해 사람 못지않은 장례식을 치루고 납골함까지 마련했다. 장례식 후 아이가 마음을 추스르자 비용이 아깝다는 생각이 들지 않았다. 새로운 애완견을 입양할 때도 반려동물 관리사에 의뢰를 했다.

애완동물이 단순히 사랑하는 동물을 넘어서 삶의 동반자, 반려자로 자리매김하고 있다. 외로움이 시대정서인 현대사회에서 '또 하나의 가족'으로 자리

매김하고 있는 반려동물을 키우는 인구가 국내에서 1,000만 명을 넘어섰다고 한다. 우리나라의 반려동물 인구가 증가하는 가장 큰 이유는 급격한 고령화 추세와 독신가구의 증가가 원인으로 제시되고 있다.

여신금융협회에 따르면 2013년 8월 애완동물 관련 업종의 전체 카드 사용액은 총 831억 9천만 원으로 전달보다 12.1%, 전년도 같은 기간보다는 20.9% 늘었다. 같은 기간 서울 서초구·구로구·강서구에서 BC카드의 애완동물업종 카드 매출액은 전년보다 2배 이상 늘어난 것으로 조사됐다. 모두 혼자 사는 여성이 많거나 독거노인이 많은 지역이라는 점이 눈길을 끈다.

최근에는 반려동물을 대상으로 하는 용품과 서비스가 점점 더 차별화, 고급화되는 경향을 보이고 있다. 천편일률적이었던 건조사료, 깡통사료 대신 고급 유기농 간식과 수제 특화 간식이 등장하는가 하면 애완견을 위한 건강식품도 있다. 수십만 원이나 하는 의류와 침구가 인기를 끌고 반려동물의 건강을 염려하는 친환경 목재가구와 애완견 전용 고급 유모차도 수입되어 판매 중이다.

반려동물 사망 후 장례를 치러주는 서비스도 등장했다. 수의를 장만하고 염습을 거쳐 화장, 납골당 안치 등 사람 못지않게 엄숙한 절차로 진행되는 서비스에 많은 돈을 지불하지만 아낌없이 지갑을 연다. 이에 따라 자격증을 갖춘 반려동물 장례지도사도 인기 직종 중 하나로 부상 중이다.

애완견들을 위한 TV도 등장했다. 국내에서도 미국, 이스라엘에 이어 전 세계 세 번째로 Dog TV가 서비스되고 있다. Dog TV는 홀로 애완견을 기르는 사람들을 겨냥한 서비스다. 낮 시간 홀로 지내는 개의 스트레스를 줄이고 흥미와 학습을 유도하는 내용으로 개들이 몰입해 볼 수 있는 시각과 청각에 최적화되어 있다.

개와 고양이에만 국한되어 있던 반려동물 대열에 최근에는 이구아나, 뱀, 오리 토끼, 거북이 열대어 등 희귀동물까지 합류하면서 까다로운 반려동물 수입검역과정과 동물 학대방지 및 사후관리 등 다양한 영역에서 활동 가능한 반려동물 관리사도 유망 직종으로 부상하고 있다.

(6) '미안하지 않은 소비를 하고 싶다.' 배려소비자

> 주부 박정란(가명, 34세) 씨는 쇼핑이 취미일 정도로 많은 물건을 인터넷이나 홈쇼핑을 통해 구매한다. 비싸거나 명품을 구입하는 것도 아닌데, TV나 신문에서 공정무역이니, 착한 소비니 하는 얘기를 들으면 괜히 죄책감이 들기도 한다. 그렇다고 소비를 안할 수도 줄일 수도 없는 상황에서 사회적기업 제품과 마을기업, 협동조합 제품을 알게 되어 조금씩 구매를 해 보았는데 선입견과 달리 상품의 질도 만족스러워 점점 구입품목을 늘리고 있다.

일상에서 끊임없이 소비생활을 하는 우리는 어느 새 내가 과한 소비를 하고 있는지, 내가 구입하고 이용하고 있는 상품과 서비스가 환경에 좋지 않은 영향을 주고 있지는 않는지, 비윤리적인 기업의 제품을 구매하고 있는지 걱정을 하면서 살고 있다. 미국의 트렌드 분석 연구기관인 트렌드와칭은 지난해 말 이런 소비자들의 성향을 분석해 '죄책감을 덜 느끼는' 소비가 새로운 트렌드로 부상하고 있다고 발표한 적이 있다.

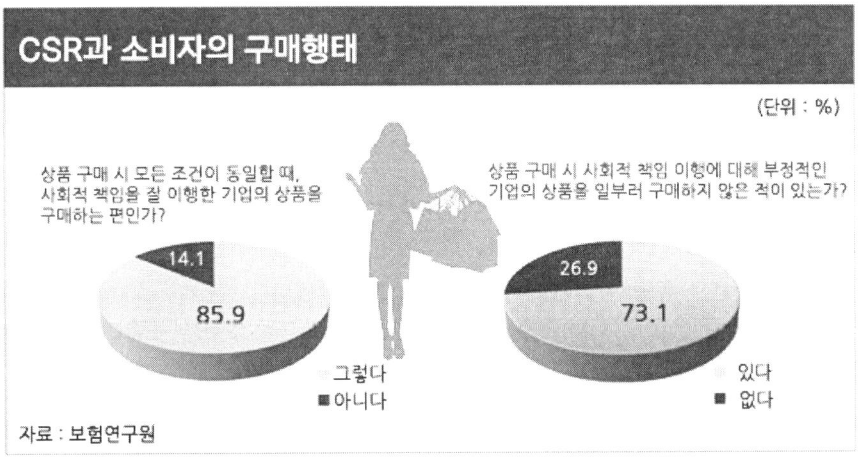

자료 : 보험연구원

보험연구원이 지난 2012년 실시한 〈국내소비자의 CSR관련 인식조사〉에 따르면 '상품구매 시 모든 조건이 동일할 때, 사회적 책임을 잘 이행한 기업의 상품을 구매하는 편인가?'라는 질문에 응답자의 85.9%가 '그렇다'고 긍정적인 답변을 한 것으로 나타났다. '상품구매 시 사회적 책임 이행에 대해 부정적 기업의 상품을 일부러 구매하지 않은 적이 있는가?'를 묻는 질문에 '있다'고 응답한 비율이 73.1%에 달해 실제 생활에서도 윤리적 소비행동을 하고 있는 것으로 보인다.

최근 사회에 기여할 수 있는 공익적 목적을 추구하면서 영리활동을 하는 사회적기업이 지속적으로 성장을 하고 있으며, 환경, 보건, 문화, 교육, 관광 등 다양한 분야에서 사업을 진행하면서 차별화된 마케팅으로 주목을 받고 있다.

- 사회적 기업 A사는 일회용 현수막, 광고판 등을 재활용해 쇼핑백, 지갑, 신발 등 친환경 패션 소품을 제작해 판매하고 있다.

- IT분야 사회적 기업 B사는 사용자가 스마트폰 게임 등으로 가상 나무를 키우며 각종 게임 속 도구를 구입하고, 기업은 물뿌리개나 비료 등 게임 속 아이템을 통해 광고하게끔 함으로써 수익을 창출하는 사업을 운영 중이다. 가상 나무가 충분히 키워지면 기업의 광고비로 실제 숲을 조성한다. 국내외에 조성된 숲은 현지 시민단체가 관리한다.

최근에는 사회적기업의 마케팅 및 홍보를 돕는 사회적기업도 등장했으며, 대기업의 지원 및 연계 마케팅도 활발히 진행되고 있다. 지역공동체를 기반으로 하는 마을기업에서도 성공사례들이 속속 등장하고 있다. 제주도의 마을기업인 M의 경우 무릉 2리에서 생산된 감귤과 마늘 등 다양하고 신선한 농산물을 육지 회원들에게 배달해주는 농산물 직거래 사업으로 지난 해 연 회원 500명을 돌파하면서 지속적으로 성장하고 있다.

블루슈머 아이템 : 유망 창업기회

블루슈머	주요 통계	유망 산업
과거 지우개족	• 인터넷진흥원 〈개인정보침해 상담건수〉 2010년 54,832건 → 2013년 177,736건으로 224% 증가 • 사이람(Cyram) 〈국내 트위터 계정현황〉 한국 내 720만 트위터 계정의 63.6%가 6개월 이상 휴면상태	▸ 디지털 흔적 지우기 - 휘발성SNS, 디지털 세탁소 ▸ 온라인 유산관리사업 - 디지털 장례식, 생전 디지털 콘텐츠 관리
스몰 웨딩족	• 여성가족부 〈2010년 제2차 가족실태조사〉 평균 결혼비용 남자 8078만 원, 여자 2936만 원 • 통계청〈인구동향조사〉 2000년대 이후 결혼을 가장 많이 하는 달, 10월, 11월, 5월 순	▸ 결혼식&신혼여행 - 소규모 웨딩 컨설팅 사회적 기업 ▸ 신혼주거 - 신혼집 수납 인테리어, 폴딩 베드, 벽걸이 가전

<table>
<tr><td>꽃보다 누나</td><td>• 통계청〈가계동향〉
2011년 대비 2012년 소득증가율
2030세대 가구 2.9% 증가
40대는 6.7%, 50대는 8.5%
• 현대경제연구원〈연령별 소비구조 분석〉
생활비 관리주체 '아내' 응답비율 59.8%</td><td>▶ 패션, 화장품
– 4050여성 전용 체형변화 바지
– 좌훈카페
▶ 건강 및 외식
– 갱년기 증상 완화 건강식품
– 오전 이용고객 할인 레스토랑</td></tr>
<tr><td>견우와 직녀</td><td>• 통계청 〈2010 인구주택총조사〉
결혼을 했지만 배우자와 떨어져 사는 기러기 가구 115만 가구, 전체 가구의 10%</td><td>▶ 주거&여행
– 코쿤하우스 등 빌트인 소형 주택, 키즈펜션
▶ 생활 편의
– 국, 반찬 배달서비스
– 의류관리기</td></tr>
<tr><td>반려족</td><td>• 통계청 〈1인가구 비중〉
2000년 15.6% → 2012년 25.3%로 증가
• 여신금융협회〈2013.8 카드사용 현황〉
애완동물 관련업종 카드사용액 831억 9천만 원, 전년 동기 대비 20.9%상승</td><td>▶ 반려동물 용품
– 유기농 간식, 친환경 목재 가구
▶ 서비스
– 반려동물 장례 서비스 Dog TV</td></tr>
<tr><td>배려 소비자</td><td>• 보험연구원 〈CSR과 소비자구매형태〉
사회적 책임 이행 기업 상품 구매 경향 85.9%
• 통계청 〈2012 기업생멸 행정통계〉
신생기업 5년 후 생존율 29.6%
• 고용노동부 〈2012 사회적 기업실태조사〉
2007년 인증 사회적 기업 생존율 82.7%</td><td>▶ 차별화된 사회적 기업
– 환경, 보건, 복지 등 분야
▶ 마을기업 및 협동조합
– 지역 특산품, 도농 연계 사업</td></tr>
</table>

관 광
창업론

제2장

관광여건 분석과 전망

관 광
창업론

제2장

02 관광창업 여건분석과 전망

학습 목표

1. 관광진흥법상 관광사업의 종류를 설명할 수 있다.
2. 관광사업의 등록 · 허가 · 신고 · 지정 기준에 대해 이해한다.
3. 국내 · 외 관광환경 분석을 통해 미래 관광시장을 예측할 수 있다.
4. 관광사업과 연관된 창업 아이디어를 도출할 수 있다.

1. 관광사업의 종류

관광진흥법 제3조에서는 관광사업의 종류를 여행업, 관광숙박업, 관광객 이용시설업, 국제회의업, 카지노업, 유원시설업, 관광 편의시설업 7가지로 구분하고, 관광진흥법 시행령 제2조에 따라 다음과 같이 세분하고 있다.

(1) 여행업

여행자 또는 운송시설 · 숙박시설, 그 밖에 여행에 딸리는 시설의 경영자 등을 위하여 그 시설 이용 알선이나 계약 체결의 대리, 여행에 관한 안내, 그 밖의 여행 편의를 제공하는 업이다.

1) 종합여행업

국내외를 여행하는 내국인 및 외국인을 대상으로 하는 여행업으로 사증(査證)을 받는 절차를 대행하는 행위를 포함한다.

2) 국내외여행업

국내외를 여행하는 내국인을 대상으로 하는 여행업으로 사증을 받는 절차를 대행하는 행위를 포함한다.

3) 국내여행업

국내를 여행하는 내국인을 대상으로 하는 여행업을 말한다.

(2) 관광숙박업

1) 호텔업

호텔업은 관광객의 숙박에 적합한 시설을 갖추어 이를 관광객에게 제공하거나 숙박에 딸리는 음식 · 운동 · 오락 · 휴양 · 공연 또는 연수에 적합한 시설 등을 함께 갖추어 이를 이용하게 하는 업

가. 관광호텔업

관광객의 숙박에 적합한 시설을 갖추어 관광객에게 이용하게 하고 숙박에 딸린 음식 · 운동 · 오락 · 휴양 · 공연 또는 연수에 적합한 시설 등(이하 "부대시설"이라 한다)을 함께 갖추어 관광객에게 이용하게 하는 업(業)

나. 수상관광호텔업

수상에 구조물 또는 선박을 고정하거나 매어 놓고 관광객의 숙박에 적합한 시설을 갖추거나 부대시설을 함께 갖추어 관광객에게 이용하게 하는 업

다. 한국전통호텔업

한국전통의 건축물에 관광객의 숙박에 적합한 시설을 갖추거나 부대시설을 함께 갖추어 관광객에게 이용하게 하는 업

라. 가족호텔업

가족단위 관광객의 숙박에 적합한 시설 및 취사도구를 갖추어 관광객에게 이용하게 하거나 숙박에 딸린 음식 · 운동 · 휴양 또는 연수에 적합한 시설을 함께 갖추어 관광객에게 이용하게 하는 업

마. 호스텔업

배낭여행객 등 개별 관광객의 숙박에 적합한 시설로서 샤워장, 취사장 등의 편의시설과 외국인 및 내국인 관광객을 위한 문화 · 정보 교류시설 등을 함께 갖추어 이용하게 하는 업

바. 소형호텔업

관광객의 숙박에 적합한 시설을 소규모로 갖추고 숙박에 딸린 음식·운동·휴양 또는 연수에 적합한 시설을 함께 갖추어 관광객에게 이용하게 하는 업

사. 의료관광호텔업

의료관광객의 숙박에 적합한 시설 및 취사도구를 갖추거나 숙박에 딸린 음식·운동 또는 휴양에 적합한 시설을 함께 갖추어 주로 외국인 관광객에게 이용하게 하는 업

2) 휴양 콘도미니엄업

관광객의 숙박과 취사에 적합한 시설을 갖추어 이를 그 시설의 회원이나 공유자, 그 밖의 관광객에게 제공하거나 숙박에 딸리는 음식·운동·오락·휴양·공연 또는 연수에 적합한 시설 등을 함께 갖추어 이를 이용하게 하는 업

(3) 관광객 이용시설업

1) 관광객을 위하여 음식·운동·오락·휴양·문화·예술 또는 레저 등에 적합한 시설을 갖추어 이를 관광객에게 이용하게 하는 업
2) 대통령령으로 정하는 2종 이상의 시설과 관광숙박업의 시설 등을 함께 갖추어 이를 회원이나 그 밖의 관광객에게 이용하게 하는 업
3) 야영장업 : 야영에 적합한 시설 및 설비 등을 갖추고 야영편의를 제공하는 시설(「청소년활동 진흥법」 제10조제1호마목에 따른 청소년야영장은 제외한다)을 관광객에게 이용하게 하는 업

가. 전문휴양업

관광객의 휴양이나 여가 선용을 위하여 숙박업 시설(「공중위생관리법 시행령」 제2조제1항제1호 및 제2호의 시설을 포함하며, 이하 "숙박시설"이라 한다)이나 「식품위생법 시행령」 제21조제8호가목·나목 또는 바목에 따른 휴게음식점영업, 일반음식점영업 또는 제과점영업의 신고에 필요한 시설(이하 "음식점시설"이라 한다)을 갖추고 별표 1 제4호가목(2)(가)부터 (거)까지의 규정에 따른 시설(이하 "전문휴양시설"이라 한다) 중 한 종류의 시설을 갖추어 관광객에게 이용하게 하는 업

나. 종합휴양업

❶ 제1종 종합휴양업

관광객의 휴양이나 여가 선용을 위하여 숙박시설 또는 음식점시설을 갖추고 전문휴양시설 중 두 종류 이상의 시설을 갖추어 관광객에게 이용하게 하는 업이나, 숙박시설 또는 음식점시설을 갖추고 전문휴양시설 중 한 종류 이상의 시설과 종합유원시설업의 시설을 갖추어 관광객에게 이용하게 하는 업

❷ 제2종 종합휴양업

관광객의 휴양이나 여가 선용을 위하여 관광숙박업의 등록에 필요한 시설과 제1종 종합휴양업의 등록에 필요한 전문휴양시설 중 두 종류 이상의 시설 또는 전문휴양시설 중 한 종류 이상의 시설 및 종합유원시설업의 시설을 함께 갖추어 관광객에게 이용하게 하는 업

다. 야영장업

❶ 일반야영장업

야영장비 등을 설치할 수 있는 공간을 갖추고 야영에 적합한 시설을 함께 갖추어 관광객에게 이용하게 하는 업

❷ 자동차야영장업

자동차를 주차하고 그 옆에 야영장비 등을 설치할 수 있는 공간을 갖추고 취사 등에 적합한 시설을 함께 갖추어 자동차를 이용하는 관광객에게 이용하게 하는 업

라. 관광유람선업

❶ 일반관광유람선업

「해운법」에 따른 해상여객운송사업의 면허를 받은 자나 「유선 및 도선사업법」에 따른 유선사업의 면허를 받거나 신고한 자가 선박을 이용하여 관광객에게 관광을 할 수 있도록 하는 업

❷ 크루즈업

「해운법」에 따른 순항(順航) 여객운송사업이나 복합 해상여객운송사업의 면허를 받은 자가 해당 선박 안에 숙박시설, 위락시설 등 편의시설을 갖춘 선박을 이용하여 관광객에게 관광을 할 수 있도록 하는 업

마. 관광공연장업

관광객을 위하여 적합한 공연시설을 갖추고 공연물을 공연하면서 관광객에게 식사와 주류를 판매하는 업

바. 외국인관광 도시민박업

「국토의 계획 및 이용에 관한 법률」 제6조제1호에 따른 도시지역(「농어촌정비법」에 따른 농어촌지역 및 준농어촌지역은 제외한다. 이하 이 조에서 같다)의 주민이 자신이 거주하고 있는 다음의 어느 하나에 해당하는 주택을 이용하여 외국인 관광객에게 한국의 가정문화를 체험할 수 있도록 적합한 시설을 갖추고 숙식 등을 제공(도시지역에서 「도시재생 활성화 및 지원에 관한 특별법」 제2조제6호에 따른 도시재생활성화계획에 따라 같은 조 제9호에 따른 마을기업이 외국인 관광객에게 우선하여 숙식 등을 제공하면서, 외국인 관광객의 이용에 지장을 주지 아니하는 범위에서 해당 지역을 방문하는 내국인 관광객에게 그 지역의 특성화된 문화를 체험할 수 있도록 숙식 등을 제공하는 것을 포함한다)하는 업

① 「건축법 시행령」 별표 1 제1호가목 또는 다목에 따른 단독주택 또는 다가구주택

② 「건축법 시행령」 별표 1 제2호가목, 나목 또는 다목에 따른 아파트, 연립주택 또는 다세대주택

사. 한옥체험업

한옥(「한옥 등 건축자산의 진흥에 관한 법률」 제2조제2호에 따른 한옥을 말한다)에 관광객의 숙박 체험에 적합한 시설을 갖추고 관광객에게 이용하게 하거나, 전통 놀이 및 공예 등 전통문화 체험에 적합한 시설을 갖추어 관광객에게 이용하게 하는 업

(4) 국제회의업

대규모 관광 수요를 유발하여 관광산업 진흥에 기여하는 국제회의(세미나·토론회·전시회·기업회의 등을 포함한다. 이하 같다)를 개최할 수 있는 시설을 설치·운영하거나 국제회의의 기획·준비·진행 및 그 밖에 이와 관련된 업무를 위탁받아 대행하는 업

1) 국제회의시설업

대규모 관광 수요를 유발하는 국제회의를 개최할 수 있는 시설을 설치하여 운영하는 업

2) 국제회의기획업

대규모 관광 수요를 유발하는 국제회의의 계획 · 준비 · 진행 등의 업무를 위탁받아 대행하는 업

(5) 카지노업

전문 영업장을 갖추고 주사위 · 트럼프 · 슬롯머신 등 특정한 기구 등을 이용하여 우연의 결과에 따라 특정인에게 재산상의 이익을 주고 다른 참가자에게 손실을 주는 행위 등을 하는 업

(6) 유원시설업(遊園施設業)

유기시설(遊技施設)이나 유기기구(遊技機具)를 갖추어 이를 관광객에게 이용하게 하는 업(다른 영업을 경영하면서 관광객의 유치 또는 광고 등을 목적으로 유기시설이나 유기기구를 설치하여 이를 이용하게 하는 경우를 포함한다)

1) 종합유원시설업

유기시설이나 유기기구를 갖추어 관광객에게 이용하게 하는 업으로서 대규모의 대지 또는 실내에서 법 제33조에 따른 안전성검사 대상 유기시설 또는 유기기구 여섯 종류 이상을 설치하여 운영하는 업

2) 일반유원시설업

유기시설이나 유기기구를 갖추어 관광객에게 이용하게 하는 업으로서 법 제33조에 따른 안전성검사 대상 유기시설 또는 유기기구 한 종류 이상을 설치하여 운영하는 업

3) 기타유원시설업

유기시설이나 유기기구를 갖추어 관광객에게 이용하게 하는 업으로서 법

제33조에 따른 안전성검사 대상이 아닌 유기시설 또는 유기기구를 설치하여 운영하는 업

(7) 관광 편의시설업

관광진흥법 제3조 제1호부터 제6호까지의 규정에 따른 관광사업 외에 관광 진흥에 이바지할 수 있다고 인정되는 사업이나 시설 등을 운영하는 업

1) 관광유흥음식점업

식품위생 법령에 따른 유흥주점 영업의 허가를 받은 자가 관광객이 이용하기 적합한 한국 전통 분위기의 시설을 갖추어 그 시설을 이용하는 자에게 음식을 제공하고 노래와 춤을 감상하게 하거나 춤을 추게 하는 업

2) 관광극장유흥업

식품위생 법령에 따른 유흥주점 영업의 허가를 받은 자가 관광객이 이용하기 적합한 무도(舞蹈)시설을 갖추어 그 시설을 이용하는 자에게 음식을 제공하고 노래와 춤을 감상하게 하거나 춤을 추게 하는 업

3) 외국인전용 유흥음식점업

식품위생 법령에 따른 유흥주점영업의 허가를 받은 자가 외국인이 이용하기 적합한 시설을 갖추어 외국인만을 대상으로 주류나 그 밖의 음식을 제공하고 노래와 춤을 감상하게 하거나 춤을 추게 하는 업

4) 관광식당업

식품위생 법령에 따른 일반음식점영업의 허가를 받은 자가 관광객이 이용하기 적합한 음식 제공시설을 갖추고 관광객에게 특정 국가의 음식을 전문적으로 제공하는 업

5) 관광순환버스업

「여객자동차 운수사업법」에 따른 여객자동차운송사업의 면허를 받거나 등록을 한 자가 버스를 이용하여 관광객에게 시내와 그 주변 관광지를 정기적으로 순회하면서 관광할 수 있도록 하는 업

6) 관광사진업

외국인 관광객과 동행하며 기념사진을 촬영하여 판매하는 업

7) 여객자동차터미널시설업

「여객자동차 운수사업법」에 따른 여객자동차터미널사업의 면허를 받은 자가 관광객이 이용하기 적합한 여객자동차터미널시설을 갖추고 이들에게 휴게시설·안내시설 등 편익시설을 제공하는 업

8) 관광펜션업

숙박시설을 운영하고 있는 자가 자연·문화 체험관광에 적합한 시설을 갖추어 관광객에게 이용하게 하는 업

단, 「제주특별자치도 설치 및 국제자유도시 조성을 위한 특별법」을 적용받는 지역에 대하여는 적용하지 아니한다.

9) 관광궤도업

「궤도운송법」에 따른 궤도사업의 허가를 받은 자가 주변 관람과 운송에 적합한 시설을 갖추어 관광객에게 이용하게 하는 업

10) 관광면세업

다음의 어느 하나에 해당하는 자가 판매시설을 갖추고 관광객에게 면세물품을 판매하는 업

① 「관세법」 제196조에 따른 보세판매장의 특허를 받은 자
② 「외국인관광객 등에 대한 부가가치세 및 개별소비세 특례규정」 제5조에 따라 면세판매장의 지정을 받은 자

11) 관광지원서비스업

주로 관광객 또는 관광사업자 등을 위하여 사업이나 시설 등을 운영하는 업으로서 문화체육관광부장관이 「통계법」 제22조제2항 단서에 따라 관광 관련 산업으로 분류한 쇼핑업, 운수업, 숙박업, 음식점업, 문화·오락·레저스포츠업, 건설업, 자동차임대업 및 교육서비스업 등. 다만, 법에 따라 등록·

허가 또는 지정(이 영 제2조제6호가목부터 카목까지의 규정에 따른 업으로 한정한다)을 받거나 신고를 해야 하는 관광사업은 제외한다.

2. 관광사업의 등록, 허가, 신고, 지정

관광사업을 경영하고자 하는 자는 행정관청에 등록(여행업, 관광숙박업, 관광객 이용시설업, 국제회의업) 또는 신고(기타유원시설업)를 하거나 행정관청으로부터 허가(카니조업, 종합유원시설업, 일반유원시설업)나 지정(관광 편의시설업)을 받아야 한다.

■ 관광사업별 등록 · 허가 · 신고 · 지정의 행정처분관청

구분	특별자치시장 · 특별자치도지사 · 시장 · 군수 · 구청장	문화체육관광부장관	시 · 도지사 시장 · 군수 · 구청장
등록대상 사업	여행업 관광숙박업 관광객 이용시설업 국제회의업		
허가대상 사업	종합유원시설업 일반유원시설업	카지노업	
신고대상 사업	기타유원시설업		
지정대상 사업			관광 편의시설업

(1) 관광사업의 등록

여행업, 관광숙박업, 관광객 이용시설업, 국제회의업을 경영하려는 자는 특별자치시장 · 특별자치도지사 · 시장 · 군수 · 구청장(자치구의 구청장을 말한다.)에게 등록하여야 한다.

등록이란 행정관청이 어떤 법률사실이나 법률관계의 존재를 공적으로 공시 또는 증명하는 공증행위의 성질을 가지는 것으로 등록관청인 행정관청이 등록을 수리할 것인가 또는 거부할 것인가에 대하여 재량의 여지가 없는 것이 원칙이다.

1) 관광사업의 등록기준

여행업, 관광숙박업, 관광객 이용시설업, 국제회의업을 행정관청에 등록할 때는 관광진흥법 시행령에 따라 자본금·시설 및 설비 등을 갖추고 있어야 한다. 관광사업별 세부 등록기준은 다음과 같다.

관계법령

관광진흥법 시행규칙 [별표 1] 관광사업의 등록기준

1. 여행업
   가. 종합여행업
      (1) 자본금(개인의 경우에는 자산평가액) : 5천만 원 이상일 것
      (2) 사무실 : 소유권이나 사용권이 있을 것
   나. 국내외여행업
      (1) 자본금(개인의 경우에는 자산평가액) : 3천만 원 이상일 것
      (2) 사무실 : 소유권이나 사용권이 있을 것
   다. 국내여행업
      (1) 자본금(개인의 경우에는 자산평가액) : 1천500만 원 이상일 것
      (2) 사무실 : 소유권이나 사용권이 있을 것
2. 호텔업
   가. 관광호텔업
      (1) 욕실이나 샤워시설을 갖춘 객실을 30실 이상 갖추고 있을 것
      (2) 외국인에게 서비스를 제공할 수 있는 체제를 갖추고 있을 것
      (3) 대지 및 건물의 소유권 또는 사용권을 확보하고 있을 것. 다만, 회원을 모집하는 경우에는 소유권을 확보하여야 한다.
   나. 수상관광호텔업
      (1) 수상관광호텔이 위치하는 수면은 「공유수면 관리 및 매립에 관한 법률」 또는 「하천법」에 따라 관리청으로부터 점용허가를 받을 것
      (2) 욕실이나 샤워시설을 갖춘 객실이 30실 이상일 것
      (3) 외국인에게 서비스를 제공할 수 있는 체제를 갖추고 있을 것
      (4) 수상오염을 방지하기 위한 오수 저장·처리시설과 폐기물처리시설을 갖추고 있을 것
      (5) 구조물 및 선박의 소유권 또는 사용권을 확보하고 있을 것. 다만, 회원을 모집하는 경우에는 소유권을 확보하여야 한다.
   다. 한국전통호텔업
      (1) 건축물의 외관은 전통가옥의 형태를 갖추고 있을 것
      (2) 이용자의 불편이 없도록 욕실이나 샤워시설을 갖추고 있을 것
      (3) 외국인에게 서비스를 제공할 수 있는 체제를 갖추고 있을 것

(4) 대지 및 건물의 소유권 또는 사용권을 확보하고 있을 것. 다만, 회원을 모집하는 경우에는 소유권을 확보하여야 한다.

라. 가족호텔업

(1) 가족단위 관광객이 이용할 수 있는 취사시설이 객실별로 설치되어 있거나 층별로 공동취사장이 설치되어 있을 것

(2) 욕실이나 샤워시설을 갖춘 객실이 30실 이상일 것

(3) 객실별 면적이 19제곱미터 이상일 것

(4) 외국인에게 서비스를 제공할 수 있는 체제를 갖추고 있을 것

(5) 대지 및 건물의 소유권 또는 사용권을 확보하고 있을 것. 다만, 회원을 모집하는 경우에는 소유권을 확보하여야 한다.

마. 호스텔업

(1) 배낭여행객 등 개별 관광객의 숙박에 적합한 객실을 갖추고 있을 것

(2) 이용자의 불편이 없도록 화장실, 샤워장, 취사장 등의 편의시설을 갖추고 있을 것. 다만, 이러한 편의시설은 공동으로 이용하게 할 수 있다.

(3) 외국인 및 내국인 관광객에게 서비스를 제공할 수 있는 문화·정보 교류시설을 갖추고 있을 것

(4) 대지 및 건물의 소유권 또는 사용권을 확보하고 있을 것

바. 소형호텔업

(1) 욕실이나 샤워시설을 갖춘 객실을 20실 이상 30실 미만으로 갖추고 있을 것

(2) 부대시설의 면적 합계가 건축 연면적의 50퍼센트 이하일 것

(3) 두 종류 이상의 부대시설을 갖출 것. 다만, 「식품위생법 시행령」 제21조제8호다목에 따른 단란주점영업, 같은 호 라목에 따른 유흥주점영업 및 「사행행위 등 규제 및 처벌 특례법」 제2조제1호에 따른 사행행위를 위한 시설은 둘 수 없다.

(4) 조식 제공, 외국어 구사인력 고용 등 외국인에게 서비스를 제공할 수 있는 체제를 갖추고 있을 것

(5) 대지 및 건물의 소유권 또는 사용권을 확보하고 있을 것. 다만, 회원을 모집하는 경우에는 소유권을 확보하여야 한다.

사. 의료관광호텔업

(1) 의료관광객이 이용할 수 있는 취사시설이 객실별로 설치되어 있거나 층별로 공동취사장이 설치되어 있을 것

(2) 욕실이나 샤워시설을 갖춘 객실이 20실 이상일 것

(3) 객실별 면적이 19제곱미터 이상일 것

(4) 「교육환경 보호에 관한 법률」 제9조제13호·제22호·제23호 및 제26호에 따른 영업이 이루어지는 시설을 부대시설로 두지 않을 것

(5) 의료관광객의 출입이 편리한 체계를 갖추고 있을 것

(6) 외국어 구사인력 고용 등 외국인에게 서비스를 제공할 수 있는 체제를 갖추고 있을 것

(7) 의료관광호텔 시설(의료관광호텔의 부대시설로 「의료법」 제3조제1항에 따른 의료기관을 설치할 경우에는 그 의료기관을 제외한 시설을 말한다)은 의료기관 시설과 분리될 것. 이 경우 분리에 관하여 필요한 사항은 문화체육관광부장관이 정하여 고시한다.

(8) 대지 및 건물의 소유권 또는 사용권을 확보하고 있을 것

(9) 의료관광호텔업을 등록하려는 자가 다음의 구분에 따른 요건을 충족하는 외국인환자 유치 의료기관의 개설자 또는 유치업자일 것

(가) 외국인환자 유치 의료기관의 개설자

1) 「의료 해외진출 및 외국인환자 유치 지원에 관한 법률」 제11조에 따라 보건복지부장관에게 보고한 사업실적에 근거하여 산정할 경우 전년도(등록신청일이 속한 연도의 전년도를 말한다. 이하 같다)의 연환자수(외국인환자 유치 의료기관이 2개 이상인 경우에는 각 외국인환자 유치 의료기관의 연환자수를 합산한 결과를 말한다. 이하 같다) 또는 등록신청일 기준으로 직전 1년간의 연환자수가 500명을 초과할 것. 다만 외국인환자 유치 의료기관 중 1개 이상이 서울특별시에 있는 경우에는 연환자수가 3,000명을 초과하여야 한다.

2) 「의료법」 제33조제2항제3호에 따른 의료법인인 경우에는 1)의 요건을 충족하면서 다른 외국인환자 유치 의료기관의 개설자 또는 유치업자와 공동으로 등록하지 아니할 것

3) 외국인환자 유치 의료기관의 개설자가 설립을 위한 출연재산의 100분의 30 이상을 출연한 경우로서 최다출연자가 되는 비영리법인(외국인환자 유치 의료기관의 개설자인 경우로 한정한다)이 1)의 기준을 충족하지 아니하는 경우에는 그 최다출연자인 외국인환자 유치 의료기관의 개설자가 1)의 기준을 충족할 것

(나) 유치업자

1) 「의료 해외진출 및 외국인환자 유치 지원에 관한 법률」 제11조에 따라 보건복지부장관에게 보고한 사업실적에 근거하여 산정할 경우 전년도의 실환자수(둘 이상의 유치업자가 공동으로 등록하는 경우에는 실환자수를 합산한 결과를 말한다. 이하 같다) 또는 등록신청일 기준으로 직전 1년간의 실환자수가 200명을 초과할 것

2) 외국인환자 유치 의료기관의 개설자가 100분의 30 이상의 지분 또는 주식을 보유하면서 최대출자자가 되는 법인(유치업자인 경우로 한정한다)이 1)의 기준을 충족하지 아니하는 경우에는 그 최대출자자인 외국인환자 유치 의료기관의 개설자가 (가)1)의 기준을 충족할 것

3. 휴양콘도미니엄업

가. 객실

(1) 같은 단지 안에 객실이 30실 이상일 것. 다만, 2016년 7월 1일부터 2018년 6월 30일까지 제3조제1항에 따라 등록 신청하는 경우에는 20실 이상으로 한다.

(2) 관광객의 취사 · 체류 및 숙박에 필요한 설비를 갖추고 있을 것. 다만, 객실 밖에 관광객이 이용할 수 있는 공동취사장 등 취사시설을 갖춘 경우에는 총 객실의 30퍼센트(「국토의 계획 및 이용에 관한 법률」 제6조제1호에 따른 도시지역의 경우에는 총 객실의 30퍼센트 이하의 범위에서 조례로 정하는 비율이 있으면 그 비율을 말한다) 이하의 범위에서 객실에 취사시설을 갖추지 아니할 수 있다.

나. 매점 등

매점이나 간이매장이 있을 것. 다만, 여러 개의 동으로 단지를 구성할 경우에는 공동으로 설치할 수 있다.

다. 문화체육공간

공연장 · 전시관 · 미술관 · 박물관 · 수영장 · 테니스장 · 축구장 · 농구장, 그 밖에 관광객이 이용하기 적합한 문화체육공간을 1개소 이상 갖출 것. 다만, 수개의 동으로 단지를 구성할 경우에는 공동으로 설치할 수 있으며, 관광지 · 관광단지 또는 종합휴양업의 시설 안에 있는 휴양콘도미니엄의 경우에는 이를 설치하지 아니할 수 있다.

라. 대지 및 건물의 소유권 또는 사용권을 확보하고 있을 것. 다만, 분양 또는 회원을 모집하는 경우에는 소유권을 확보하여야 한다.

4. 관광객이용시설업

가. 전문휴양업

(1) 공통기준

(가) 숙박시설이나 음식점시설이 있을 것

(나) 주차시설 · 급수시설 · 공중화장실 등의 편의시설과 휴게시설이 있을 것

(2) 개별기준

(가) 민속촌

한국고유의 건축물(초가집 및 기와집)이 20동 이상으로서 각 건물에는 전래되어 온 생활도구가 갖추어져 있거나 한국 또는 외국의 고유문화를 소개할 수 있는 축소된 건축물 모형 50점 이상이 적정한 장소에 배치되어 있을 것

(나) 해수욕장

1) 수영을 하기에 적합한 조건을 갖춘 해변이 있을 것

2) 수용인원에 적합한 간이목욕시설 · 탈의장이 있을 것

3) 인명구조용 구명보트 · 감시탑 및 응급처리시 설비 등의 시설이 있을 것

4) 담수욕장을 갖추고 있을 것

5) 인명구조원을 배치하고 있을 것

(다) 수렵장

「야생생물 보호 및 관리에 관한 법률」에 따른 시설을 갖추고 있을 것

(라) 동물원

1) 「박물관 및 미술관 진흥법 시행령」 별표 2에 따른 시설을 갖추고 있을 것

2) 삭제 〈2019. 4. 9.〉

(마) 식물원

1) 「박물관 및 미술관 진흥법 시행령」 별표 2에 따른 시설을 갖추고 있을 것

2) 온실면적은 2,000제곱미터 이상일 것

3) 식물종류는 1,000종 이상일 것

(바) 수족관

1) 「박물관 및 미술관 진흥법 시행령」 별표 2에 따른 시설을 갖추고 있을 것

2) 건축연면적은 2,000제곱미터 이상일 것

3) 어종(어류가 아닌 것은 제외한다)은 100종 이상일 것

4) 삭제 〈2016.3.22.〉

(사) 온천장

1) 온천수를 이용한 대중목욕시설이 있을 것

2) 삭제 〈2016.3.22.〉

3) 정구장 · 탁구장 · 볼링장 · 활터 · 미니골프장 · 배드민턴장 · 롤러스케이트장 · 보트장 등의 레크리에이션 시설 중 두 종류 이상의 시설을 갖추거나 제2조제5호에 따른 유원시설업 시설이 있을 것

(아) 동굴자원

관광객이 관람할 수 있는 천연동굴이 있고 편리하게 관람할 수 있는 시설이 있을 것

(자) 수영장

「체육시설의 설치 · 이용에 관한 법률」에 따른 신고 체육시설업 중 수영장시설을 갖추고 있을 것

(차) 농어촌휴양시설

1) 「농어촌정비법」에 따른 농어촌 관광휴양단지 또는 관광농원의 시설을 갖추고 있을 것

2) 관광객의 관람이나 휴식에 이용될 수 있는 특용작물 · 나무 등을 재배하거나 어류 · 희귀동물 등을 기르고 있을 것

3) 재배지 또는 양육장의 면적은 2천제곱미터 이상일 것

(카) 활공장

1) 활공을 할 수 있는 장소(이륙장 및 착륙장)가 있을 것

2) 인명구조원을 배치하고 응급처리를 할 수 있는 설비를 갖추고 있을 것

3) 행글라이더 · 패러글라이더 · 열기구 또는 초경량 비행기 등 두 종류 이상의 관광비행사업용 활공장비를 갖추고 있을 것

(타) 등록 및 신고 체육시설업 시설

「체육시설의 설치 · 이용에 관한 법률」에 따른 스키장 · 요트장 · 골프장 · 조정장 · 카누장 · 빙상장 · 자동차경주장 · 승마장 또는 종합체육시설 등 9종의 등록 및 신고 체육시설업에 해당되는 체육시설을 갖추고 있을 것

(파) 산림휴양시설

「산림문화 · 휴양에 관한 법률」에 따른 자연휴양림, 치유의 숲 또는 「수목원 · 정원의 조성 및 진흥에 관한 법률」에 따른 수목원의 시설을 갖추고 있을 것

(하) 박물관

「박물관 및 미술관 진흥법 시행령」 별표 2 제2호가목에 따른 종합박물관 또는 전문박물관의 시설을 갖추고 있을 것

(거) 미술관

「박물관 및 미술관 진흥법 시행령」 별표 2 제2호가목에 따른 미술관의 시설을 갖추고 있을 것

나. 종합휴양업의 등록기준

(1) 제1종 종합휴양업

숙박시설 또는 음식점시설을 갖추고 전문휴양시설 중 2종류 이상의 시설을 갖추고 있거나, 숙박시설 또는 음식점시설을 갖추고 전문휴양시설 중 한 종류 이상의 시설과 종합유원시설업의 시설을 갖추고 있을 것

(2) 제2종 종합휴양업

(가) 면적

단일부지로서 50만 제곱미터 이상일 것

(나) 시설

관광숙박업 등록에 필요한 시설과 제1종 종합휴양업 등록에 필요한 전문휴양시설 중 2종류 이상의 시설 또는 전문휴양시설 중 1종류 이상의 시설과 종합유원시설업의 시설을 함께 갖추고 있을 것

다. 야영장업

(1) 공통기준

(가) 침수, 유실, 고립, 산사태, 낙석의 우려가 없는 안전한 곳에 위치할 것

(나) 시설 배치도, 이용방법, 비상 시 행동 요령 등을 이용객이 잘 볼 수 있는 곳에 게시할 것

(다) 비상 시 긴급상황을 이용객에게 알릴 수 있는 시설 또는 장비를 갖출 것

(라) 야영장 규모를 고려하여 소화기를 적정하게 확보하고 눈에 띄기 쉬운 곳에 배치할 것

(마) 긴급 상황에 대비하여 야영장 내부 또는 외부에 대피소와 대피로를 확보할 것
(바) 비상 시의 대응요령을 숙지하고 야영장이 개장되어 있는 시간에 상주하는 관리요원을 확보할 것
(사) 야영장 시설은 자연생태계 등의 원형이 최대한 보존될 수 있도록 토지의 형질변경을 최소화하여 설치할 것. 이 경우 야영장에 설치할 수 있는 야영장 시설의 종류에 관하여는 문화체육관광부령으로 정한다.
(아) 야영장에 설치되는 건축물(「건축법」 제2조제1항제2호에 따른 건축물을 말한다. 이하 이 목에서 같다)의 바닥면적 합계가 야영장 전체면적의 100분의 10 미만일 것. 다만, 「초·중등교육법」 제2조에 따른 학교로서 학생 수의 감소, 학교의 통폐합 등의 사유로 폐지된 학교의 교육활동에 사용되던 시설과 그 밖의 재산(이하 "폐교재산"이라 한다)을 활용하여 야영장업을 하려는 경우(기존 폐교재산의 부지면적 증가가 없는 경우만 해당한다)는 그렇지 않다.
(자) (아)에도 불구하고 「국토의 계획 및 이용에 관한 법률」 제36조제1항제2호가목에 따른 보전관리지역 또는 같은 법 시행령 제30조제4호가목에 따른 보전녹지지역에 야영장을 설치하는 경우에는 다음의 요건을 모두 갖출 것. 다만, 폐교재산을 활용하여 야영장업을 하려는 경우(기존 폐교재산의 부지면적 증가가 없는 경우만 해당한다)로서 건축물의 신축 또는 증축을 하지 않고 야영장 입구까지 진입하는 도로의 신설 또는 확장이 없는 때에는 1) 및 2)의 기준을 적용하지 않는다.
1) 야영장 전체면적이 1만제곱미터 미만일 것
2) 야영장에 설치되는 건축물의 바닥면적 합계가 300제곱미터 미만이고, 야영장 전체면적의 100분의 10 미만일 것
3) 「하수도법」 제15조제1항에 따른 배수구역 안에 위치한 야영장은 같은 법 제27조에 따라 공공하수도의 사용이 개시된 때에는 그 배수구역의 하수를 공공하수도에 유입시킬 것. 다만, 「하수도법」 제28조에 해당하는 경우에는 그렇지 않다.
4) 야영장 경계에 조경녹지를 조성하는 등의 방법으로 자연환경 및 경관에 대한 영향을 최소화할 것
5) 야영장으로 인한 비탈면 붕괴, 토사 유출 등의 피해가 발생하지 않도록 할 것

(2) 개별기준
(가) 일반야영장업
1) 야영용 천막을 칠 수 있는 공간은 천막 1개당 15제곱미터 이상을 확보할 것
2) 야영에 불편이 없도록 하수도 시설 및 화장실을 갖출 것
3) 긴급상황 발생 시 이용객을 이송할 수 있는 차로를 확보할 것

(나) 자동차야영장업

1) 차량 1대당 50제곱미터 이상의 야영공간(차량을 주차하고 그 옆에 야영장비 등을 설치할 수 있는 공간을 말한다)을 확보할 것

2) 야영에 불편이 없도록 수용인원에 적합한 상 · 하수도 시설, 전기시설, 화장실 및 취사시설을 갖출 것

3) 야영장 입구까지 1차선 이상의 차로를 확보하고, 1차선 차로를 확보한 경우에는 적정한 곳에 차량의 교행(交行)이 가능한 공간을 확보할 것

(3) (1) 및 (2)의 기준에 관한 특례

(가) (1) 및 (2)에도 불구하고 다음 1) 및 2)의 요건을 모두 충족하는 야영장업을 하려는 경우에는 (나) 및 (다)의 기준을 적용한다.

1) 「해수욕장의 이용 및 관리에 관한 법률」 제2조제1호에 따른 해수욕장이나 「국토의 계획 및 이용에 관한 법률 시행령」 제2조제1항제2호에 따른 유원지에서 연간 4개월 이내의 기간 동안만 야영장업을 하려는 경우

2) 야영장업의 등록을 위하여 토지의 형질을 변경하지 아니하는 경우

(나) 공통기준

1) 침수, 유실, 고립, 산사태, 낙석의 우려가 없는 안전한 곳에 위치할 것

2) 시설 배치도, 이용방법, 비상 시 행동 요령 등을 이용객이 잘 볼 수 있는 곳에 게시할 것

3) 비상 시 긴급상황을 이용객에게 알릴 수 있는 시설 또는 장비를 갖출 것

4) 야영장 규모를 고려하여 소화기를 적정하게 확보하고 눈에 띄기 쉬운 곳에 배치할 것

5) 긴급 상황에 대피할 수 있도록 대피로를 확보할 것

6) 비상 시 대응요령을 숙지하고 야영장이 개장되어 있는 시간에 상주하는 관리요원을 확보할 것

(다) 개별기준

1) 일반야영장업

가) 야영용 천막을 칠 수 있는 공간은 천막 1개당 15제곱미터 이상을 확보할 것

나) 야영에 불편이 없도록 하수도 시설 및 화장실의 이용이 가능할 것

다) 긴급상황 발생 시 이용객을 이송할 수 있는 차로를 확보할 것

2) 자동차야영장업

가) 차량 1대당 50제곱미터 이상의 야영공간(차량을 주차하고 그 옆에 야영장비 등을 설치할 수 있는 공간을 말한다)을 확보할 것

나) 야영에 불편이 없도록 상·하수도 시설, 전기시설, 화장실 및 취사시설의 이용이 가능할 것

다) 야영장 입구까지 1차선 이상의 차로를 확보하고, 1차선 차로를 확보한 경우에는 적정한 곳에 차량의 교행이 가능한 공간을 확보할 것

라. 관광유람선업

(1) 일반관광유람선업

(가) 구조

「선박안전법」에 따른 구조 및 설비를 갖춘 선박일 것

(나) 선상시설

이용객의 숙박 또는 휴식에 적합한 시설을 갖추고 있을 것

(다) 위생시설

수세식화장실과 냉·난방 설비를 갖추고 있을 것

(라) 편의시설

식당·매점·휴게실을 갖추고 있을 것

(마) 수질오염방지시설

수질요염을 방지하기 위한 오수 저장·처리시설과 폐기물처리시설을 갖추고 있을 것

(2) 크루즈업

(가) 일반관광유람선업에서 규정하고 있는 관광사업의 등록기준을 충족할 것

(나) 욕실이나 샤워시설을 갖춘 객실을 20실 이상 갖추고 있을 것

(다) 체육시설, 미용시설, 오락시설, 쇼핑시설 중 두 종류 이상의 시설을 갖추고 있을 것

마. 관광공연장업

(1) 설치장소

관광지·관광단지, 관광특구 또는 「지역문화진흥법」 제18조제1항에 따라 지정된 문화지구(같은 법 제18조제3항제3호에 따라 해당 영업 또는 시설의 설치를 금지하거나 제한하는 경우는 제외한다) 안에 있거나 이 법에 따른 관광사업 시설 안에 있을 것 다만, 실외관광공연장의 경우 법에 따른 관광숙박업, 관광객이용시설업 중 전문휴양업과 종합휴양업, 국제회의업, 유원시설업에 한한다.

(2) 시설기준

(가) 실내관광공연장

1) 70제곱미터 이상의 무대를 갖추고 있을 것

2) 출연자가 연습하거나 대기 또는 분장할 수 있는 공간을 갖추고 있을 것

3) 출입구는 「다중이용업소의 안전관리에 관한 특별법」에 따른 다중이용업소의 영업장에 설치하는 안전시설등의 설치기준에 적합할 것

4) 삭제 〈2011.3.30〉

5) 공연으로 인한 소음이 밖으로 전달되지 아니하도록 방음시설을 갖추고 있을 것

(나) 실외관광공연장

1) 70제곱미터 이상의 무대를 갖추고 있을 것

2) 남녀용으로 구분된 수세식 화장실을 갖추고 있을 것

(3) 일반음식점 영업허가

「식품위생법 시행령」 제21조에 따른 식품접객업 중 일반음식점 영업허가를 받을 것

바. 외국인관광 도시민박업

(1) 주택의 연면적이 230제곱미터 미만일 것

(2) 외국어 안내 서비스가 가능한 체제를 갖출 것

(3) 소화기를 1개 이상 구비하고, 객실마다 단독경보형 감지기 및 일산화탄소 경보기(난방설비를 개별난방 방식으로 설치한 경우만 해당한다)를 설치할 것

사. 한옥체험업

(1) 「한옥 등 건축자산의 진흥에 관한 법률」 제27조에 따라 국토교통부장관이 정하여 고시한 기준에 적합한 한옥일 것. 다만, 「문화재보호법」에 따라 문화재로 지정·등록된 한옥 및 「한옥 등 건축자산의 진흥에 관한 법률」 제10조에 따라 우수건축자산으로 등록된 한옥의 경우에는 그렇지 않다.

(2) 객실 및 편의시설 등 숙박 체험에 이용되는 공간의 연면적이 230제곱미터 미만일 것. 다만, 다음의 어느 하나에 해당하는 한옥의 경우에는 그렇지 않다.

(가) 「문화재보호법」에 따라 문화재로 지정·등록된 한옥

(나) 「한옥 등 건축자산의 진흥에 관한 법률」 제10조에 따라 우수건축자산으로 등록된 한옥

(다) 한옥마을의 한옥, 고택 등 특별자치시·특별자치도·시·군·구의 조례로 정하는 한옥

(3) 숙박 체험을 제공하는 경우에는 이용자의 불편이 없도록 욕실이나 샤워시설 등 편의시설을 갖출 것

(4) 객실 내부 또는 주변에 소화기를 1개 이상 비치하고, 숙박 체험을 제공하는 경우에는 객실마다 단독경보형 감지기 및 일산화탄소 경보기(난방설비를 개별난방 방식으로 설치한 경우만 해당한다)를 설치할 것

(5) 취사시설을 설치하는 경우에는 「도시가스사업법」, 「액화석유가스의 안전관리 및 사업법」, 「화재의 예방 및 안전관리에 관한 법률」, 「소방시설 설치 및 관리에 관한 법률」 및 그 밖의 관계 법령에서 정하는 기준에 적합하게 설치·관리할 것

(6) 수돗물(「수도법」 제3조제5호에 따른 수도 및 같은 조 제14호에 따른 소규모급수시설에서 공급되는 물을 말한다) 또는 「먹는물관리법」 제5조제3항에 따른 먹는물의 수질 기준에 적합한 먹는물 등을 공급할 수 있는 시설을 갖출 것

(7) 월 1회 이상 객실 · 접수대 · 로비시설 · 복도 · 계단 · 욕실 · 샤워시설 · 세면시설 및 화장실 등을 소독할 수 있는 체제를 갖출 것
(8) 객실 및 욕실 등을 수시로 청소하고, 침구류를 정기적으로 세탁할 수 있는 여건을 갖출 것
(9) 환기를 위한 시설을 갖출 것. 다만, 창문이 있어 자연적으로 환기가 가능한 경우에는 그렇지 않다.
(10) 욕실의 원수(原水)는 「공중위생관리법」 제4조제2항에 따른 목욕물의 수질기준에 적합할 것
(11) 한옥을 관리할 수 있는 관리자를 영업시간 동안 배치할 것
(12) 숙박 체험을 제공하는 경우에는 접수대 또는 홈페이지 등에 요금표를 게시하고, 게시된 요금을 준수할 것

5. 국제회의업
(가) 국제회의시설업
(1) 「국제회의산업 육성에 관한 법률 시행령」 제3조에 따른 회의시설 및 전시시설의 요건을 갖추고 있을 것
(2) 국제회의개최 및 전시의 편의를 위하여 부대시설로 주차시설과 쇼핑 · 휴식시설을 갖추고 있을 것
(나) 국제회의기획업
(1) 자본금 : 5천만 원 이상일 것
(2) 사무실 : 소유권이나 사용권이 있을 것

2) 관광사업의 등록절차

여행업, 관광숙박업, 관광객 이용시설업 및 국제회의업을 등록하려는 자는 관광사업 등록신청서와 함께 공통구비서류를 첨부하여 특별자치시장 · 특별자치도지사 · 시장 · 군수 · 구청장에게 제출해야한다.

등록신청을 받은 특별자치시장 · 특별자치도지사 · 시장 · 군수 · 구청장은 관광숙박업 및 관광객 이용시설업 등록심의위원회의 심의를 거쳐야 할 관광사업의 경우에는 그 심의를 거쳐 등록 여부를 결정하며, 등록기준에 맞으면 문화체육관광부령으로 정하는 등록증을 신청인에게 발급하게 된다.

■ 관광사업 등록 시 구비서류

구분	구비서류
공통서류	■ 관광사업등록신청서 ■ 사업계획서 ■ 신청인(법인의 경우에는 대표자 및 임원) ① 내국인 : 성명 및 주민등록번호를 기재한 서류 ② 외국인 : 다음 중 해당하는 서류 가. 해당 국가의 정부나 그 밖의 권한 있는 기관이 발행한 서류 또는 공증인이 공증한 신청인의 진술서로서 「재외공관 공증법」에 따라 해당 국가에 주재하는 대한민국공관의 영사관이 확인한 서류 나. 「외국공문서에 대한 인증의 요구를 폐지하는 협약」을 체결한 국가의 경우에는 해당 국가의 정부나 그 밖의 권한 있는 기관이 발행한 서류 또는 공증인이 공증한 신청인의 진술서로서 해당 국가의 아포스티유(Apostille) 확인서 발급 권한이 있는 기관이 그 확인서를 발급한 서류 ■ 법인의 등기사항증명서(법인만 해당) ■ 부동산의 등기사항증명서(부동산 소유권 또는 사용권) ■ 보증보험가입 증명서류 ① 호텔업, 휴양콘도미니엄업 : 부동산에 저당권이 설정되어 있는 경우 ② 여행업 : 등록 이후 보증보험 가입 또는 영업보증금 예치 ■ 외국인투자를 증명하는 서류(외국인투자기업만 해당)
여행업 국제회의기획업	■ 공인회계사 또는 세무사가 확인한 등록신청 당시의 대차대조표(개인의 경우에는 영업용 자산명세서 및 그 증명서류) ■ 관광진흥법 제11조의2(결격사유)에 따른 범죄경력조회 동의서(여행업만 해당)
관광숙박업 관광객 이용시설업 국제회의시설업	■ 사업계획에 포함된 부대영업을 하기 위하여 다른 법령에 따라 소관관청에 신고를 하였거나 인 · 허가 등을 받은 경우에는 각각 이를 증명하는 서류 ■ 관광진흥법 제18조제1항에 따라 신고를 하였거나 인 · 허가 등을 받은 것으로 의제되는 경우에는 각각 그 신고서 또는 신청서와 그 첨부서류 ■ 「전기안전관리법 시행규칙」 제11조제3항에 따른 사용 전 점검 확인증(야영장업만 해당) ■ 수질검사기관이 발행한 수질검사성적서(야영장에서 수돗물이 아닌 지하수 등을 먹는 물로 사용하는 경우로서 야영장업의 등록만 해당) ■ 시설의 평면도 및 배치도 ■ 시설별 일람표(관광숙박업, 전문휴양업, 종합휴양업, 야영장업, 한옥체험업, 국제회의시설업)

3) 결격사유

관광사업은 일반영리사업과는 다른 특수성과 공공성이 있기 때문에 관광사업 경영자에게는 일반자영업자와는 다른 엄격한 자격요건을 법규로 규정하고 있다.

관광사업 중 여행업의 경우, 관광사업의 영위와 관련하여 금고 이상의 실형을 선고받고 그 집행이 끝나거나 집행을 받지 아니하기로 확정된 후 2년이 지나지 아니한 자 또는 형의 집행유예 기간 중에 있는 자는 여행업의 등록을 할 수 없다. 따라서 여행업을 등록하려는 자는 결격사유에 해당하지 않음을 증명하는 범죄경력조회 동의서를 해당관청에 제출해야 한다.

만약 여행업자가 결격사유에 해당하면 등록관청인 특별자치시장·특별자치도지사·시장·군수·구청장은 3개월 이내에 그 등록을 취소하여야 한다. 다만, 법인의 임원 중 그 사유에 해당하는 자가 있는 경우 3개월 이내에 그 임원을 바꾸어 임명한 때에는 등록이 가능하다.

관계법령

관광진흥법 제11조의2(결격사유)

① 관광사업의 영위와 관련하여 「형법」 제347조, 제347조의2, 제348조, 제355조 또는 제356조에 따라 금고 이상의 실형을 선고받고 그 집행이 끝나거나 집행을 받지 아니하기로 확정된 후 2년이 지나지 아니한 자 또는 형의 집행유예 기간 중에 있는 자는 여행업의 등록을 할 수 없다.

② 특별자치시장·특별자치도지사·시장·군수·구청장은 여행업자가 제1항에 해당하면 3개월 이내에 그 등록을 취소하여야 한다. 다만, 법인의 임원 중 그 사유에 해당하는 자가 있는 경우 3개월 이내에 그 임원을 바꾸어 임명한 때에는 그러하지 아니하다.

[본조신설 2020.12.22]

4) 보험의 가입

관광진흥법에서는 관광사업 중 여행업과 야영장업을 등록하려는 자는 해당 사업과 관련하여 발생하는 안전사고로 인하여 이용자에게 피해를 준 경우, 피해자에게 그 손해를 배상할 것을 내용으로 하는 보험 또는 공제에 가입하거나 영업보증금을 예치하도록 하고 있다. 이는 여행업이나 야영장업은 사고가 발생할 가능성이 높은데 반해, 사고로 인한 관광객의 손해를 보상할 능력이 없는 비교적 영세한 기업이 많기 때문이다. 따라서 여행업이나 야영장업을 등록한 자는 보험 또는 공제에 가입하거나 영업보증금을 예치하고 사업을 영위하는 동안 계속 이를 유지하여야 한다.

여행업자가 가입하거나 예치하고 유지하여야 할 보증보험 등의 가입금액 또는 영업보증금의 예치금액은 직전 사업연도의 매출액 규모 및 여행업의 종류에 따라 다르며, 기획여행을 실시하려는 종합여행업과 국내외여행업은 기획여행과 관련한 사고로 인하여 관광객에게 피해를 준 경우 그 손해를 배상할 것을 내용으로 하는 보증보험 등에 추가로 가입해야 한다.

야영장업의 경우에도 피해자의 피해 정도에 따라 문화체육관광부령으로 정하는 기준에 따라 책임보험 또는 공제에 가입해야 한다.

이와 같은 규정에 따라 보증보험 등에 가입하거나 영업보증금을 예치한 여행업자 및 야영업자는 그 사실을 증명하는 서류를 해당관청인 특별자치시장 · 특별자치도지사 · 시장 · 군수 · 구청장에게 제출하여야 한다.

관계법령

관광진흥법 제9조

제9조(보험 가입 등) 관광사업자는 해당 사업과 관련하여 사고가 발생하거나 관광객에게 손해가 발생하면 문화체육관광부령으로 정하는 바에 따라 피해자에게 보험금을 지급할 것을 내용으로 하는 보험 또는 공제에 가입하거나 영업보증금을 예치(이하 "보험 가입 등"이라 한다)하여야 한다. 〈개정 2008. 2. 29., 2015. 5. 18.〉

관광진흥법 시행규칙 제18조

제18조(보험의 가입 등) ① 여행업의 등록을 한 자(이하 "여행업자"라 한다)는 법 제9조에 따라 그 사업을 시작하기 전에 여행계약의 이행과 관련한 사고로 인하여 관광객에게 피해를 준 경우 그 손해를 배상할 것을 내용으로 하는 보증보험 또는 영 제39조에 따른 공제(이하 "보증보험등"이라 한다)에 가입하거나 법 제45조에 따른 업종별 관광협회(업종별 관광협회가 구성되지 않은 경우에는 법 제45조에 따른 지역별 관광협회, 지역별 관광협회가 구성되지 않은 경우에는 법 제48조의9에 따른 광역 단위의 지역관광협의회)에 영업보증금을 예치하고 그 사업을 하는 동안(휴업기간을 포함한다) 계속하여 이를 유지해야 한다. 〈개정 2008. 8. 26., 2017. 2. 28., 2021. 4. 19.〉

② 여행업자 중에서 법 제12조에 따라 기획여행을 실시하려는 자는 그 기획여행 사업을 시작하기 전에 제1항에 따라 보증보험 등에 가입하거나 영업보증금을 예치하고 유지하는 것 외에 추가로 기획여행과 관련한 사고로 인하여 관광객에게 피해를 준 경우 그 손해를 배상할 것을 내용으로 하는 보증보험 등에 가입하거나 법 제45조에 따른 업종별 관광협회(업종별 관광협회가 구성되지 아니한 경우에는 법 제45조에 따른 지역별 관광협회, 지역별 관광협회가 구성되지 아니한 경우에는 법 제48조의9에 따른 광역 단위의 지역관광협의회)에 영업보증금을 예치하고 그 기획여행 사업을 하는 동안(기획여행 휴업기간을 포함한다) 계속하여 이를 유지하여야 한다. 〈개정 2010. 8. 17., 2017. 2. 28.〉

③ 제1항 및 제2항에 따라 여행업자가 가입하거나 예치하고 유지하여야 할 보증보험등의 가입금액 또는 영업보증금의 예치금액은 직전 사업연도의 매출액(손익계산서에 표시된 매출액을 말한다) 규모에 따라 별표 3과 같이 한다. 〈개정 2010. 8. 17.〉

④ 제1항부터 제3항까지의 규정에 따라 보증보험 등에 가입하거나 영업보증금을 예치한 자는 그 사실을 증명하는 서류를 지체 없이 특별자치시장 · 특별자치도지사 · 시장 · 군수 · 구청장에게 제출하여야 한다. 〈개정 2009. 10. 22., 2019. 4. 25.〉

⑤ 제1항부터 제3항까지의 규정에 따른 보증보험 등의 가입, 영업보증금의 예치 및 그 배상금의 지급에 관한 절차 등은 문화체육관광부장관이 정하여 고시한다. 〈개정 2008. 3. 6.〉

⑥ 야영장업의 등록을 한 자는 법 제9조에 따라 그 사업을 시작하기 전에 야영장 시설에서 발생하는 재난 또는 안전사고로 인하여 야영장 이용자에게 피해를 준 경우 그 손해를 배상할 것을 내용으로 하는 책임보험 또는 영 제39조에 따른 공제에 가입해야 한다. 〈신설 2019. 3. 4.〉

⑦ 야영장업의 등록을 한 자가 제6항에 따라 가입해야 하는 책임보험 또는 공제는 다음 각 호의 기준을 충족하는 것이어야 한다. 〈신설 2019. 3. 4.〉

1. 사망의 경우 : 피해자 1명당 1억 원의 범위에서 피해자에게 발생한 손해액을 지급할 것. 다만, 그 손해액이 2천만 원 미만인 경우에는 2천만 원으로 한다.
2. 부상의 경우 : 피해자 1명당 별표 3의2에서 정하는 금액의 범위에서 피해자에게 발생한 손해액을 지급할 것
3. 부상에 대한 치료를 마친 후 더 이상의 치료효과를 기대할 수 없고 그 증상이 고정된 상태에서 그 부상이 원인이 되어 신체에 장애(이하 "후유장애"라 한다)가 생긴 경우 : 피해자 1명당 별표 3의3에서 정하는 금액의 범위에서 피해자에게 발생한 손해액을 지급할 것
4. 재산상 손해의 경우 : 사고 1건당 1억 원의 범위에서 피해자에게 발생한 손해액을 지급할 것

⑧ 제7항에 따른 책임보험 또는 공제는 하나의 사고로 제7항제1호부터 제3호까지 중 둘 이상에 해당하게 된 경우 다음 각 호의 기준을 충족하는 것이어야 한다. 〈신설 2019. 3. 4.〉

1. 부상당한 사람이 치료 중 그 부상이 원인이 되어 사망한 경우 : 피해자 1명당 제7항제1호에 따른 금액과 제7항제2호에 따른 금액을 더한 금액을 지급할 것
2. 부상당한 사람에게 후유장애가 생긴 경우 : 피해자 1명당 제7항제2호에 따른 금액과 제7항제3호에 따른 금액을 더한 금액을 지급할 것
3. 제7항제3호에 따른 금액을 지급한 후 그 부상이 원인이 되어 사망한 경우: 피해자 1명당 제7항제1호에 따른 금액에서 제7항제3호에 따른 금액 중 사망한 날 이후에 해당하는 손해액을 뺀 금액을 지급할 것

⑨ 특별자치시장 · 특별자치도지사 · 시장 · 군수 · 구청장은 여행업자가 가입한 보증보험등의 기간 만료 전에 여행업자에게 별지 제47호서식의 여행업 보증보험 · 공제 갱신 안내서를 발송할 수 있다. 〈신설 2021. 4. 19.〉

■ 보증보험등 가입금액(영업조증금 예치금액)

(단위 : 천원)

직전 사업연도 매출액 \ 여행업의 종류 (기획여행 포함)	국내 여행업	국내외 여행업	종합 여행업	국내외 여행업의 기획여행	종합 여행업의 기획여행
1억 원 미만	20,000	30,000	50,000	200,000	200,000
1억 원 이상 5억 원 미만	30,000	40,000	65,000		
5억 원 이상 10억 원 미만	45,000	55,000	85,000		
10억 원 이상 50억 원 미만	85,000	100,000	150,000		
50억 원 이상 100억 원 미만	140,000	180,000	250,000	300,000	300,000
100억 원 이상 1,000억 원 미만	450,000	750,000	1,000,000	500,000	500,000
1,000억 원 이상	750,000	1,250,000	1,510,000	700,000	700,000

(비고)
1. 국내외여행업 또는 종합여행업을 하는 여행업자 중에서 기획여행을 실시하려는 자는 국내외여행업 또는 종합여행업에 따른 보증보험 등에 가입하거나 영업보증금을 예치하고 유지하는 것 외에 추가로 기획여행에 따른 보증보험 등에 가입하거나 영업보증금을 예치하고 유지하여야 한다.
2. 「소득세법」 제160조제3항 및 같은 법 시행령 제208조제5항에 따른 간편장부대상자(손익계산서를 작성하지 아니한 자만 해당한다)의 경우에는 보증보험 등 가입금액 또는 영업보증금 예치금액을 직전 사업연도 매출액이 1억 원 미만인 경우에 해당하는 금액으로 한다.
3. 직전 사업연도의 매출액이 없는 사업개시 연도의 경우에는 보증보험 등 가입금액 또는 영업보증금 예치금액을 직전 사업연도 매출액이 1억 원 미만인 경우에 해당하는 금액으로 한다. 직전 사업연도의 매출액이 없는 기획여행의 사업개시 연도의 경우에도 또한 같다.
4. 여행업과 함께 다른 사업을 병행하는 여행업자인 경우에는 직전 사업연도 매출액을 산정할 때에 여행업에서 발생한 매출액만으로 산정하여야 한다.
5. 종합여행업의 경우 직전 사업연도 매출액을 산정할 때에, 「부가가치세법 시행령」 제33조제2항제7호에 따라 외국인관광객에게 공급하는 관광알선용역으로서 그 대가를 받은 금액은 매출액에서 제외한다.

※ 참고 - 여행업 등록절차

여행업 등록기준	■ 자본금 : 잔고증명서, 영업용 자산명세서 등 • 종합여행업 : 5천만 원 이상 • 국내외여행업 : 3천만 원 이상 • 국내여행업 : 1천5백만 원 이상 ■ 사무실 : 소유권이나 사용권(임대차 계약서)
결격사유	■ 피성년후견인, 피한정후견인 ■ 파산선고를 받고 복권되지 아니한 자 ■ 관광진흥법에 따라 등록 등 또는 사업계획의 승인이 취소되거나 영업소가 폐쇄된 후 2년이 지나지 아니한 자 ■ 관광사업의 영위와 관련하여 징역 이상의 실형을 선고받고 그 집행이 끝나거나 집행을 받지 아니하기로 확정된 후 2년이 지나지 아니한 자 또는 형의 집행유예 기간 중에 있는 자
사업계획서 작성	■ 회사개요, 주요사업내용, 향후 3년간 여행알선계획, 향후 3년간 추정 손익계산서 등
등록신청	■ 시 · 군 · 구청(관광사업등록신청서 및 각종 구비서류) *필요 시 통신판매업 신고 병행
현장점검	■ 사무실 방문 및 점검
관광사업 등록증 발부	■ 시 · 군 · 구청
사업자등록	■ 세무서(사업자등록신청서, 관광사업등록증, 임대차계약서 등)
보증보험 또는 공제 가입	■ 여행업 종류 및 매출액에 따라 보증보험 · 공제 가입 또는 영업보증금예치
영업개시	

5) 관광사업계획의 승인

관광사업 중 관광숙박업을 경영하려는 자는 관광사업등록을 하기 전에 그 사업에 대한 사업계획을 작성하여 특별자치시장 · 특별자치도지사 · 시장 · 군수 · 구청장의 승인을 사전에 반드시 받아야 한다(강제규정). 또한 관광객 이용시설업의 전문휴양업, 종합휴양업, 관광유람선업이나 국제회의 시설업을 경영하려는 자는 등록을 하기 전에 그 사업에 대한 사업계획을 작성하여 특별자치시장 · 특별자치도지사 · 시장 · 군수 · 구청장의 승인을 받을 수 있다(임의규정).

사업계획승인 대상업종은 모두 등록대상 업종으로 호텔업, 휴양콘도미니엄업, 관광유람선업, 국제회의 시설업 등 초기 고정자본의 투자비율이 큰 사업들이다. 만약 막대한 투자를 하여 건축물을 완공하고, 등록신청을 하였다가 등록이 거부되었을 때 그 피해는 엄청날 수밖에 없기 때문에 이러한 피해를 사전에 막기 위해서 사업계획을 작성하여 미리 승인을 받고, 그 사업계획대로 시설을 운영하면 등록이 거부될 수 없게 하기 위한 제도적 장치이다.

또한 사업계획의 승인을 받은 때에는 관계 법령에 의한 허가 또는 해제를 받거나 신고를 한 것으로 본다.

※ 참고 - 관광숙박업(호텔업) 등록절차

사업계획 승인신청	■ 시 · 군 · 구청 ■ 사업계획승인신청서, 건설계획서(건설장소, 공사계획, 공사자금 및 조달방법, 시설별 · 층별 면적 및 시설내용, 조감도 등) ■ 부동산의 소유권 또는 사용권을 증명하는 서류 ■ 분양 또는 회원모집계획 개요서(분양 또는 회원 모집하는 경우만 해당) ■ 인허가 등 의제를 받거나 신고하려는 경우 해당법령에서 제출토록 한 서류 ■ 신고를 이미 하였거나 인허가 등을 받은 경우는 이를 증명하는 서류
사업계획서 검토	■ 관광사업이 인 · 허가 등이 의제되는 사업인 경우, 소관 행정기관의 장과 협의 ■ 협의 요청을 받은 소관 행정기관의 장은 요청을 받을 날부터 30일 이내에 그 의견 제출
사업계획 승인	■ 인 · 허가 의제 • 농지법에 의한 농지전용 허가 • 산지법에 의한 산지전용 허가 · 신고, 입목벌채 등의 허가 · 신고 • 사방사업법에 의한 사방지 지정 해제 • 초지법에 의한 초지전용 허가 • 하천법에 의한 하천공사 등의 허가 · 실시계획의 인가, 하천 점용허가 • 공유수면 관리 및 매립에 관한 법률에 의한 공유수면 점용 · 사용허가 • 사도법에 의한 사도개설 허가 • 국토의 계획 및 이용에 관한 법률에 의한 개발행위의 허가 • 장사 등에 관한 법률에 의한 분묘의 개장신고 · 허가 등
착공 및 준공	■ 착공기간 : 사업계획의 승인을 받은 날부터 2년 ■ 준공기간 : 착공한 날부터 5년
관광숙박업 등록신청	■ 시 · 군 · 구청(관광사업등록신청서, 사업계획서 등 각종 구비서류)

등록심의위원회 심의	■ 관광숙박업 · 전문휴양업 · 종합휴양업 · 관광유람선업 · 국제회의시설업의 등록기준 등에 관한 사항 ■ 해당 사업이 관계 법령상 신고 또는 인 · 허가 등의 요건에 해당하는지에 관한 사항
등록승인	■ 인 · 허가 의제 • 공중위생관리법에 의한 숙박업 · 목욕장업 · 이용업 · 미용업 · 세탁업의 신고 • 식품위생법에 의한 식품접객업의 허가 또는 신고 • 주류 면허 등에 관한 법률에 의한 주류판매업의 허가 또는 신고 • 외국환거래법에 의한 외국환업무의 등록 • 담배사업법에 의한 담배소매인의 지정 • 체육시설의 설치 · 이용에 관한 법률에 의한 체육시설업의 신고 • 해사안전법에 의한 해상레저 활동의 허가 • 의료법에 의한 부속의료기관의 개설신고 또는 허가
등급결정 신청	■ 호텔을 신규 등록한 경우 : 호텔업 등록을 한 날부터 60일 ■ 호텔업 등급결정의 유효기간이 만료되는 경우 : 유효기간 만료 전 150일부터 90일까지 ■ 시설의 증 · 개축 또는 서비스 및 운영실태 등의 변경에 따른 등급 조정사유가 발생한 경우 : 등급 조정사유가 발생한 날부터 60일
등급평가단 구성 및 조사	■ 등급결정 요소 • 서비스 상태 • 객실 및 부대시설의 상태 • 안전 관리 등에 관한 법령 준수 여부 ■ 평가방법 • 4, 5성급 : 현장평가+암행평가 • 1~3성급 : 현장평가+불시평가
등급평가 및 통보	■ 신청일부터 90일 이내에 해당 호텔의 등급을 결정하여 신청인에게 통지 ■ 유효기간 : 등급결정을 받은 날부터 3년
영업개시	

■ 관광진흥법 시행규칙 [별지 제1호서식] <개정 2021. 4. 19.>

관광사업 등록신청서

※ 뒤쪽의 제출서류를 참고하시기 바라며, 색상이 어두운 란은 신청인이 적지 않습니다. (앞쪽)

접수번호	접수일	발급일	처리기간 o 여행업, 관광숙박업 및 야영장업: 7일 o 종합휴양업: 12일 o 외국인관광 도시민박업 및 한옥체험업: 14일 o 그 밖의 관광사업: 5일

신청인	성 명(대표자)	주민등록번호 (외국인등록번호)
	주 소	전화번호

상호(명칭)	업종
주사업장 소재지	전화번호
자본금	
영업개시 연월일	

「관광진흥법」 제4조제1항 및 같은 법 시행규칙 제2조에 따라 위와 같이 관광사업의 등록을 신청합니다.

년 월 일

신청인 성명 (서명 또는 인)

특별자치시장 ·
특별자치도지사 · 귀하
시장 · 군수 · 구청장

제출서류	뒤쪽 참조	수수료 o 외국인관광 도시민박업 및 한옥체험업의 경우: 20,000원 o 그 밖의 관광사업의 경우: 30,000원 (숙박시설이 있는 경우 매 실당 700원을 가산한 금액으로 합니다)

행정정보 공동이용 동의서
(호텔업, 국제회의시설업 및 야영장업 신청인만 해당합니다)

본인은 이 건 업무처리와 관련하여 담당 공무원이 「전자정부법」 제36조제1항에 따른 행정정보의 공동이용을 통하여 뒤쪽의 담당 공무원 확인사항 중 제3호 및 제4호를 확인하는 것에 동의합니다. * 동의하지 않는 경우에는 신청인이 직접 관련 서류를 제출하여야 합니다.

신청인 (서명 또는 인)

처리절차

신청서 작성	→	접 수	→	심 의	→	등 록	→	등록증 발급
신청인		처리기관 (특별자치시 · 특별자치도 · 시 · 군 · 구)		처리기관 (특별자치시 · 특별자치도 · 시 · 군 · 구)		처리기관 (특별자치시 · 특별자치도 · 시 · 군 · 구)		

210mm× 297mm[백상지 80g/㎡]

[별지 제5호서식] <개정 2019. 4. 25.>

제 호	No.
관광사업 등록증	TOURISM BUSINESS CERTIFICATE OF REGISTRATION
상호(명칭) 성명(법인인 경우에는 그 대표자 성명) 주소 업종	COMPANY: REPRESENTATIVE: ADDRESS: TYPE OF BUSINESS:
위의 업체는 「관광진흥법」 제4조 제1항에 따라 위와 같이 등록하였음을 증명합니다.	This is to certify that the above company is registered as a tourism business in accordance with Paragraph 1, Article 4 of the Tourism Promotion Law.
년 월 일	Date
	Signature
특별자치시장 특별자치도지사 시장 · 군수 · 구청장 [인]	Governor of (province name) Mayor of (city · county · district name)

210mm×297mm[보존용지(1종) 120g/㎡]

(2) 관광사업의 허가

허가란 법령에 의하여 일반적으로 금지되어 있는 행위를 특정의 경우에 특정인에 대하여 그 금지를 해제하는(영업행위를 할 수 있게 하는) 행정처분이다. 허가는 일반적인 경우의 등록과는 달리 허가관청의 판단에 따라 얼마든지 거부할 수 있다.

1) 카지노업의 허가

카지노업을 경영하려는 자는 전용영업장 등 문화체육관광부령으로 정하는 시설과 기구를 갖추어 문화체육관광부장관의 허가를 받아야 한다.

관계법령

관광진흥법 시행규칙 제29조(카지노업의 시설기준 등)

① 법 제23조제1항에 따라 카지노업의 허가를 받으려는 자가 갖추어야 할 시설 및 기구의 기준은 다음 각 호와 같다. 〈개정 2008. 3. 6.〉
  1. 330제곱미터 이상의 전용 영업장
  2. 1개 이상의 외국환 환전소
  3. 제35조제1항에 따른 카지노업의 영업종류 중 네 종류 이상의 영업을 할 수 있는 게임기구 및 시설
  4. 문화체육관광부장관이 정하여 고시하는 기준에 적합한 카지노 전산시설

② 제1항제4호에 따른 기준에는 다음 각 호의 사항이 포함되어야 한다. 〈개정 2019. 10. 7.〉
  1. 하드웨어의 성능 및 설치방법에 관한 사항
  2. 네트워크의 구성에 관한 사항
  3. 시스템의 가동 및 장애방지에 관한 사항
  4. 시스템의 보안관리에 관한 사항
  5. 환전관리 및 현금과 칩의 출납관리를 위한 소프트웨어에 관한 사항

❶ 카지노업의 허가 대상시설 및 요건

카지노업의 허가 대상시설은 관광숙박업 중 호텔업과 국제회의 시설업의 부대시설, 우리나라와 외국을 왕래하는 여객선의 경우에만 해당된다. 또한 관광호텔업이나 국제회의시설업의 부대시설에서 카지노업을 하려는 경우에는 외래관광객 유치계획 및 장기수지전망 등을 포함한 사업계획서가 작성되어야 하며, 사업계획의 수행을 위한 재정능력과 내부통제방안이 수립되어야 한다. 여객선의 경우에는 2만 톤급 이상의 경우만 허가를 받을 수 있다.

다만 카지노업은 허가 대상시설에 해당되고, 시설기준을 충족한다고 해서 허가를 받을 수 있는 것은 아니다. 카지노업의 허가관청인 문화체육관광부장관이 공공의 안녕, 질서유지 또는 카지노업의 건전한 발전을 위하여 필요하다고 인정하면 카지노업의 허가를 제한할 수 있다. 즉, 카지노업에 대한 신규허

가는 최근 신규허가를 한 날 이후에 전국단위의 외래관광객이 60만 명 이상 증가한 상태에서 외래관광객 증가 추세, 카지노이용객 증가 추세, 기존 카지노사업자의 총 수용능력 등을 고려하여 외래관광객 증가인원 60만 명당 2개 사업 이하의 범위에서 신규허가를 할 수 있다.

카지노업의 신규허가를 하려면 문화체육관광부장관은 허가 대상지역, 허가 가능업체 수, 허가절차 및 허가방법 등의 사항을 미리 공고하게 된다.

관계법령

관광진흥법 제21조

제21조(허가 요건 등) ① 문화체육관광부장관은 제5조제1항에 따른 카지노업(이하 "카지노업"이라 한다)의 허가신청을 받으면 다음 각 호의 어느 하나에 해당하는 경우에만 허가할 수 있다. 〈개정 2008. 2. 29., 2008. 6. 5., 2018. 6. 12.〉

1. 국제공항이나 국제여객선터미널이 있는 특별시 · 광역시 · 특별자치시 · 도 · 특별자치도(이하 "시 · 도"라 한다)에 있거나 관광특구에 있는 관광숙박업 중 호텔업 시설(관광숙박업의 등급 중 최상 등급을 받은 시설만 해당하며, 시 · 도에 최상 등급의 시설이 없는 경우에는 그 다음 등급의 시설만 해당한다) 또는 대통령령으로 정하는 국제회의업 시설의 부대시설에서 카지노업을 하려는 경우로서 대통령령으로 정하는 요건에 맞는 경우
2. 우리나라와 외국을 왕래하는 여객선에서 카지노업을 하려는 경우로서 대통령령으로 정하는 요건에 맞는 경우

② 문화체육관광부장관이 공공의 안녕, 질서유지 또는 카지노업의 건전한 발전을 위하여 필요하다고 인정하면 대통령령으로 정하는 바에 따라 제1항에 따른 허가를 제한할 수 있다. 〈개정 2008. 2. 29.〉

제21조의2(허가의 공고 등) ① 문화체육관광부장관은 카지노업의 신규허가를 하려면 미리 다음 각 호의 사항을 정하여 공고하여야 한다.

1. 허가 대상지역
2. 허가 가능업체 수
3. 허가절차 및 허가방법
4. 세부 허가기준
5. 카지노업의 건전한 운영과 관광산업의 진흥을 위하여 문화체육관광부장관이 정하는 사항

② 문화체육관광부장관은 제1항에 따른 공고를 실시한 결과 적합한 자가 없을 경우에는 카지노업의 신규허가를 하지 아니할 수 있다. [본조신설 2016. 2. 3.]

관광진흥법 시행령 제27조

제27조(카지노업의 허가요건 등) ① 법 제21조제1항제1호에서 "대통령령으로 정하는 국제회의업 시설"이란 제2조제1항제4호가목의 국제회의시설업의 시설을 말한다.

② 법 제21조제1항에 따른 카지노업의 허가요건은 다음 각 호와 같다. 〈개정 2008. 2. 29., 2012. 11. 20., 2015. 8. 4.〉

1. 관광호텔업이나 국제회의시설업의 부대시설에서 카지노업을 하려는 경우
   가. 삭제 〈2015.8.4〉
   나. 외래관광객 유치계획 및 장기수지전망 등을 포함한 사업계획서가 적정할 것
   다. 나목에 규정된 사업계획의 수행에 필요한 재정능력이 있을 것
   라. 현금 및 칩의 관리 등 영업거래에 관한 내부통제방안이 수립되어 있을 것
   마. 그 밖에 카지노업의 건전한 운영과 관광산업의 진흥을 위하여 문화체육관광부장관이 공고하는 기준에 맞을 것
2. 우리나라와 외국 간을 왕래하는 여객선에서 카지노업을 하려는 경우
   가. 여객선이 2만 톤급 이상으로 문화체육관광부장관이 공고하는 총톤수 이상일 것
   나. 삭제 〈2012.11.20〉
   다. 제1호나목부터 마목까지의 규정에 적합할 것

③ 문화체육관광부장관은 법 제21조제2항에 따라 최근 신규허가를 한 날 이후에 전국 단위의 외래관광객이 60만 명 이상 증가한 경우에만 신규허가를 할 수 있되, 다음 각 호의 사항을 고려하여 그 증가인원 60만 명당 2개 사업 이하의 범위에서 할 수 있다. 〈개정 2008. 2. 29., 2015. 8. 4.〉

1. 전국 단위의 외래관광객 증가 추세 및 지역의 외래관광객 증가 추세
2. 카지노이용객의 증가 추세
3. 기존 카지노사업자의 총 수용능력
4. 기존 카지노사업자의 총 외화획득실적
5. 그 밖에 카지노업의 건전한 운영과 관광산업의 진흥을 위하여 필요한 사항

❷ 카지노업의 결격사유

관광사업의 등록과 허가 등을 주관하는 행정관청은 관광사업을 경영하려고 하는 자의 가격이 합당하지 않는 경우, 즉 자격을 갖추지 않은 결격사유자가 신청하는 관광사업의 등록 · 허가 · 지정 · 신고 등을 허용하지 않으며, 이미 영업 중인 경우에는 그 등록 등을 취소할 수 있다. 또한 이에 대한 적용은 개인사업자뿐만이 아니라 법인의 경우에도 그 임원 중에 해당자가 있으면 동일하게 적용된다.

특히 카지노업의 경우, 주된 고객은 외국인으로 외국인과의 빈번한 접촉을 통하여 국제친선이나 나아가 세계평화분위기 정착에 기여할 수 있게 된다. 따라서 카지노업의 경영자에게는 일반기업의 경영자와는 다른 엄격한 자격요건을 규정하고 있다. 카지노업의 결격사유는 다음과 같다.

관계법령

관광진흥법 제22조

제22조(결격사유) ① 다음 각 호의 어느 하나에 해당하는 자는 카지노업의 허가를 받을 수 없다.

1. 19세 미만인 자
2. 「폭력행위 등 처벌에 관한 법률」 제4조에 따른 단체 또는 집단을 구성하거나 그 단체 또는 집단에 자금을 제공하여 금고 이상의 형을 선고받고 형이 확정된 자
3. 조세를 포탈(逋脫)하거나 「외국환거래법」을 위반하여 금고 이상의 형을 선고받고 형이 확정된 자
4. 금고 이상의 실형을 선고받고 그 집행이 끝나거나 집행을 받지 아니하기로 확정된 후 2년이 지나지 아니한 자
5. 금고 이상의 형의 집행유예를 선고받고 그 유예기간 중에 있는 자
6. 금고 이상의 형의 선고유예를 받고 그 유예기간 중에 있는 자
7. 임원 중에 제1호부터 제6호까지의 규정 중 어느 하나에 해당하는 자가 있는 법인

② 문화체육관광부장관은 카지노업의 허가를 받은 자(이하 "카지노사업자"라 한다)가 제1항 각 호의 어느 하나에 해당하면 그 허가를 취소하여야 한다. 다만, 법인의 임원 중 그 사유에 해당하는 자가 있는 경우 3개월 이내에 그 임원을 바꾸어 임명한 때에는 그러하지 아니하다. 〈개정 2008. 2. 29.〉

카지노업의 허가신청서류

- 카지노업 허가신청서
- 신청인(법인의 경우에는 대표자 및 임원)
  - ① 내국인 : 성명 및 주민등록번호를 기재한 서류
  - ② 외국인 : 다음 중 해당하는 서류
    - 가. 해당 국가의 정부나 그 밖의 권한 있는 기관이 발행한 서류 또는 공증인이 공증한 신청인의 진술서로서 「재외공관 공증법」에 따라 해당 국가에 주재하는 대한민국공관의 영사관이 확인한 서류
    - 나. 「외국공문서에 대한 인증의 요구를 폐지하는 협약」을 체결한 국가의 경우에는 해당 국가의 정부나 그 밖의 권한 있는 기관이 발행한 서류 또는 공증인이 공증한 신청인의 진술서로서 해당 국가의 아포스티유(Apostille) 확인서 발급 권한이 있는 기관이 그 확인서를 발급한 서류
- 정관(법인만 해당)
- 사업계획서(카지노영업소 이용객 유치계획, 장기수지 전망, 인력수급 및 관리계획, 영업시설의 개요 등)
- 타인 소유의 부동산을 사용하는 경우에는 그 사용권을 증명하는 서류
- 관광진흥법 제21조제1항(허가요건) 및 영 제27조제2항(카지노업의 허가요건 등)에 따른 허가요건에 적합함을 증명하는 서류
- 전기안전점검확인서(행정정보 공동이용에 동의하지 않는 경우)

■ 관광진흥법 시행규칙 [별지 제8호서식] <개정 2015.4.22.>

카지노업 허가신청서

※ 뒤쪽의 신청 안내를 참고하시기 바라며, 색상이 어두운 란은 신청인이 적지 않습니다. (앞쪽)

접수번호	접수일자	처리기간 60일

신청인	성 명(대표자)	주민등록번호 (외국인등록번호)
	주 소	전화번호

상호(명칭)	면적
소재지	전화번호

시설 및 기구규모	시 설 명
	영업종류
	카지노 기구 명
	시설 및 기구설치 완료(예정)일

「관광진흥법」 제5조제1항 및 같은 법 시행규칙 제6조에 따라 카지노업의 허가를 신청합니다.

년 월 일

신청인 성명 (서명 또는 인)

문화체육관광부장관 귀하

제출서류	뒤쪽 참조	수수료 100,000원 (온라인으로 신청하는 경우 90,000원)

처리절차

신청서 작성	→	접 수	→	검 토	→	결 정	→	허가증 발급
신청인		처리기관 (문화체육관광부)		처리기관 (문화체육관광부)		처리기관 (문화체육관광부)		

210mm×297mm[백상지 80g/m²]

[별지 제9호서식] <개정 2009.12.31>

제　　　호

카지노업 허가증

1. 대　　표　　자:　　　　　　　　　　(생년월일:　　　　　)

2. 주　　　　소:

3. 상　　호(명칭):

4. 영업소 소재지:

5. 영 업 의 종 류:

6. 시 설 명(개수):

7. 기 구 명(대수):

8. 허 가 의 조 건:

「관광진흥법」 제5조제1항 및 같은 법 제24조에 따라 위와 같이 카지노업을 허가합니다.

년　　월　　일

문화체육관광부장관 직인

210mm×297mm [보존용지(1종) 120g/㎡]

2) 유원시설업의 허가

유원시설업 중 종합유원시설업 및 일반유원시설업을 경영하려는 자는 문화체육관광부령으로 정하는 시설과 설비를 갖추어 특별자치시장 · 특별자치도지사 · 시장 · 군수 · 구청장의 허가를 받아야 한다.

◘ 유원시설업의 시설 및 설비기준(관광진흥법 시행규칙[별표 1의2]

<table>
<tr><th colspan="2">구분</th><th>시설 및 설비기준</th></tr>
<tr><td rowspan="2">공통기준</td><td>실내에 설치한 유원시설업</td><td>(1) 독립된 건축물이거나 다른 용도의 시설(「게임산업진흥에 관한 법률」 제2조제6호의2가목 또는 제7호에 따른 청소년게임제공업 또는 인터넷컴퓨터게임시설제공업의 시설은 제외한다)과 분리, 구획 또는 구분되어야 한다.
(2) 유원시설업 내에 「게임산업진흥에 관한 법률」 제2조제6호의2가목 또는 제7호에 따른 청소년게임제공업 또는 인터넷컴퓨터게임시설제공업을 하려는 경우 청소년게임제공업 또는 인터넷컴퓨터게임시설제공업의 면적비율은 유원시설업 허가 또는 신고 면적의 50퍼센트 미만이어야 한다.</td></tr>
<tr><td>종합유원시설업 및 일반유원시설업</td><td>(1) 방송시설 및 휴식시설(의자 또는 차양시설 등을 갖춘 것을 말한다)을 설치하여야 한다.
(2) 화장실(유원시설업의 허가구역으로부터 100미터 이내에 공동화장실을 갖춘 경우는 제외한다)을 갖추어야 한다.
(3) 이용객을 지면으로 안전하게 이동시키는 비상조치가 필요한 유기시설 또는 유기기구에 대하여는 비상시에 이용객을 안전하게 대피시킬 수 있는 시설[축전지 또는 발전기 등의 예비전원설비, 사다리, 계단시설, 윈치(중량물을 끌어올리거나 당기는 기계설비), 로프 등 해당 시설에 적합한 시설]을 갖추어야 한다.
(4) 물놀이형 유기시설 또는 유기기구를 설치한 경우 다음 각 호의 시설을 갖추어야 한다.
① 수소이온화농도, 유리잔류염소농도를 측정할 수 있는 수질검사장비를 비치하여야 한다.
② 익수사고를 대비한 수상인명구조장비(구명구, 구명조끼, 구명로프 등)를 갖추어야 한다.
③ 물놀이 후 씻을 수 있는 시설(유원시설업의 허가구역으로부터 100미터 이내에 공동으로 씻을 수 있는 시설을 갖춘 경우는 제외한다)을 갖추어야 한다.</td></tr>
<tr><td>개별기준</td><td>종합유원시설업</td><td>(1) 대지 면적(실내에 설치한 유원시설업의 경우에는 건축물 연면적)은 1만제곱미터 이상이어야 한다.
(2) 법 제33조제1항에 따른 안전성검사 대상 유기시설 또는 유기기구 6종 이상을 설치하여야 한다.
(3) 정전 등 비상시 유기시설 또는 유기기구 이외 사업장 전체의 안전에 필요한 설비를 작동하기 위한 예비전원시설과 의무 시설(구급약품, 침상 등이 비치된 별도의 공간) 및 안내소를 설치하여야 한다.
(4) 음식점 시설 또는 매점을 설치하여야 한다.</td></tr>
</table>

<table>
<tr><td rowspan="2">개별기준</td><td>일반유원시설업</td><td>(1) 법 제33조제1항에 따른 안전성검사 대상 유기시설 또는 유기기구 1종 이상을 설치하여야 한다.
(2) 안내소를 설치하고, 구급약품을 비치하여야 한다.</td></tr>
<tr><td>기타유원시설업</td><td>(1) 대지 면적(실내에 설치한 유원시설업의 경우에는 건축물 연면적)은 40제곱미터 이상이어야 한다.(시행규칙 제40조제1항 관련 별표 11 제2호나목2)에 해당되는 유기시설 또는 유기기구를 설치하는 경우는 제외한다)
(2) 법 제33조제1항에 따른 안전성검사 대상이 아닌 유기시설 또는 유기기구 1종 이상을 설치하여야 한다.
(3) 구급약품을 비치하여야 한다.</td></tr>
</table>

유원시설업의 허가신청서류

- 유원시설업 허가신청서
- 영업시설 및 설비개요서
- 신청인(법인의 경우에는 대표자 및 임원)
  - ① 내국인 : 성명 및 주민등록번호를 기재한 서류
  - ② 외국인 : 다음 중 해당하는 서류
    - 가. 해당 국가의 정부나 그 밖의 권한 있는 기관이 발행한 서류 또는 공증인이 공증한 신청인의 진술서로서 「재외공관 공증법」에 따라 해당 국가에 주재하는 대한민국공관의 영사관이 확인한 서류
    - 나. 「외국공문서에 대한 인증의 요구를 폐지하는 협약」을 체결한 국가의 경우에는 해당 국가의 정부나 그 밖의 권한 있는 기관이 발행한 서류 또는 공증인이 공증한 신청인의 진술서로서 해당 국가의 아포스티유(Apostille) 확인서 발급 권한이 있는 기관이 그 확인서를 발급한 서류
- 정관(법인만 해당)
- 유기시설 또는 유기기구의 영업허가 전 검사를 받은 사실을 증명하는 서류(안전성검사의 대상이 아닌 경우에는 이를 증명하는 서류)
- 관광진흥법 제9조에 따른 보험가입 등을 증명하는 서류
- 관광진흥법 제33조제2항에 따른 안전관리자(이하 “안전관리자”라 한다)에 관한 별지 제12호서식에 따른 인적사항
- 임대차계약서 사본(대지 또는 건물을 임차한 경우만 해당)
- 다음사항이 포함된 안전관리계획서
  - 가. 안전점검 계획
  - 나. 비상연락체계
  - 다. 비상 시 조치계획
  - 라. 안전요원 배치계획(물놀이형 유기시설 또는 유기기구를 설치하는 경우 해당)
  - 마. 유기시설 또는 유기기구 주요 부품의 주기적 교체 계획

■ 관광진흥법 시행규칙 [별지 제11호서식] <개정 2019. 10. 16.>

유원시설업 [ ] 허가신청서 / [ ] 조건부 영업허가 신청서

※[ ]에는 √ 표시를 하며, 색상이 어두운 란은 신청인이 적지 않습니다. (앞쪽)

접수번호	접수일	발급일	처리기간 3일

신청인	성 명(대표자)	생년월일(외국인등록번호)
	주 소	전화번호
영업소	대표자	생년월일(외국인등록번호)
	소재지	전화번호
	명칭(상호)	영업의 종류
유기시설 또는 유기기구 종수	안전검사 대상 유기시설 또는 유기기구	종
	안전검사 대상이 아닌 유기시설 또는 유기기구	종
	시설 및 설비 설치 완료(예정)일	년 월 일
	영업기간(6개월 미만의 경우에만 표시)	

「관광진흥법」 제5조제2항·제31조 및 같은 법 시행규칙 제7조·제37조에 따라 위와 같이 신청합니다.

년 월 일

신청인 (서명 또는 인)

특별자치시장·특별자치도지사·시장·군수·구청장 귀하

대장 및 공부확인	일 자	결 과	서 명
건축물대장등본/토지이용계획확인원			

제출서류	뒤쪽 참조	수 수 료 지방자치단체의 조례

유의사항

1. 건축물의 용도 등 관계 법령에 적합하지 아니하거나 시설 및 설비기준에 적합하지 아니한 경우에는 영업허가가 제한됩니다.
2. 허가를 받지 아니하고 영업을 하는 경우에는 다음과 같은 불이익처분을 받습니다.
   가. 「관광진흥법」 제36조에 따른 폐쇄조치
   나. 「관광진흥법」 제82조에 따른 3년 이하의 징역 또는 3천만원 이하의 벌금

처리절차

신청서 작성	→	접 수	→	검 토	→	결 정	→	허가증 발급
신청인		처 리 기 관 (특별자치시장·특별자치도지사·시장·군수·구청장)		처 리 기 관 (특별자치시장·특별자치도지사·시장·군수·구청장)		처 리 기 관 (특별자치시장·특별자치도지사·시장·군수·구청장)		

210mm×297mm[백상지(80g/㎡) 또는 중질지(80g/㎡)]

■ 관광진흥법 시행규칙 [별지 제13호서식] <개정 2019. 4. 25.>

(앞쪽)

제 호

유원시설업 [ ]허가증
[ ]조건부 영업허가증

※ [ ]에는 V 표시를 합니다.

1. 영업소 명칭	
2. 소 재 지	
3. 영업의 종류	
4. 대표자 성명	
5. 대표자의 생년월일	
6. 안전성검사 대상 유기시설 또는 유기기구 수 (종 수)	
7. 안전성검사 대상이 아닌 유기시설 또는 유기기구 수 (종 수)	
8. 허가 조건	
9. 영업 기간 (6개월 미만의 경우에만 해당합니다)	

「관광진흥법」 제5조제2항·제31조 및 같은 법 시행규칙 제7조·제37조에 따라 위와 같이 허가합니다.

년 월 일

특별자치시장·
특별자치도지사·
시장·군수·구청장 직인

210mm× 297mm[백상지(150g/㎡)]

(3) 관광사업의 신고

기타유원시설업을 경영하려는 자는 문화체육관광부령으로 정하는 시설과 설비를 갖추어 특별자치시장 · 특별자치도지사 · 시장 · 군수 · 구청장에게 신고하여야 한다.(시설 및 설비기준은 유원시설업의 허가 참조)

기타유원시설업의 신고서류

- 기타유원시설업 신고서
- 영업시설 및 설비개요서
- 유기시설 또는 유기기구가 안전성검사 대상이 아님을 증명하는 서류
- 관광진흥법 제9조에 따른 보험가입 등을 증명하는 서류
- 임대차계약서 사본(대지 또는 건물을 임차한 경우만 해당한다)
- 다음 각 목의 사항이 포함된 안전관리계획서

  가. 안전점검 계획

  나. 비상연락체계

  다. 비상 시 조치계획

  라. 안전요원 배치계획(물놀이형 유기시설 또는 유기기구를 설치하는 경우만 해당)

  마. 유기시설 또는 유기기구 주요 부품의 주기적 교체 계획

■ 관광진흥법 시행규칙 [별지 제17호서식] <개정 2019. 10. 16.>

기타유원시설업 신고서

※ 색상이 어두운 란은 신청인이 적지 않습니다.

접수번호	접수일	발급일	처리기간 3일

신 고 인	성 명	생년월일(외국인등록번호)
	주 소	전화번호
영 업 소	대표자	생년월일(외국인등록번호)
	소재지	전화번호
	명칭(상호)	영업의 종류
유기시설 또는 유기기구 종수	안전성검사 비대상 유기시설 또는 유기기구	종
	시설 및 설비 설치 완료(예정)일	년 월 일
단기영업	영업기간(6개월 미만의 경우에만 표시)	

「관광진흥법」 제5조제4항 및 같은 법 시행규칙 제11조에 따라 위와 같이 신고합니다.

년 월 일

신고인 (서명 또는 인)

특별자치시장 · 특별자치도지사 · 시장 · 군수 · 구청장 귀하

대장 및 공부확인	일 자	결 과	서 명
건축물대장등본/토지이용계획확인원			

신고인 제출서류	1. 영업시설 및 설비개요서 1부 2. 유기시설 또는 유기기구가 안전성검사 대상이 아님을 증명하는 서류 1부 3. 「관광진흥법」 제9조에 따른 보험가입 등을 증명하는 서류 1부 4. 임대차계약서 사본 1부(대지 또는 건물을 임차한 경우만 해당합니다) 5. 다음 각 목의 사항이 포함된 안전관리계획서 1부 가. 안전점검 계획 나. 비상연락체계 다. 비상 시 조치계획 라. 안전요원 배치계획(물놀이형 유기시설 또는 유기기구를 설치하는 경우만 해당합니다) 마. 유기시설 또는 유기기구 주요 부품의 주기적 교체 계획	수수료 지방자치단체의 조례
담당공무원 확인사항	법인등기사항증명서(법인만 해당합니다)	

유의사항

1. 건축물의 용도 등 관계 법령에 적합하지 아니하거나 시설 및 설비기준에 적합하지 아니한 경우에는 신고수리가 제한됩니다.
2. 신고를 하지 아니하고 영업을 하는 경우에는 다음과 같은 불이익처분을 받습니다.
   가. 「관광진흥법」 제36조에 따른 폐쇄조치
   나. 「관광진흥법」 제84조에 따른 1년 이하의 징역 또는 1천만원 이하의 벌금

처리절차

신고서 작성	→	접 수	→	검 토	→	결 정	→	신고증 발급
신고인		처리기관 (특별자치시장 · 특별자치도지사 · 시장 · 군수 · 구청장)		처리기관 (특별자치시장 · 특별자치도지사 · 시장 · 군수 · 구청장)		처리기관 (특별자치시장 · 특별자치도지사 · 시장 · 군수 · 구청장)		

210㎜ × 297㎜[백상지(80g/㎡) 또는 중질지(80g/㎡)]

■ 관광진흥법 시행규칙 [별지 제18호서식] <개정 2019. 4. 25.>

(앞쪽)

제 호

유원시설업 신고증

1. 영업소 명칭	
2. 소재지	
3. 영업의 종류	
4. 대표자	
5. 대표자의 생년월일	
6. 안전성검사 대상이 아닌 유기시설 또는 유기기구수 (종수)	
7. 영업기간 (6개월 미만의 경우에만 해당합니다)	

「관광진흥법」 제5조제4항 및 같은 법 시행규칙 제11조에 따라 위와 같이 신고하였음을 증명합니다.

년 월 일

특별자치시장 · 특별자치도지사 · 시장 · 군수 · 구청장 직인

210㎜×297㎜[백상지(150g/㎡)]

(4) 관광사업의 지정

관광 편의시설업을 경영하려는 자는 문화체육관광부령으로 정하는 바에 따라 특별시장 · 광역시장 · 특별자치시장 · 도지사 · 특별자치도지사 또는 시장 · 군수 · 구청장의 지정을 받아야 한다. 관광 편의시설업은 관광진흥에 이바지할 수 있다고 인정되는 사업으로 시설을 지정제도로 하여 간접관광사업으로 육성하는데 의의가 있다. 즉, 지정제도는 관련법령에 의하여 허가, 인가, 신고를 당해 행정기관의 장으로부터 받아 영업을 하고 있는 사업들 중에서 시 · 도지사, 시장 · 군수 · 구청장 또는 관광협회가 지정하여 관광사업으로서 포괄적으로 적용을 하고 있다.

■ 관광편의시설업의 지정신청

구분	행정기관
관광유흥음식점업, 관광극장유흥업, 외국인전용 유흥음식점업, 관광순환버스업, 관광펜션업, 관광궤도업, 관광면세업 및 관광지원서비스업	특별자치시장 · 특별자치도지사 · 시장 · 군수 · 구청장
관광식당업, 관광사진업 및 여객자동차터미널시설업	지역별 관광협회

관광 편의시설업으로 지정을 받으려면 관광객이 이용하기 적합한 시설이나 외국어 안내서비스 등 문화체육관광부령으로 정하는 기준을 갖추어야 하며, 업종별 지정기준은 다음과 같다.

■ 관광 편의시설업의 지정기준(관광진흥법 시행규칙 [별표 2]

업종	지정기준
관광유흥음식점업	가. 건물은 연면적이 특별시의 경우에는 330제곱미터 이상, 그 밖의 지역은 200제곱미터 이상으로 한국적 분위기를 풍기는 아담하고 우아한 건물일 것 나. 관광객의 수용에 적합한 다양한 규모의 방을 두고 실내는 고유의 한국적 분위기를 풍길 수 있도록 서화 · 문갑 · 병풍 및 나전칠기 등으로 장식할 것 다. 영업장 내부의 노랫소리 등이 외부에 들리지 아니하도록 할 것
관광극장유흥업	가. 건물 연면적은 1,000제곱미터 이상으로 하고, 홀면적(무대면적을 포함한다)은 500제곱미터 이상으로 할 것 나. 관광객에게 민속과 가무를 감상하게 할 수 있도록 특수조명장치 및 배경을 설치한 50제곱미터 이상의 무대가 있을 것 다. 영업장 내부의 노랫소리 등이 외부에 들리지 아니하도록 할 것

외국인전용 유흥음식점업	가. 홀면적(무대면적을 포함한다)은 100제곱미터 이상으로 할 것 나. 홀에는 노래와 춤 공연을 할 수 있도록 20제곱미터 이상의 무대를 설치하고, 특수조명 시설을 갖출 것 다. 영업장 내부의 노랫소리 등이 외부에 들리지 아니하도록 할 것 라. 외국인을 대상으로 영업할 것
관광식당업	가. 인적요건 1) 한국 전통음식을 제공하는 경우에는 「국가기술자격법」에 따른 해당 조리사 자격증 소지자를 둘 것 2) 특정 외국의 전문음식을 제공하는 경우에는 다음의 요건 중 1개 이상의 요건을 갖춘 자를 둘 것 가) 해당 외국에서 전문조리사 자격을 취득한 자 나) 「국가기술자격법」에 따른 해당 조리사 자격증 소지자로서 해당 분야에서의 조리경력이 2년 이상인 자 다) 해당 외국에서 6개월 이상의 조리교육을 이수한 자 나. 최소 한 개 이상의 외국어로 음식의 이름과 관련 정보가 병기된 메뉴판을 갖추고 있을 것 다. 출입구가 각각 구분된 남·녀 화장실을 갖출 것
관광순환버스업	안내방송 등 외국어 안내서비스가 가능한 체제를 갖출 것
관광사진업	사진촬영기술이 풍부한 자 및 외국어 안내서비스가 가능한 체제를 갖출 것
여객자동차 터미널업	인근 관광지역 등의 안내서 등을 비치하고, 인근 관광자원 및 명소 등을 소개하는 관광안내판을 설치할 것
관광펜션업	가. 자연 및 주변환경과 조화를 이루는 4층 이하의 건축물일 것 나. 객실이 30실 이하일 것 다. 취사 및 숙박에 필요한 설비를 갖출 것 라. 바비큐장, 캠프파이어장 등 주인의 환대가 가능한 1 종류 이상의 이용시설을 갖추고 있을 것(다만, 관광펜션이 수개의 건물 동으로 이루어진 경우에는 그 시설을 공동으로 설치할 수 있다) 마. 숙박시설 및 이용시설에 대하여 외국어 안내 표기를 할 것
관광궤도업	가. 자연 또는 주변 경관을 관람할 수 있도록 개방되어 있거나 밖이 보이는 창을 가진 구조일 것 나. 안내방송 등 외국어 안내서비스가 가능한 체제를 갖출 것
관광면세업	가. 외국어 안내 서비스가 가능한 체제를 갖출 것 나. 한 개 이상의 외국어로 상품명 및 가격 등 관련 정보가 명시된 전체 또는 개별 안내판을 갖출 것 다. 주변 교통의 원활한 소통에 지장을 초래하지 않을 것

관광지원서비스업	가. 다음의 어느 하나에 해당 할 것 1) 해당 사업의 평균매출액 중 관광객 또는 관광사업자와의 거래로 인한 매출액의 비율이 100분의 50 이상일 것 2) 법 제52조에 따라 관광지 또는 관광단지로 지정된 지역에서 사업장을 운영할 것 3) 법 제48조의10제1항에 따라 한국관광 품질인증을 받았을 것 4) 중앙행정기관의 장 또는 지방자치단체의 장이 공모 등의 방법을 통해 우수 관광사업으로 선정한 사업일 것 나. 시설 등을 이용하는 관광객의 안전을 확보할 것

관광 편의시설업의 신고서류

- 관광편의시설업 지정신청서
- 신청인(법인의 경우에는 대표자 및 임원)
  ① 내국인 : 성명 및 주민등록번호를 기재한 서류
  ② 외국인 : 다음 중 해당하는 서류
    가. 해당 국가의 정부나 그 밖의 권한 있는 기관이 발행한 서류 또는 공증인이 공증한 신청인의 진술서로서 「재외공관 공증법」에 따라 해당 국가에 주재하는 대한민국공관의 영사관이 확인한 서류
    나. 「외국공문서에 대한 인증의 요구를 폐지하는 협약」을 체결한 국가의 경우에는 해당 국가의 정부나 그 밖의 권한 있는 기관이 발행한 서류 또는 공증인이 공증한 신청인의 진술서로서 해당 국가의 아포스티유(Apostille) 확인서 발급 권한이 있는 기관이 그 확인서를 발급한 서류
- 업종별 면허증 · 허가증 · 특허장 · 지정증 · 인가증 · 등록증 · 신고증명서 사본(다른 법령에 따라 면허 · 허가 · 특허 · 지정 · 인가를 받거나 등록 · 신고를 해야 하는 사업만 해당)
- 시설의 배치도 또는 사진 및 평면도
- 다음 어느 하나에 해당하는 서류
  가. 평균매출액(「중소기업기본법 시행령」 제7조에 따른 방법으로 산출한 것을 말한다. 이하 같다) 검토의견서(공인회계사, 세무사 또는 「경영지도사 및 기술지도사에 관한 법률」에 따른 경영지도사가 작성한 것으로 한정)
  나. 사업장이 법 제52조에 따라 관광지 또는 관광단지로 지정된 지역에 소재하고 있음을 증명하는 서류
  다. 법 제48조의10제1항에 따라 한국관광 품질인증을 받았음을 증명하는 서류
  라. 중앙행정기관의 장 또는 지방자치단체의 장이 공모 등의 방법을 통해 우수 관광사업으로 선정한 사업임을 증명하는 서류

■ 관광진흥법 시행규칙 [별지 제21호서식] <개정 2021. 6. 23.>

관광 편의시설업 [ ] 지정 신청서 / [ ] 지정사항 변경 신청서

※[ ]에는 √ 표시를 하며, 색상이 어두운 란은 신청인이 적지 않습니다.

(앞쪽)

접수번호	접수일	발급일	처리기간 14일
신청인	성 명(대표자)		생년월일(외국인등록번호)
	주 소		전화번호
상호(명칭)			
업종			
영업소 소재지			
자본금			
영업개시 예정 연월일			
사업자등록번호			
변경사항	변 경 전		변 경 후

「관광진흥법」 제6조 및 같은 법 시행규칙 제14조에 따라 관광 편의시설업의 [ ]지정, [ ]지정사항 변경을 신청합니다.

년 월 일

신청인 성명 (서명 또는 인)

특별자치시장
특별자치도지사
시장 · 군수 · 구청장
지역별 관광협회장
귀하

제출서류	뒤쪽 참조	수수료 20,000원

처 리 절 차

신청서 작성	→	접 수	→	심 의	→	지 정 (지정변경)	→	지정증 발급
신청인		처 리 기 관 (특별자치시 · 특별자치도 · 시 · 도, 시 · 군 · 구 또는 시 · 도별 관광협회)		처 리 기 관 (특별자치시 · 특별자치도 · 시 · 도, 시 · 군 · 구 또는 시 · 도별 관광협회)		처 리 기 관 (특별자치시 · 특별자치도 · 시 · 도, 시 · 군 · 구 또는 시 · 도별 관광협회)		

210㎜ × 297㎜[백상지 80g/㎡(재활용품)]

[별지 제22호서식] 〈개정 2019. 4. 25.〉

제 호	No.
관광 편의시설업 지정증	**TOURISM SERVICE FACILITIES BUSINESS CERTIFICATE OF REGISTRATION**
상호(명칭)	COMPANY:
성명(법인인 경우에는 그 대표자 성명)	REPRESENTATIVE:
주 소	ADDRESS:
업 종	TYPE OF BUSINESS:
「관광진흥법」 제6조에 따라 위와 같이 지정합니다.	This is to certify that the above company is registered as a tourist service facility in accordance with Article 6 of the Tourism Promotion Law.
년 월 일	Date
	Signature
특별자치시장 (인) **특별자치도지사** (인) **시장 · 군수 · 구청장** (인) **지역별 관광협회장** (인)	Governor of (province name) Mayor of (city · county · district name) President of Tourism Association

210mm×297mm[보존용지(1종) 120g/㎡]

3. 관광환경 분석

사회적 환경

(1) 문화향유 인식의 변화 여가활동 요구 증대

■문화 · 여가의 활동이 보편화되어 삶의 일부로 정착되었고 일과 노동의 중심 사회에서 "일과 삶의 균형" 즉 WLB(Work Life Balance)을 중시하는 사회적 분위기가 조성되었다.

■국민여가활동조사('16)에 따르면 휴가를 사용한 사람은 2016년 기준 64.2%로 2014년보다 1.9% 증가하였고 평균 휴가 일수는 5~9일(33.7%) 것으로 나타났다.
통계청의 사회조사 보고서('15)에서는 '앞으로 가장 하고 싶은 여가활동'으로 관광활동이 1위(38.3%)를 차지하여 관광산업에 대한 잠재성이 높은 것으로 나타나고 있다.

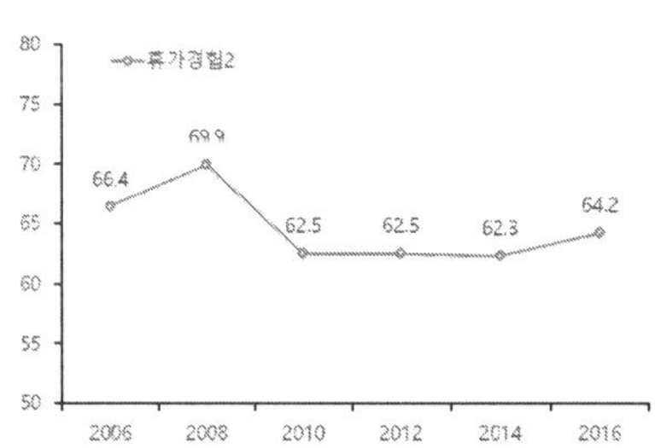

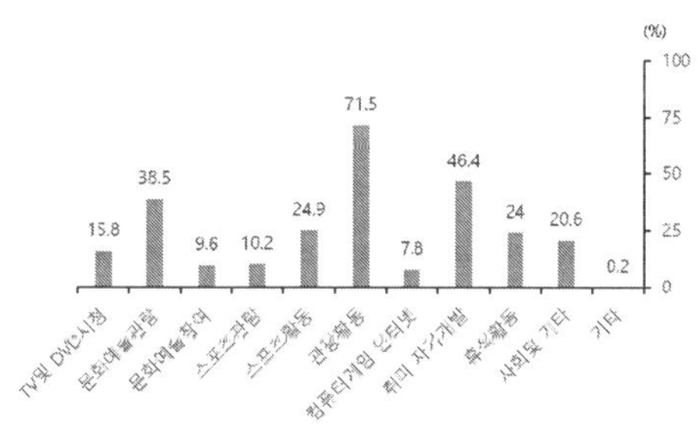

자료 : 문화체육관광부(2016). 국민여가활동조사

(2) 출산율 감소와 고령화로 인한 경제인구 감소

■저출산에 관한 문제는 21세기 한국 사회상황에 있어 가장 큰 문제로 대두되고 있다. 낮은 인구 비율의 증가와 65세 이상의 고령 인구의 증가로 인해 총인구는 점차 줄어가고 있다. 인구성장률 또한 2010~2015년 기준 0.5%로 세계 평균의 절반 이하 수준으로 나타나며, 국내 총인구 또한 2035년을 기점으로 인구절벽시대로 돌입될 것으로 전망된다.

■ 인구 감소와 더불어 기초지역 단위의 인구 유출 또한 가속화될 것으로 전망된다. 인구 감소지역은 대부분 수도권을 제외한 지방에서 주로 진행되고 있으며 경기도 및 수도권의 인구 유입을 증가 되고 있다. 국토교통부('16년)의 현황자료에서는 전국 3,488개 읍·면·동 중에서 약 2,300개(65.9%)가 도시쇠퇴화에 진입하였으며 해당 지역의 일부는 도시재생사업이 필요한 것으로 나타났다.

5개년 행정구역별 순 이동자 수

(단위 : 명)

구분	2018	2017	2016	2015	2014
서울특별시	−110,230	−98,486	−140,257	−137,256	−87,831
부산광역시	−26,759	−28,398	−21,392	−13,560	−15,092
대구광역시	−14,242	−11,936	−9,260	−12,940	−15,526
인천광역시	−67	−1,670	5,777	9,538	9,324
광주광역시	−6,216	−8,118	−7,898	−9,272	−2,977
대전광역시	−14,753	−16,175	−10,631	−20,616	−8,838
울산광역시	−12,654	−11,917	−7,622	−80	2,786
세종특별자치시	31,433	34,690	29,816	53,044	33,456
경기도	170,094	116,162	133,617	94,768	57,396
강원도	−3,854	2,035	1,892	4,773	2,085
충청북도	5,149	2,262	5,011	1,438	2,367
충청남도	10,084	19,401	15,318	10,272	9,810
전라북도	−13,773	−7,206	−4,419	−2,830	−2,563
전라남도	−8,030	−3,047	−3,205	3,936	−596
경상북도	−9,225	−5,581	−3,151	−577	−988
경상남도	−5,810	3,979	1,772	5,105	6,075
제주특별자치도	8,853	14,005	14,632	14,257	11

자료 : KOSIS(2019). 국내인구 통계

저출산 · 고령화로 강원도 내 13개 시 · 군 사라질 위기

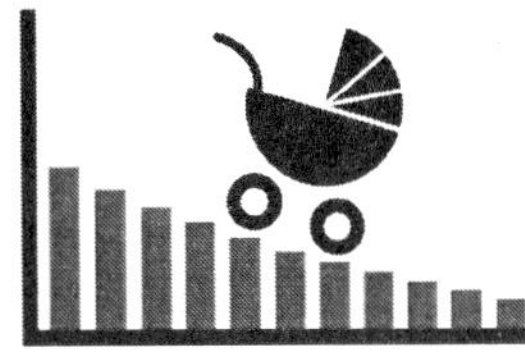

강원도 내 자치단체 중 13개 시 · 군이 사실상 소멸위험 진입 단계에 돌입한 것으로 나타났다.

한국고용정보원 이상호 연구위원이 14일 서울 용산 동자 아트홀에서 열린 제20차 저출산 고령화 포럼에서 발표한 '한국의 지방소멸위험지수 2019'에 따르면 올 10월 주민등록인구통계 기준으로 전국 228개 시 · 군 · 구 중 97개 지역이 소멸 위험 지역으로 분류됐다.

지수별로 1.5 이상이면 소멸위험 매우 낮음, 1.0~1.5 미만은 소멸위험 보통, 0.5~1.0 미만은 주의단계, 0.2~0.5 미만은 소멸위험 진입 단계, 0.2 미만은 소멸 고위험지역으로 분류된다. 도내에서는 춘천, 원주, 강릉, 양구, 인제 등 5개 시 · 군만이 0.5~1.0 미만의 주의단계이고 나머지 시 · 군들은 0.2~0.5 미만의 소멸위험 진입 단계로 분류됐다. 이 중 인제는 0.507로 소멸위험 진입 단계 직전에서 지수가 멈췄다.

지방소멸위험지수는 해당 지역의 20~39세 여성 인구수를 65세 이상 인구수로 나눈 수치다. 인구 재생산 주기를 고려할 때 여성 인구가 부족할 경우 공동체 인구 기반이 붕괴하고 사회경제적 기능을 상실한다고 본 것이다.

전국적으로 소멸위험 단계 자치단체는 2013년 75개에서 지난해 89개로 5년간 연평균 2.8개씩 늘었지만 올해 들어 1년 만에 8개로 급증했다.

광역시 · 도별로는 강원도는 소멸위험지수가 0.54로 주의단계에 해당한다. 특히 전남 0.44, 경북 0.50, 전북 0.53에 이어 4번째로 위험지수가 낮았다. 이 연구위원은 "의료, 복지, 교육, 일자리, 문화 등의 접근성을 높여 아동과 청년, 여성 친화적인 공동체가 조성될 수 있도록 중앙정부는 가능한 정책 사업을 지원해야 한다"고 했다

제주 신보, 2019. 11. 15

▰ 기술적 환경

(1) 4차 산업 혁명의 도래로 인한 노동 사회 구조 변화

■ 4차 산업 혁명은 현재 현실화되는 인공지능과 IOT(사물인터넷), 빅데이터 등이 일상과 경제 전반적으로 혁신적인 변화를 가져왔으며 특히 글로벌 저성장인 경제 속에서 정보통신기술을 융합한 새로운 성장 동력이 생겨나 상업화가 가속화되고 있다.

■ 우리나라는 4차 산업 기술군에 개발과 상용화를 위해 R&D사업을 지원하고 있으며 문체부와 중소기업청을 비롯하여 R&D사업 공모를 내세워 경제적 지원을 하고 있다.

(2) 인공지능과 사물인터넷을 통한 산업구조의 발전

■ 전반적으로 산업 분야에서는 인공지능(AI)과 사물인터넷기술을 적용한 기술을 바탕으로 새로운 산업시장을 구성하고 있으며, 이를 바탕으로 고부가가치의 산업 시장형태가 확대되고 있다.

■ 향후 성장 가능성이 큰 고부가가치 산업의 투자로 인해 일자리 창출 효과가 기대되며 문재인 정부는 지능화 인프라 · 스마트이동체 · 융합서비스 · 산업기반의 분야와 더불어 가상증강현실(AR), 지능형로봇, 신재생에너지를 혁신 성장의 동력으로 선정하였다.

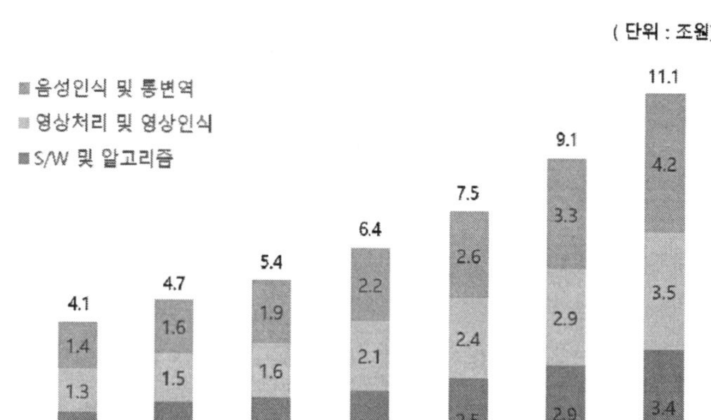

자료 : 과학기술정보통신부(2016), 국내 인공지능 시장 규모 전망

경제적 환경

(1) 저성장 경제 지속에 따른 국민 경제활동의 축소

■ 출산율 감소와 경제활동인구의 감소로 인해 국내 경제성장률 또한 저성장에 머무르고 있다. 더불어 2008년 리만브라더스가 파산하며 발생한 서프라임 모기지 사태이후 세계경장률 또한 저조하며, 2008년 이후 각 나라는 브렉시트, 트럼프 노믹스, 아베노믹스 등으로 경제 반등을 모색하고 있다.

■ 우리나라는 이전 경제성장의 동력으로 잡았던. 제조업·철강·조선·자동차산업 등의 성장률이 한계에 봉착하면서[1] 한계기업이 발생하였고 기업 별로 구조조정을 감행하는 방식으로 실직자 등이 발생하면서 가계부채증가와 더불어 경제활동 또한 축소한 것으로 파악된다.

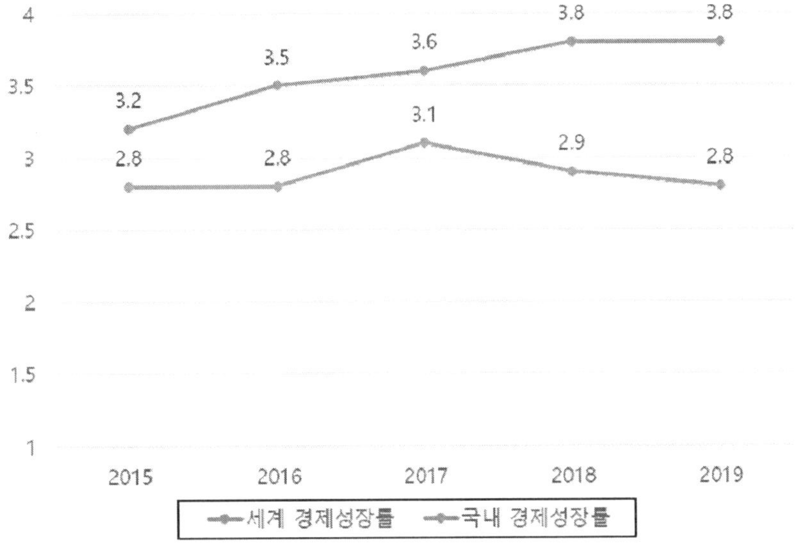

자료 : IMF(2018). 세계 경제 전망(World Economic Outlook), 한국은행(2018). 경제성장률
* 세계 경제성장률과 국내 경제성장률 中 2019년은 추정치

(2) 소득양극화로 인한 고용없는 성장시대 돌입

■ 세계적으로 낮은 경제성장률이 지속되면서 고용사정의 악화는 사회문제

---

1) 재무구조가 부실해 영업 활동을 통해 벌어들인 이익으로 이자(금융비용)도 감당하지 못하는 등 상대적 경쟁력을 상실함으로써 더 이상의 성장에 어려움을 겪는 기업

로 대두되고 있다. 자본의 경쟁력이 우세한 산업구조에서 노동임금의 증가와 부동산비용의 증가로 인해 기업들은 임금이 싼 해외에서 생산공정을 가동하며 노동력을 충당하기 때문에 국내기업의 고용창출은 줄어들고 있는 실정이다.

■ 고용없는 성장은 청년층에서 핵심문제로 제시된다. 국내 실업율('18)조사에 따르면 경제 활동인구 중 실업자는 94만 4천 명으로 전년대비 30만 명 증가하였으며, 특히 소득 분배비율에 따라 상대적 빈곤율 또한 일제히 악화 되어 소득의 양극화 또한 심화 되고 있다.

◘ 실직자 및 실업률

(단위 : 만 명)

구분	2015	2016	2017	2018	2019.10
실업자(만 명)	97.6	101.2	91.3	94.4	86.4
전년대비증감	(4.0)	(3.6)	(-9.9)	(3.4)	(-8)
실업율	3.6	3.7	3.3	3.4	3.0
15~29세	(9.2)	(9.8)	(9.2)	(8.6)	(7.2)
25~29세	(8.1)	(9.2)	(8.9)	(7.9)	(6.7)

자료 : 통계청(2018), 고용동향
* 실업률中 2019년 자료는 2019.10월 고용동향기준으로 파악

생태적 환경

(1) 지구온난화, 대기오염 악화

■ 관광에 있어 환경의 변화는 관광객들에게 큰 변수가 되는 항목 중의 하나이다. 최근 지구온난화로 인한 기후변화는 경제적 · 사회적 손실을 주고 있다. 우리나라는 기후변화와 관련한 지속 가능한 개발전략을 연구하여 온실가스 감축을 위한 규제와 인센티브 정책을 시행하고 있다.

■ 최근에는 중국으로부터의 스모그, 초미세먼지 등의 대기오염 문제 또한 대두되고 있다. OECD('17)가 발표한 더 나는 삶의 지수(Better Life Index · BLI) 중 환경부문을 살펴보면 한국의 평균 초 미세먼지(PM2.5)의 농도는 27.9㎍/㎥로 OECD 중 최하위를 기록하며 39위인 폴란드와도 5.0㎍/㎥ 차이가 나는 것으로 나타난다.

■ 대기오염 농도(PM 2.5)

(단위 : microgame)

순위	나라	오염농도(PM 2.5)	순위	나라	오염농도(PM 2.5)
1	아이슬란드	3	21	일본	13.8
2	노르웨이	4.6	22	독일	14
3	뉴질랜드	4.9	23	네덜란드	14
4	호주	5.2	24	스위스	14.5
5	스웨덴	6.2	25	벨기에	14.7
6	핀란드	6.2	26	러시아	15.5
7	아일랜드	7.1	27	멕시코	15.6
8	캐나다	7.3	28	칠레	16
9	에스토니아	7.9	29	슬로베니아	16
10	덴마크	9.3	30	오스트리아	16.3
11	콜롬비아	9.6	31	그리스	17.5
12	미국	10.1	32	이탈리아	18.3
13	포르투갈	10.1	33	헝가리	16.3
14	브라질	10.3	34	체코	19.5
15	라트비아	10.6	35	터키	20
16	영국	11.3	36	슬로바키아	20.6
17	스페인	11.5	37	이스라엘	21.1
18	룩셈부르크	122	38	남아프리카 공화국	21.6
19	프랑스	13.4	39	폴란드	22.1
20	라트비아	13.6	40	한국	27.9

자료 : OECD(2018), Better Life Index · BLI

(2) 한국의 미세먼지 종합 대책

■ 정부는 미세먼지의 심각성을 인지하고 이후 미세먼지 종합 대책('17.09)을 발표하여 2022년까지 미세먼지 배출량의 30% 감소를 목표로 하는 정책안을 계획하였다. 해당 계획은 총 7.2조를 투입, 단기(~'18년 상반기), 중장기('18년 하반기~'22년)로 나누어 진행하는 중이다.

미세먼지 관리 종합대책

분류	주요 대책
단기 대책 (~'18년 상반기)	• 어린이 마스크 지원('17~) • 다량배출 사업장(철강, 석유 등)기준 강화('18 上) • 수도권 外 총량제 시행 • 미세먼지 환경기준 강화('18) • 미세먼지의 저감 및 관리 특별법 등 법령 제정 추진('18) • 실내 체육시설 설치(~'19)
중장기 대책 ('18년 하반기 ~'22년)	• 친환경차 협력금제 시행방안 확정('19) • 비상저감조치 수도권 外 확대('19) • 수도권 대기관리 권역전역 노후경유차 운행제한('20. 下) • 인공지능(AI)기반 미세먼지 예보시스템 구축('21) • 노후 석탄발전소 7기 폐지(~'22) • 어린이 통학차량 친환경차(LPG차 등)전환(~'22)

자료 : 환경부(2017), 미세먼지 관리 종합 대책

■ 관광산업과 관련하여 각 지자체 또한 미세먼지 대응 대책을 마련하여 각 지방 민간산업과의 교류, 자연기반 관광지를 만들어 야외활동을 장려하였다. 예를 들어 충청북도 단양군의 경우 미세먼지 저감과 더불어 관광객 유치를 위해 115ha에 달하는 조림사업을 시행하여 이후 체류형 관광시설을 개발, 풍부한 자원을 활용하여 힐링, 레저 체험을 극대화하였다.

■ 울산광역시도 공업 도시로 보이는 획일화된 자원을 다각도로 분석하여 도시 공간마케팅 정책을 마련하기 위해 자발적 협약식을 개최하고 민간기업과의 협약을 통해 성과별 지원을 진행함과 동시에 관광자원에 있어 청정도시, 친환경 관광을 앞세워 관광객을 유도하도록 공간 구조 구축을 진행하고 있다.

(3) 세계의 미세먼지 종합 대책

■ 한국뿐 아니라 세계적으로도 미세먼지와 관련하여 관광산업에 대한 타격 최소화하기 위한 대책을 마련하고 있다. 태국의 경우 시내 중심가에 공기 정화탑을 설치하거나, 살수차와 비행기를 이용하여 인공강우를 뿌려 공기질을 정화하는 한편, 정책 사항으로도 방화에 있어 벌금을 책정하는 등의 정책을 시행한다.

자료 : 매일신문

■ 중국은 미세먼지를 포함한 관광 인프라를 녹색발전이라는 관광계획을 유치하여 공급 측면에서는 에너지 절약 정책을 시행함과 동시에 소비자 측면에서 녹색 관광의 소비를 권장한다. 또한, 공유를 통해 전반적인 사업에서 파급효과를 증진하고 있다.

■ 환경문제와 생태관광에 있어 국가 간 협력 또한 진행 중이다. 동남아시아국가연합(아세안)은 협력사업을 진행해 아세안이 필요한 환경문제(미세먼지), 생태관광을 발전시키고 있다. 주 장소로는 국경 접경지역의 숲과 더불어 사막화 지역, 도심지역으로 기존의 에너지 수급방안을 변경하여 탄소 배출량을 줄여 장기적으로 환경개선을 모색하고 있다.

"한-아세안, 미세먼지 · 생태관광 등 새 협력사업 추진한다"

한국과 동남아시아국가연합(아세안)이 산촌 등 지역주민 소득, 일자리, 환경문제(미세먼지), 생태관광 등에서 새로운 협력사업을 발굴하기로 했다.

산림청은 31일 서울 소공동 롯데호텔에서 한국과 아세안 10개국의 산림 분야 협력 강화와 성과 공유를 위한 '2019 한-아세안 산림최고위급 회의'를 개최했다. 이번 회의에는 '번영과 평화를 위한 모두의 숲'(Our Forest for Prosperity and Peace)을 주제로 라오스, 말레이시아, 미얀마, 베트남, 브루나이, 싱가폴, 인도네시아, 캄보디아, 태국, 필리핀 등 아세안 10개국 산림 장 · 차관이 참석한 가운데 미래 산림 비전에 대해 논의했다.

11월 25~26일 부산에서 열리는 '한·아세안 특별정상회의'에 앞서 산림 분야 협력을 강화하기 위한 사전 대화의 장으로 마련됐다. 아세안은 인구 6억5천만명에 산림면적이 210만㎢에 달하며, 아시아 산림면적의 40%를 보유해 기후변화 대응과 생물 다양성 보전에 중요한 국가들이다.

각국 장·차관들은 아세안이 필요로 하는 지역주민(산촌 포함) 소득, 일자리, 환경문제(미세먼지), 생태관광 등 새로운 협력사업을 발굴하기로 했다. 국경을 맞댄 접경지역, 갈등 요인이 있는 지역에서 함께 숲을 가꾸면 산림이 소중한 신뢰의 기반이자 평화의 자산이 된다는 점을 강조하며, 지난 9월 우리 산림청이 사막화방지협약 당사국총회에서 제안한 '평화산림 이니셔티브'(PFI)에 대한 지지와 참여 의사를 밝혔다.

이번 회의 의제와 선언문은 신남방정책의 핵심요소인 사람, 번영, 평화를 포함하고 있으며, 이 세 요소를 중심으로 향후 아세안과의 협력 수준을 미·중·일·러 수준으로 높일 수 있을 것으로 기대된다.

연합뉴스, 2019. 10. 31

"대기오염으로 태국 관광 산업 직격탄…총리 "일주일 내 해결하라"

태국 북부지역의 심각한 대기오염이 계속되면서 최대축제 기간 호텔예약률이 급감하는 등 관광 산업도 직격탄을 맞자 국왕과 총리까지 나서 문제 해결을 독려하였다.

현지시각으로 오늘(3일) 방콕포스트에 따르면 북부 치앙마이·치앙라이·매홍손 주에서는 태국의 설인 송끄란 연휴 기간인 11~15일 호텔예약률 또한 타격을 입은 것으로 나타난다.

태국 호텔협회 북부지부 라-이앗 붕스리통 회장은 성수기 기간 예약률 또한 평균 85%였으나 60%정도로 감소하였다고 말했다.

관광업계의 우려를 반영하듯 북부 일부 주(州)에서는 대기오염 대책 마련에 실패한 주지사를 해임하고, 중앙정부가 관행적으로 임명해 온 주지사를 주민 손으로 직접 뽑아야 한다는 목소리도 나오는 등 민심이 끓고 있습니다.

상황이 나빠지자 마하 와찌랄롱꼰 국왕은 금주 초 천연자원환경부를 통해 북부 대기오염 사태에 대한 우려를 표명했습니다.

천연자원환경부 대변인에 따르면 국왕은 "문제가 악화하면서 지자체 힘만으로는 다룰 수 없게 됐다"라면서 "정부가 즉각 조치하면, 왕실 자원봉사자들도 협력할 수 있을 것"이라고 말한 것으로 알려졌습니다.

태국 북부에서는 농민과 화전민들이 농사철을 앞두고 농경지와 산지를 불태우는 관행 때문에 산불이 대거 발생하면서 이 시기 대기오염이 급증합니다.

MBN, 2019. 04. 10

▰ 정치적 환경

(1) 한일 무역분쟁

■ 일본과의 외교적 마찰로 인해 한일 무역분쟁이 일어났으며, 이로 인한 경제적 긴장 상황이 고조되고 있다. 이는 일본이 화이트국 배제('16. 7)로 인하여 한국이 기존 화이트국에서 非화이트국 중 B그룹으로 강등되었고 이에 따라 국민들은 일본 제품 불매, 일본여행 자제를 하면서 양국 간 경제 보복도 이뤄지고 있는 중이다.

기존 화이트국	기존 非화이트국		
A그룹	**B그룹**	**C그룹**	**D그룹**
미국·영국·프랑스·독일 등 26개국 한국은 B그룹 강등	한국·터키등 국제수출 통제 체제에 가입하고 일정요건 충족한 국가	대만·싱가포르 등 A·B·D그룹에 해당하지 않는 국가	아프카니스탄 등 UN 무기 금수국과 이란·이라크 북한 등
비민감 품목 일반 포괄허가	**개별 허가·특별 일반포괄 허가**	**개별 허가**	**개별 허가**

화이트국 배제로 변경된 내용

전략 물자 1120개 중 민감 품목 263개 제외한 비민감 품목 857개 수출 규제 강화

	규제 전	규제 후
허가 종류	일반 포괄 수출 허가	**개별허가 특별 일반포괄 허가**
유효기간	통상 3년	**통상 6개월**
처리 기간	1주일이내	**90일 이내**
허가 신청 서류	허가 신청서 등 2종	**품목별 최대 9종**

자료 = 전략물자관리원

한일 무역분쟁 이후 일본 여행객 알아보기

※ 본 자료는 "한국문화관광연구원 보도자료(2019.09.10) 일본여행을 취소한 국민의 43.8%가 국내여행으로 전환"을 바탕으로 작성함

2019년 12월 방일 한국인 관광객 전년동기 대비 63%감소

7월 일본의 수출규제 이후 일본여행객이 축소되어 전년동기대비 최대 65.5% 까지 감소한 것으로 나타남

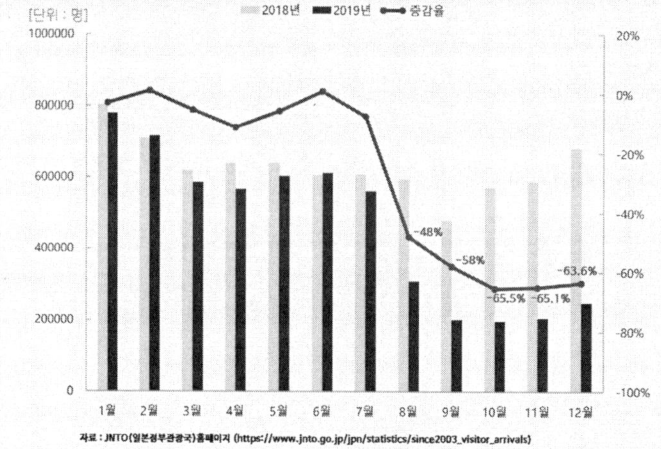

자료 : JNTO(일본정부관광국)홈페이지 (https://www.jnto.go.jp/jpn/statistics/since2003_visitor_arrivals)

일본 대체 여행 목적지?

일본 대체 국내여행 목적지

BASE:[일본여행 취소 후 국내여행 전환 응답자 162명]

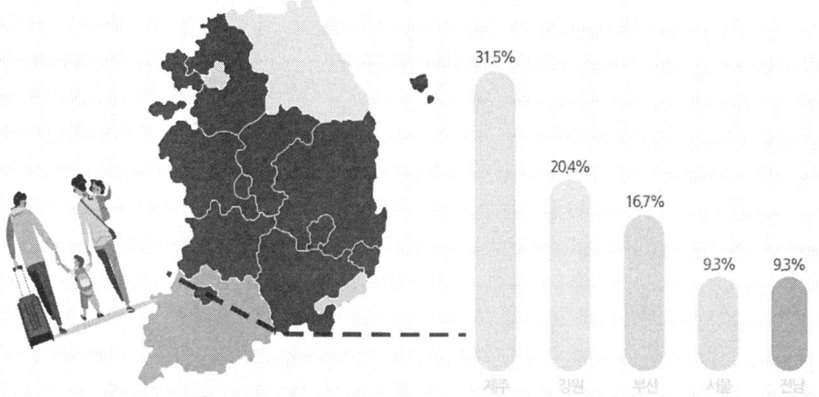

일본 대체 해외여행 목적지

BASE:[일본여행 취소 후 해외여행 전환 응답자 145명]

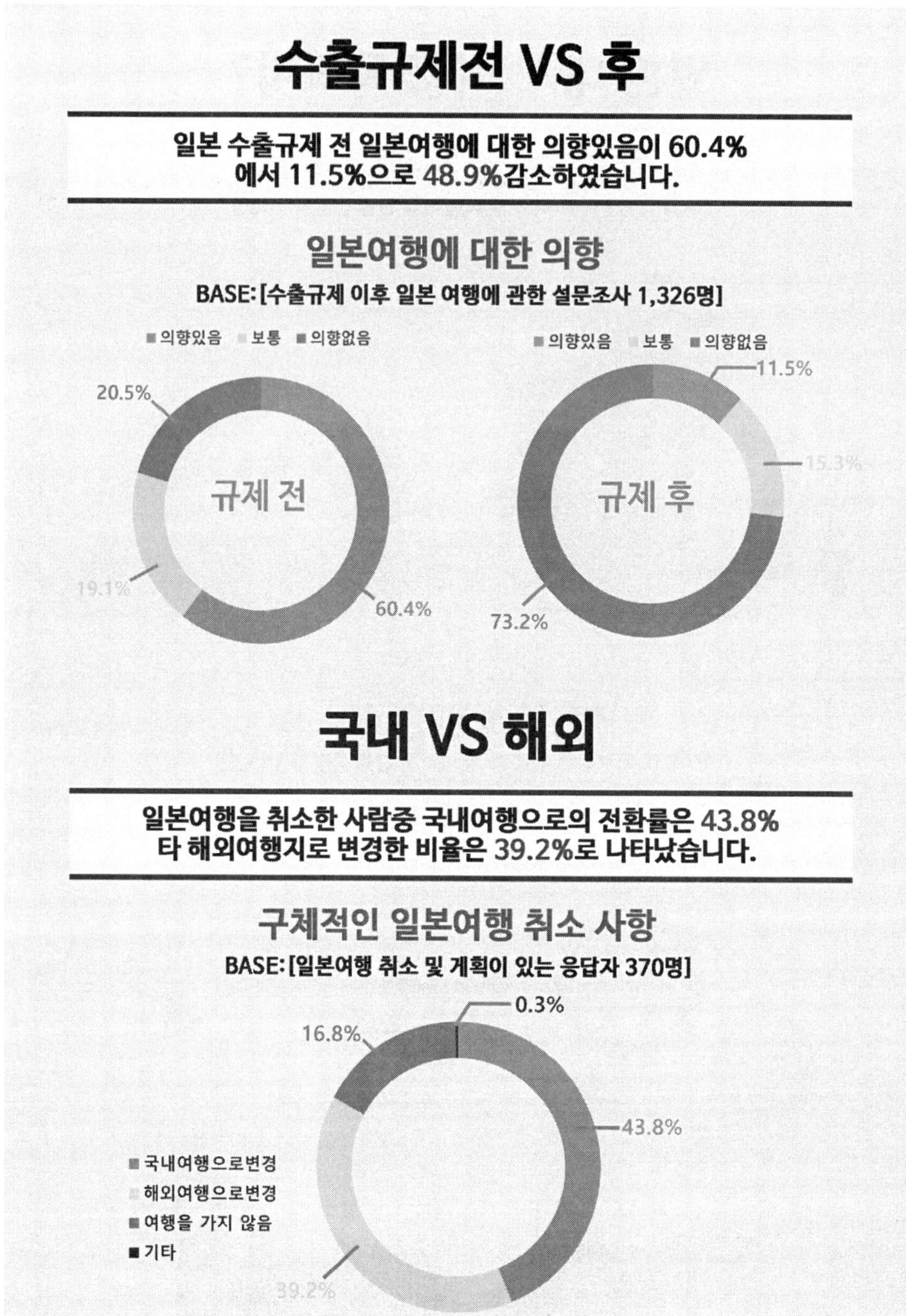
수출규제전 VS 후
일본 수출규제 전 일본여행에 대한 의향있음이 60.4%
에서 11.5%으로 48.9%감소하였습니다.
일본여행에 대한 의향
BASE: [수출규제 이후 일본 여행에 관한 설문조사 1,326명]
의향있음 보통 의향없음
규제 전
20.5%
19.1%
60.4%
의향있음 보통 의향없음
규제 후
11.5%
15.3%
73.2%
국내 VS 해외
일본여행을 취소한 사람중 국내여행으로의 전환률은 43.8%
타 해외여행지로 변경한 비율은 39.2%로 나타났습니다.
구체적인 일본여행 취소 사항
BASE: [일본여행 취소 및 계획이 있는 응답자 370명]
0.3%
16.8%
43.8%
39.2%
국내여행으로변경
해외여행으로변경
여행을 가지 않음
기타

(2) 한중 사드갈등 확대

■ 북한의 지속적인 도발과 핵 실험 등 한반도 내 뿐만 아니라 국제적인 군사적 긴장이 고조되고 있다. 김정은 정권 출범 이후 핵심험과 중·단거리의 탄도미사일 발사를 통해 정부는 방어수단의 필요성을 인식하여 2016년 사드배치를 결정하였다.

■ 남북한 주요 성명·선언문 요약

일시	사건	UN 결의안	주요내용
1993.03	핵확산금지조약 탈퇴선언	825호	북한의 NPT 탈퇴선언 제고 촉구
2006.07	ICBM(대포동2호) 발사	1695호	미사일 관련 물자·상품·기술·재원의 북한 이전 금지
2006.10	제1차 핵실험	1718호	북한 핵, 대량살상 무기, 미사일 개발 금지, 북한 지원자금 금융, 경제적 지원 동결
2009.05	제2차 핵실험	1874호	무기금수 및 수출 통제, 화물검색, 금융 및 경제제재
2012.12	ICBM(은하3호) 발사	2087호	제재 대상의 확대, 금융기관 감시, 공해상 의심선박 검색강화, 대량현금 이용수법 환기, 대북수출 통제 강화
2013.02	제3차 핵실험	2094호	북한의 탄도미사일 등 대량파괴 무기 개발, 수출에 관여하는 기관 추가, 항공기 운항 및 금융제재 강화
2016.01	제4치 핵실험	2270호	달러화, 물품유입 등 차단, 무기거래, 항공 해상운송제한, 내량실싱무기 수출통제, 금융거래 제한
2016.09	제5차 핵실험	2321호	석탁 수출액이나 규모에 상한선 등 수출 규제
2017.05	ICBM급 발사	2356호	거래제한 블랙리스트 추가(기관4, 개인14)
	계속된 ICBM급 발사 대응	2371호	BM강력규탄/중단, 핵포기, 수출전면금지, 수산물 수출금지, 노동자 송출동결, IC블랙리스트 추가, 회원국항구입항금지, 신규합작투자금지

자료 : 문화체육관광부(2018), 제5차 관광진흥 5개년 계획 수립 연구

■ 한반도 내 사드배치 결정 후 중국은 방한금지 조치를 실행하였고 이후 한중관계악화로 인해 국가적 제재와 갈등이 지속되고 있는 중이다. 2016년 8월 한한령을 시행하여 드라마 방영, 연예인 출연 금지의 조치를 시행하였으며 2017년에는 중국인 '한국 단체관광'을 전면금지하였다.

〈사드 갈등으로 인한
중국인 관광객 감소 규모(추정)〉

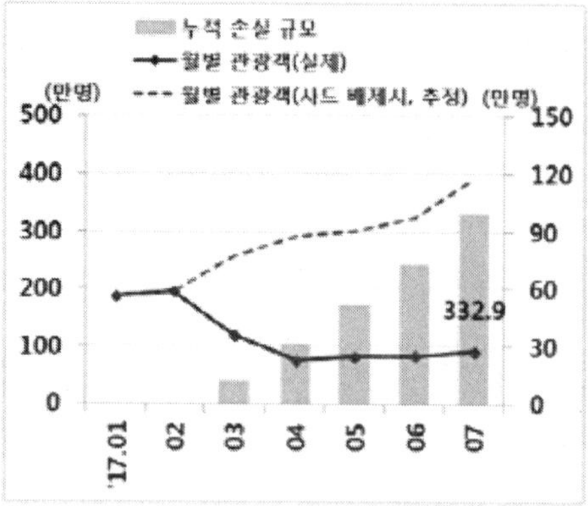

〈사드 갈등으로 인한
월별 관광 손실액 규모(추정)〉

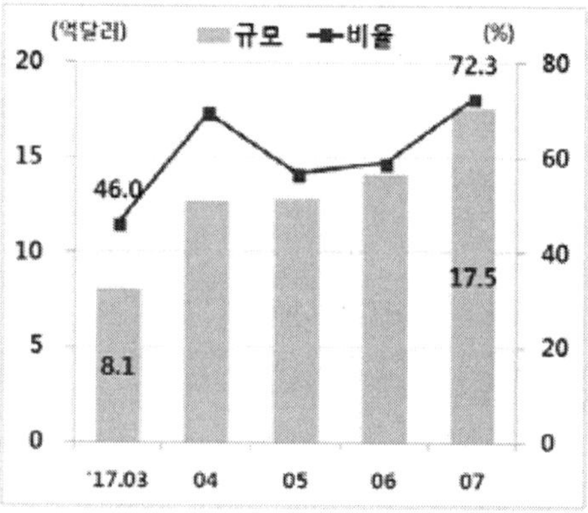

주 : 비율은 전년 동월 관광수입 대비

자료 : 전해영, 현대경제연구원, 사드 갈등 장기화에 따른 국내 관광산업 손실규모 추정, 2017, Photograph

- 이에 따라 국가 간의 갈등이 군사적인 긴장을 넘어서 추후 경제적인 영향까지 미치는 상황이 발생하였으며, 중국인관광객 중심이었던 관광시장이 타격을 입는 등, 인바운드 관광시장이 매우 위축되었다. 추후 정부는 외국인 관광시장을 다변화하고, 국내관광을 촉진할 수 있도록 다변화 적인 정책을 시행하였다.

- 2018년 11월 중국이 상품판매에 대한 지역제한을 해제하고 지난 1월 5,000명의 중국인 단체관광객이 들어오는 등 사실상 경제보복이 종료된 것으로 보이나 중국 상하이 등, 일부지역은 여전히 금지령이 시행되고 있기 때문에 장기적 전망이 필요한 시점이다.

(3) 비자 면제에 따른 관광인구 증가

- 우리나라는 [2]사증면제협정에 의거하여, 혹은 일방주의 상호주의에 입각하여 여러 국가에 대해 무비자 입국을 할 수 있으며, 양국 간의 인적교류가 늘어남에 따라 관광객 또한 증가하고 있다.

---

2) 사증 면제 프로그램(査證 免除 –, 영어: Visa Waiver Program, VWP)은 미국의 사증 면제 규정이다. 이 규정에 가입된 국가의 국민은 관광, 친지 방문 및 상업 활동의 목적으로 사증 없이 미국에 입국하여 최장 90일까지 체류할 수 있다. 1986년부터 시행되고 있으며, 미국에 불법 체류할 가능성이 낮은 선진국 국민들에게 미국 방문의 편의를 제공하는 것이 목적이다. (위키백과)

■ 비자면제에 따라 가까운 지역인 일본, 베트남, 태국, 필리핀 등의 관광객은 매년 증가하고 있으며, 사전발급이 필요하며, 환승비자가 가능한 중국의 경우에도 출국자수는 매년 증가하는 추세이다.

대한민국 국민 빈번 출국 상위 10개 국가 지역에 대한 무비자 입국 유무

(단위 : 명)

순위	국가 및 지역	무비자 입국 가능유무	출국자 수(2017)
1	일본	가능(90일간)	7,140,165
2	중국	사전발급필요 (72시간 혹은 144시간 환승비자면제)	4,762,200
3	베트남	가능(15일간)	2,415,145
4	미국	가능(90일간) EATA 사전허가 필요(USD 10)	1,724,622
5	태국	가능(90일간)	1,709,070
6	필리핀	가능(30일간)	1,607,821
7	홍콩	가능(90일간)	1,487,670
8	대만	가능(90일간)	1,054,380
9	마카오	가능(90일간)	874,253
10	싱가포르	가능(90일간)	631,297

자료 : 위키피디아, 대한민국 국민 빈번 출국 상위 10개 국가 및 지역
* 미국은 2011년 3월 이후 이란, 이라크, 수단, 시리아, 리비아, 소말리아, 예멘의 방문기록 시 면제 불가

■ 한국은 전 세계에서 39번째로 많은 110개국 국가에게 상호주의, 국제관례, 국가이익 등을 고려하여 무비자 혜택을 주고 있으며, 제주도의 경우는 30일 무비자의 연장선상으로 72시간 환승관광 무비자 제로를 진행하여 외국인의 관광을 활발하게 유도하고 있다.

■ 일방 · 상호주의에 의해 한국에 무비자입국이 가능한 국가

구분	국가/지역
아주지역(8개)	대만(30일), 말레이시아(90일), 마카오(90일), 브루나이(30일), 싱가포르(90일), 일본(90일), 태국(90일), 홍콩(90일)
미주지역(32개)	가이아나(30일), 과테말라(90일), 그레나다(90일), 니카라과(90일), 도미니카(공, 연)(90일), 멕시코(90일), 미국(90일), 바베이도스(90일), 바하마(90일), 베네수엘라(90일), 브라질(90일), 세인트루시아(90일), 세인트빈센트그레나딘(90일), 세인트키츠네비스(90일), 수리남(90일), 아르헨티나(30일), 아이티(90일), 안티구아바부다(90일), 에콰도르(90일), 엘살바도르(90일), 온두라스(30일), 우루과이(90일), 자메이카(90일), 칠레(90일), 캐나다(6개월), 코스타리카(90일), 콜롬비아(90일), 트리니다드토바고(90일), 파나마(90일), 파라과이(30일), 페루(90일)
유럽지역(43개)	교황청(30일), 그리스(90일), 네덜란드(90일), 노르웨이(180일 중 90일), 덴마크(180일 중 90일), 독일(90일), 라트비아(90일), 러시아(60일, 180일 기간 중 누적 90일), 루마니아(90일), 룩셈부르크(90일), 리투아니아(90일), 리히텐슈타인(90일), 모나코(30일), 몬테네그로(30일), 몰타(90일), 벨기에(90일), 보스니아 · 헤르체고비나(30일), 사이프러스(30일), 산마리노(30일), 세르비아(90일), 불가리아(90일), 스웨덴(180일 중 90일), 스위스(90일), 크로아티아(90일), 스페인(90일), 슬로바키아(90일), 슬로베니아(90일), 아이슬랜드(180일 중 90일), 아일랜드(90일), 안도라(30일), 알바니아(30일), 에스토니아(180일 중 90일), 영국9(90일), 오스트리아(90일), 이탈리아(90일), 체코(90일), 카자흐스탄(30일), 터키(90일), 포르투갈(180일 중 90일), 폴란드(90일), 프랑스(90일), 핀란드(180일 중 90일), 헝가리(90일)
아프리카 · 중동지역(16개)	모로코(90일), 모리셔스(30일), 세이쉘(30일), 사우디아라비아(30일), 아랍에미리트(90일), 보츠와나(90일), 스와질란드(30일), 오만(30일), 카타르(30일), 쿠웨이트(90일), 바레인(30일), 라이베리아(90일), 레소토(60일), 이스라엘(90일), 튀니지(30일), 남아프리카공화국(30일)
대양주(13개)	괌(30일), 마샬군도(30일), 솔로몬군도(30일), 투발루(30일), 호주(90일), 나우루(30일), 마이크로네시아(30일), 키리바시(30일), 팔라우(30일), 뉴질랜드(90일), 사모아(30일), 통가(30일), 피지(30일)

주 : 2020년 02월 20일 현재 기준
자료 : 외교부(2020), 해외안전여행-여권과 비자. http://www.0404.go.kr/consulate/visa.jsp (검색일 : 2020. 02. 20)
*라이베리아는 2019. 07. 18.(목)부터 사증면제협정 일시중지

■ 2020년 'Passport Index'에 따르면 대한민국의 여행자유 점수(Visa Free Score)는 170점으로 덴마크, 네덜란드, 오스트리아, 이탈리아, 포르투갈, 스위스, 일본, 아일랜드, 미국 등 9개 국가와 함께 세계 3위의 여권 영향력을 가지고 있으며, 이는 국가이미지에도 긍정적인 영향을 미치고 있다.

자료 : Passport Index(2020),

4. 관광시장 현황

국내 관광시장 현황

(1) 지속적으로 성장하는 국내관광 시장

■ 국내관광시장은 지속적으로 증가세를 보이고 있으며, 총 비용과 이동총량은 모두 대폭 증가추세가 보이고 있으며 전년대비 성장률 또한 증가추세이다.

- 국내여행 총비용은 43조 1천억 원으로 전년대비 43.1%의 증가추세를 나타내고 있으며 2014년과 비교하였을 때 73.1% 대폭 증가하였다.

- 2018년 국민은 5억 5600만 일 동안 국내여행을 실시하였고 2014년과 비교하였을 때 40% 증가하였다.

■ 국민이 여행을 경험하는 여행 경험률은 2017년 기준으로 둔화 증세를 보이고 있으며 2018년에는 성장률이 -0.9%으로 감소하는 추세이다.

■ 여행 경험률과는 별개로 여행참가횟수는 2018년 기준으로 3억 1,115만 회로서 전년대비 9.1% 증가하였고 이는 1인당 여행횟수가 증가하였다.

◘ 국민 국내여행 총량(2014~2018)

구분		2014	2015	2016	2017	2018
여행 경험률	%	86.4	87.9	89.5	90.1	89.2
	성장률	0.7	1.7	1.8	0.6	-0.9
참가횟수	천 회	227,815	238,300	241,750	284,966	311,153
	성장률	-1.4	4.6	1.4	17.9	9.1
총비용	조 원	24.9	25.3	25.7	29.5	43.1
	성장률	7.3	1.6	1.6	14.4	46.1
이동총량	억 일	3.98	4.06	4.12	4.79	5.56
	성장률	2.3	2.1	1.5	16.3	16.1

자료 : 문화체육관광부 각 연도, 국민여행실태조사

(3) 여행 트렌드의 변화

문화체육관광부와 한국관광공사는 소셜미디어, 이동통신사, 카드사 빅데이터 등과 전문가 심층인터뷰, 여행소비자 설문을 기반으로 매년 여행트렌드를 발표한다. 기술이 발전하고 여행객의 욕구가 변화함에 따라 매년 트렌드는 달라지는데, 특히 4차 산업의 발달로 인해 인기 여행지, 여행트렌드가 SNS와 연계되는 현상이 발생하였다.

2018년도 여행 트렌드 키워드는 START가 선정되었고, 2019년도는 BRIDGE, 2020년은 REFORM이 키워드로 선정되었다.

■ 여행 트렌드의 변화 (2018~2020)

연도	여행 트렌드
2018	START Staycation : 가까운 곳에서 시간을 보내는 여행 Travelgram : 즐거운 경험, 행복한 추억을 SNS와 결합 Alone : 혼자서 여유롭게 여행하는 나홀로 여행족의 증가 Regeneraton : 도시재생 여행 컨탠츠에서 편안함과 흥미로움을 찾는 여행객증가 Tourist sites in Tv programs : 여행 프로그램의 증가로 인한 TV속 여행지 인기
2019	BRIDGE : 여행은 언제 어디로든 떠날 수 있도록 연결되어 있는 모든 것 Break the Generation Gap : 다세대 가족여행, 세대간 벽을 허무는 여행의 확대 Recreational Activities : 레저여행의 증가, 액티비티성 프로그램 선호 Influential Contents : SNS 여행콘텐츠의 증가 Delicious Foods : 맛집 탐방, 음식관광 등 미식가 여행 트렌드 지속 Go any time : 연중여행, 일상과 가까운 곳으로의 여행 East Coast : 접근성의 향상으로 인한 강원도여행의 증가
2020	REFORM : 기술과 플랫폼의 진화를 통해 내게 더 맞는 여행으로 Regional You Tubers : 지역여행 콘텐츠 생산 유튜버 성장 Enjoy & Critique Food : 식도락여행자이면서 음식 비평가 Find my trip : 개인별로 더 세분화되는 여행취향 Other destinations : 덜 알려진 숨은 명소 찾기 Redesign With Technology : 여행의 디지털화 가속 Make trips nearby : 짧게 자주 떠나는 일상 같은 여행 지향

코로나19가 전 세계적으로 확산된 2020년 말에 발표된 2021년 국내여행 트렌드 키워드는 코로나로 인한 불안감과 회복 기대감의 '사이'를 나타내는 표현 'B.E.T.W.E.E.N.'이 선정되었다. 이는 균열(Break), 위로(Encourage), 연결(Tie), 어디든(Wherever), 강화(Enhance), 기대(Expect), 주목(Note)을 의미한다.

■ Break(균열) : 코로나19로 인한 여행산업의 변동

코로나로 인한 여행수요 급감으로 여행정보 공유 및 여행콘텐츠를 소개하는 움직임이 감소하는 등 기존 여행산업은 변화 일로에 있다. 유튜브 콘텐츠 키워드 분석 결과, 전체 여행 관련 키워드 중 해외여행과 여행정보 공유 관련 키워드 점유율은 전년대비 12% 감소했다. 그러나 국내관광지 소개 관련 키워드 점유율은 6% 증가했고, 랜선여행 등 새로운 여행형태에 대한 언급이 증가해 올해는 기존 여행산업의 위기인 동시에 새로운 여행형태에 대한 수요가 발생하는 기점이 될 것으로 예상된다.

■ Encourage(위로) : 위로를 전하는 일상 속 소소한 힐링여행

'힐링'과 '소확행'을 목적으로 나만의 시간을 위한 여행에 대한 관심이 증가하고 있다. 소셜미디어 상에서 힐링&일상여행에 대한 언급 비중은 최근 3년간 증가 추세이며, 위생 · 안전을 고려하면서도 코로나 우울증을 극복할 수 있는 비대면, 캠핑 등 키워드 언급량 또한 전년 대비 증가했다.

■ Tie(연결) : 더욱 끈끈해진 인근 지역과의 네트워크

숙박을 포함한 장기여행보다 카페 · 쇼핑 등을 목적으로 하는 단기여행이 인기를 끌며 인접 지역으로의 이동이 증가했다. 통신 데이터의 관광유입인구 데이터를 활용해 지역 간 이동흐름을 분석한 결과, 광역시 · 도가 달라도 거리상 가까운 지역들로의 이동이 증가해 이들이 하나의 관광권역으로 만들어지는 현상이 관찰됐다. 특히 작년에는 코로나로 인해 원거리 이동이 위축되면서 권역내 근거리 이동이 강화돼, 기존 수도권으로 집중됐던 권역 간 이동이 전국으로 분산되는 현상이 나타났다. 이런 흐름에 따라 향후 동일 권역에 속한 지역 간 네트워크는 더욱 결속될 것으로 예측된다.

■ Wherever(어디든 관광지) : 어느 곳이든 내가 있는 곳이 여행명소

국내 다양한 여행지에 대한 관심과, 유명 관광지 외 새롭고 색다른 여행지에 대한 수요가 증가했다. 국내 여행지와 관련해 유튜브 등의 언급 비중을 분석한 결과, 수도권 중심의 알려진 곳보다는 붐비지 않으면서도 나만의 시간을 보낼 수 있는 섬이나 소도시 등 색다른 여행지에 대한 언급 비중이 증가했다.

■ Enhance(강화) : 친밀한 사람들과 함께 즐기는 여행

안심하고 여행을 즐길 수 있도록 유대감이 강한 가족, 커플, 친구 등 동반자와의 여행이 선호되고 있다. 소셜미디어의 여행콘텐츠 소개 게시물 댓글 분석 결과, 여행 영상을 보고 가족, 친구, 반려동물 등을 연상한 것으로 나타났다. 반면 패키지여행에 대한 언급 비중은 전년 대비 감소했으며, 이는 코로나 이후 다수 타인과의 여행에 대해 불안감을 느끼는 것으로 해석된다.

■ Expect(기대) : 코로나19 속에서도 여전히 존재하는 여행에 대한 갈망

코로나 확산으로 여행을 즐기지 못하는 상황 속에서도 여행에 대한 잠재적 수요는 존재하고 있다. 유튜브 내 랜선여행, 대리만족, 방구석 여행 등과 관련된 영상 수와 평균 '좋아요' 수는 전년대비 각각 21%, 57% 증가했는데, 이는 코로나 이전의 자유로운 여행을 추억하는 동시에 여행에 대한 잠재적 욕구를 표출하는 것으로 해석된다. 또한 여행에 대한 전체 언급량 중 관광산업 동향 키워드 점유율은 전년대비 6% 증가했는데, 이는 코로나가 진정되면 언제든 여행을 떠나고자 하는 수요가 존재한다는 신호로 보인다.

■ Note(주목) : 변화의 사이 속, 주목받는 New 여행 형태

코로나로 인한 라이프스타일 변화에 따라 새로운 여행형태가 주목받고 있다. 재택근무 실시로 업무공간의 제약이 사라지며 낯선 곳에서 한 달 살기, 호텔 재택 등 일상과 색다름을 병행할 수 있는 여행형태에 대한 관심이 높아졌다. 또한 여행을 떠나는 기분을 느끼게 해 주는 무착륙여행 등 대체상품이 기획되고 있다. 실제 작년 4분기 소셜미디어와 커뮤니티 사이트에서 언급된 '한 달 살기', '호텔재택', '무착륙여행' 등과 같은 키워드는 전년 동기 대비 약 240% 증가해 이러한 경향을 뒷받침한다.

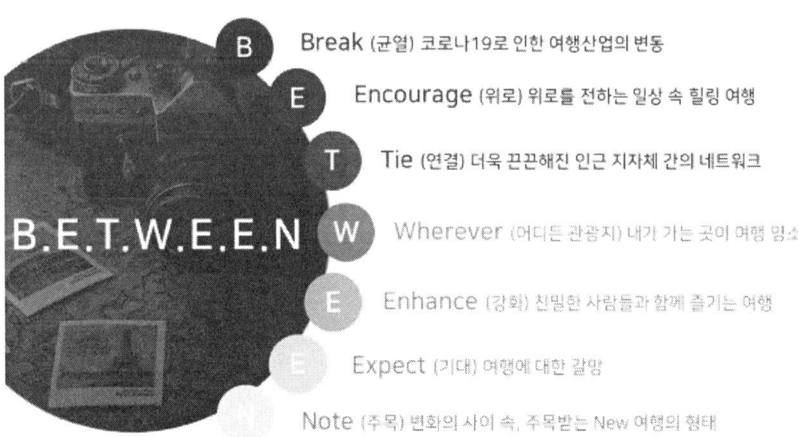

2022년에는 코로나19 이후 변해버린 일상 속, '현재'와 '나'의 행복에 초점을 맞춘 개인은 여행을 통해 자신의 취향을 경험하고 기록한다는 의미의 '해빗-어스(H.A.B.I.T-U.S.)'가 2022년 국내관광의 핵심이 될 것이라고 하였다. 코로나19 장기화로 인한 전년도 관광트렌드의 기조가 지속적으로 유지되는 가운데, 코로나19가 바꾼 '개인화', '파편화' 등 삶의 태도가 여행행태에 영향을 미치며 '여행취향의 다양화', '여행거리의 확장', '즉흥여행', '여행루틴' 등 개인의 취향을 경험하고 기록하는 형태로 자리 잡은 것으로 파악하였다.

2022년도 국내관광 트렌드로 제시된 '해빗-어스(H.A.B.I.T.-.U.S.)'는 취향이나 습관처럼 '스스로를 정의하는 근본적이고 내재적인 태도'를 뜻하는 아비투스(Habitus)에서 차용한 것으로, △개별화 · 다양화(Hashtags) △누구와 함께라도(Anyone), △경계를 넘어(Beyond Boundary), △즉흥여행(In a Wink), △나를 위로하고 치유하는(Therapy), △일상이 된 비일상(Usual Unusual), △나의 특별한 순간(Special me)까지 7개 키워드로 요약된다.

■ 개별화 · 다양화(Hashtags) : 뚜렷한 격차, 개별화되고 다양해진 여행 취향

소비자마다 여행기간, 숙소 등 선호하는 여행행태에 뚜렷한 차이가 나타났으며 관심활동의 격차도 커졌다. 예를 들어 '당일치기' 여행과 '한달살기(워케이션, 스터디케이션 등)' 여행의 월평균 소셜데이터 언급량을 보면 코로나19 초기인 '20.1월~'21.1월보다 '21.2월~9월에 각각 14%, 16%씩 동시에 증가했다. 숙소 유형 역시 개인공간 확보를 위한 '독채펜션'과 고급화를 추구하는 '고급호텔(호캉스)', '감성숙소(풀빌라 등)' 등 다양한 유형에 대한 선호가 나타났다.

■ 누구와 함께라도(Anyone) : 누구와 함께라도 행복한 여행

키즈여행, 반려동물여행, 혼자여행에 대한 언급량이 전년대비 상승하며 동반자 형태가 다양해지고 이에 따라 다른 선호콘텐츠가 도출됐다. 키즈여행 콘텐츠는 '캠핑', '계곡' 등 자연친화적 장소를 선호하며, 반려동물 동반여행 시 '(전용)놀이터', '애견카페' 등과 반려동물과의 추억을 기록할 수 있는 '사진촬영'에 대한 관심이 증가했다. 혼자여행인 경우엔 '풍경감상'과 '드라이브' 여행에 대한 관심이 증가한 것으로 나타났다.

■ 경계를 넘어(Beyond Boundary) : 여행경계, 정해진 틀을 넘어서

통신데이터 분석 결과, 2021년 2월 이후 전체 기초지자체 96.8%(242개)에서 시군구 기준 거주지 내 이동과 밖으로의 이동이 전년대비 모두 증가한 것으로 확인됐다. 아울러 거주지 밖 이동의 경우, 근거리와 함께 장거리로의 이동량이 전년대비 증가한 추세가 전국 권역에서 관찰됐다. 코로나 이후 위축됐던 이동 범위가 보다 확대되며, 향후 관광이동이 더욱 활발해질 것으로 전망되고 있다.

■ 즉흥여행(In a Wink) : 미리 계획을 세우지 않아도 떠나고 싶을 때 바로

불확실하고 빠르게 급변하는 상황 속에서 '단기로', '자주' 가는 여행이 일상으로 자리 잡았고, '급여행', '즉흥여행'이 하나의 트렌드가 되었다. 즉흥여행(급여행)에 대한 소셜데이터 월평균 언급량은 '21.2월~9월이 코로나19 초기인 '20.1월~'21.1월과 대비해 20.3% 증가했으며, 즉흥여행과 관련해 '산책', '계곡', '시장' 등의 관련어 언급량이 전년대비 증가하는 추세를 보였다.

■ 위로와 치유(Therapy) : 나를 위로하고 치유하는 여행

코로나19로 인해 지친 일상 속 '나'를 챙기는 행위의 중요성을 인식함에 따라 지역·자연 속의 경험을 통해 나를 위로하고 치유하고자 하는 여행행태가 나타나고 있다. 전년과 같이 21년도에도 자연관광지 내비게이션 검색 건수는 지속적으로 증가했으며(전년대비 자연관광지 4% 증가, 캠핑장 27% 증가), 도보여행(등산), 캠핑(차박), 힐링여행(불멍, 바다멍, 물멍), 지역친화(워케이션, 살아보기) 등의 연관어가 인기를 끌고 있다.

■ 일상이 된 비일상(Usual Unusual) : 코로나 이후 등장한 대체여행 트렌드 지속

'랜선여행', '온라인 전시관람' 등 코로나19 이후 등장한 디지털 기술 관련 여행트렌드가 지속적으로 인기를 끌고 있다. 소셜데이터에서 '랜선여행'에 대한 긍정 반응은 코로나19 초반('20.1월~'21.1월)과 그 이후('21.2월~21.9월)를 비교했을 때 7%로 증가했고, 여행업계 전문가는 랜선여행이 여행정보 수집의 원천, 간접체험 기회, 직접여행의 동기로서 작용할 수 있다고 언급했다. 또한 '온라인 전시관람'은 디지털 기술과 융합돼 체험형 콘텐츠로 진화하며 그 자체로서의 즐길 거리를 제공하는 추세이다.

■ 특별한 나(Special me) : '나의 특별한 순간'을 만드는 여행 기록

여행의 의미가 공간 이동뿐 아니라 개인의 기호 및 취향을 경험하고 자신의 경험을 '기록'하여 공유하는 행위로 확대됐다. 이와 관련해 '체험관광(골프 등)', '여행기록(사진 등)', '전시관람(미술관 등)', '서점방문(책방 등)' 등의 여행과의 연관 언급량이 크게 증가했다. 따라서 향후 개인의 평소 취미생활과 연결된 여행활동에 대한 관심이 늘어날 것으로 전망된다.

국외 관광시장 현황

(1) 꾸준히 높아지는 국민 해외여행 증가율

■ 국민 해외관광객은 2014년 1,603만 명에서 2019년 만 명으로 늘어나며 지속적으로 증가하는 추세이다. 해외여행 가격이 지속적으로 인하되고 여가시간이 늘어남에 따라 국민의 해외여행 경험률은 지속적으로 상승하고 있다.

■ 국민의 1인당 해외여행 횟수가 증가하고 단기간 여행이 증가함에 따라 평균여행일수와 여행 지출액은 지속적으로 감소하고 있는 중이다. 2018년 평균 여행 지출액은 119만 원으로 2017년보다 44만 원 감소하였고 평균 여행일 수 또한 2018년 4.62일로 2017년보다 1.94일 감소하였다.

국민 국외여행 총량(2014~2018)

구분		2014	2015	2016	2017	2018
여행 경험률	%	13.9	16.6	17.3	20.8	22.4
	성장률	7.8	19.4	4.2	20.2	7.7
평균 여행일수	일	8.29	7.18	6.86	6.56	4.62
	성장률	4.9	−13.4	−4.6	−4.4	−29.6
평균 여행 지출액	천 원	2,130	2,025	1,732	1,630	1,195
	성장률	4	−4.9	−14.5	−5.9	−26.7
해외여행객	천 명	16,080	19,310	22,383	26,496	28,695
	성장률	8.3	20.1	15.9	18.4	8.3

자료 : 문화체육관광부 각 연도, 국민여행실태조사

■ 한국인의 주요국 출국통계를 살펴보면, 일본으로의 출국이 2019년 558만 명으로 가장 많은 것으로 나타난다. 다만 2019년에 들어오면서 일본의 경제보복으로 인해 일본여행 불매운동 등의 여파로 일본 출국인 수는 2018년보다 195만 명 감소하였다. 이에 따라 2019년에는 일본을 제외한 아시아권 나라의 출국인 수 가 대폭 증가한 것으로 나타난다. 베트남에 경우 2018년 343만 명에서 2019년 429만 명으로 86만 명 증가하였고 태국이나, 필리핀, 싱가포르 또한 각각 소폭 증가하였다.

■홍콩의 경우 2019년 3월부터 시작된 민주화 운동의 여파와 더불어 대규모 시위를 시작하였던 6월부터는 여행객이 현저하게 줄어들었으며, 현재는 외교부에서 2019년 11월 15일부터 여행경보단계를 2단계(여행자제)로 상향조정을 하였다.

주요국 연도별 출국인 수

(단위 : 명)

구분	연도별 출국인 수					증감율
	2015	2016	2017	2018	2019	연평균
중국	4,444,400	4,762,200	3,863,800	4,193,500	–	−2%
일본	4,002,095	5,090,382	7,140,438	7,538,952	5,584,638	9%
태국	1,372,989	1,464,218	1,717,867	1,796,615	1,887,853	8%
미국	1,764,871	1,973,882	2,334,839	2,210,597	2,298,279	7%
홍콩	1,243,293	1,392,367	1,487,670	1,421,411	1,042,540	−4%
필리핀	1,339,678	1,475,081	1,607,821	1,624,251	1,987,322	10%
싱가포르	577,082	566,503	631,363	629,454	645,728	3%
베트남	1,152,349	1,543,883	2,415,245	3,435,406	4,290,802	39%

자료 : 한국관광공사(2020), 주요국 한국인 출국통계(2020.02.28.기준)

(2) 고착화되는 외래관광객 활동

■방한 외래관광객의 편중현상은 서울권이 가장 높은 비중이다. 특히 방문지역의 편중현상은 인바운드 시장에서 지역관광활성화가 유기적으로 연계되지 못하기 때문으로 보이며 이에 관해 정부는 외래관광객의 지방분할 방안을 마련하여 편중현상을 해소 하고 있다.

■ 외래관광객 방문 권역

(중복응답, 단위 : %)

구분	2014	2015	2016	2017	2018
서울권	80.4	78.7	78.0	78.8	79.4
제주권	18.0	18.3	20.2	10.8	8.5
경기권	13.0	13.3	13.1	15.6	14.9
경상권	10.8	13.0	12.5	18.1	17.5
강원권	7.1	6.4	6.4	6.8	9.7
인천권	5.0	6.8	6.2	10.0	8.3
충청권	2.4	3.0	2.5	3.9	4
전라권	2.8	3.4	2.2	3	2.6
기타	0.2	0.1	0.1	0.2	-

자료 : 문화체육관광부, 각 연도, 외래관광객 실태조사

■ 문화체육관광부는 외래관광객의 편중현상을 해소하고 도시별 인지도와 브랜드 개발·홍보를 위해 '관광거점도시 육성사업'을 진행하였고 국제관광도시로 선정된 부산광역시를 선두로 강원도 강릉시, 전북 전주시, 전남 목포시, 경북 안동시 등을 지역관광거점도시로 선정하였다. 이에 따라 지역체류 유도를 위한 특색 체험프로그램 개발 지원, 관광지 순환 교통체계 구축, 숙박시설의 개선 등을 지원할 예정이다.

"부산-강릉-전주-목포-안동, 관광거점도시 됐다"

외국인 관광객 유치 목표… 5년간 500억 원씩 국비 지원

외국인이 많이 찾아오는 지역이 되도록 집중 지원하는 '관광거점도시' 사업에 부산, 강원 강릉시, 전북 전주시, 전남 목포시, 경북 안동시 등 5곳이 선정됐다. 박양우 문화체육관광부 장관은 28일 "외국인 관광객의 80%가 서울에 집중돼 한국을 찾는 외국인을 늘리기 위해서는 지역의 새로운 관광 거점을 육성해야 한다"고 말했다.

부산은 국제관광도시로, 강릉 등 4곳은 지역관광거점도시로 뽑혔다. 올해 부산에는 43억 원, 강릉 등 4개 도시에는 각 21억5000만 원, 홍보 및 컨설팅 30억 원 등 국비 159억 원을 투입한다. 2024년까지 이들 도시별로 5년간 각각 500억 원가량을 지원할 예정이다. 조현래 문체부 관광산업정책관은 "국비 지원 규모는 해당 도시의 사업 계획에 따라 700억 원 이상이 될 수도 있다"고 말했다.

새로운 시설을 짓는 것보다는 기존 관광 자원을 어떻게 활용할 것인지를 주요 평가 기준으로 삼았다. 부산은 관광 기반 시설이 우수하고 발전 잠재력이 높은 것으로 평가받았다. 바다를 끼고 있는 점을 살려 각종 축제와 역사 문화 행사를 마련할 예정이다. 평창 겨울올림픽을 개최한 강릉은 올림픽 도시라는 이미지를 활용한 사업을 제시했고, 강원 지역을 연계하는 안내 체계를 구축하겠다고 밝혔다. 전주는 한옥마을을 적극 활용하고 전북도 내 지방자치단체와 함께 관광 상품을 만들겠다고 제안했다. 목포는 근대역사문화와 음식문화, 섬 등을 활용하는 방안을 마련했다. 안동은 유교문화 자원을 바탕으로 한국의 전통문화를 다채롭게 체험할 수 있도록 하겠다고 밝혔다.

박 장관은 "지난해 한국을 찾은 외국인은 1750만 명으로 사상 최대를 기록했다. 올해는 2000만 명 돌파를 목표로 하고 있다. 관광거점도시가 한국 관광 시장이 지속적으로 성장하는 기반이 될 수 있도록 노력하겠다"고 말했다.

동아일보, 2020. 01. 29

5. 관광산업 분석

■ ■ ■ ■ ■

관광산업 현황

■2019년 기준 관광진흥법에 근거해서 등록·허가·신고·지정된 전국의 관광사업체 수는 36,706개로 집계된다. 이는 2015년(27,505개)보다 9,201개가 증가한 수치로 33.4%가 증가하였으며, 관광에 대한 창업이 활발하게 이뤄지고 있다.

■관광시장이 세분되고 따라 관광진흥법 또한 개정됨에 따라 신규업종이 추가되었다. 2015년에는 일반야영장업이 추가되고, 2016년에는 관광면세점업이 추가되며 이러한 변경사항에 따라 매년 문화체육관광부에서는 관광사업체에 대한 통계를 마련하고 있다.

■카지노업과 관광편의시설업을 제외하고 전 업종이 많아지고 있으며 특히 여행객이 많아지고 여가를 즐기는 사람이 많아짐에 따라 여행업과 관광객 이용시설업에 성장률이 두드러지게 나타난다.

5개년 관광사업체 수

(단위 : 개)

구분		2015	2016	2017	2018	2019
사업체 수	전체	27,505	31,019	33,489	36,417	36,706
	여행업	18,544	19,848	20,900	22,544	22,374
	관광숙박업	1,488	1,738	1,844	2,105	2,169
	관광객이용시설업	1,057	3,237	3,819	4,176	4,378
	국제회의업	702	751	851	935	980
	카지노업	17	17	17	16	13
	유원시설업	849	1,510	2,136	2,469	2,623
	관광편의시설업	4,848	3,918	3,922	4,172	4,169

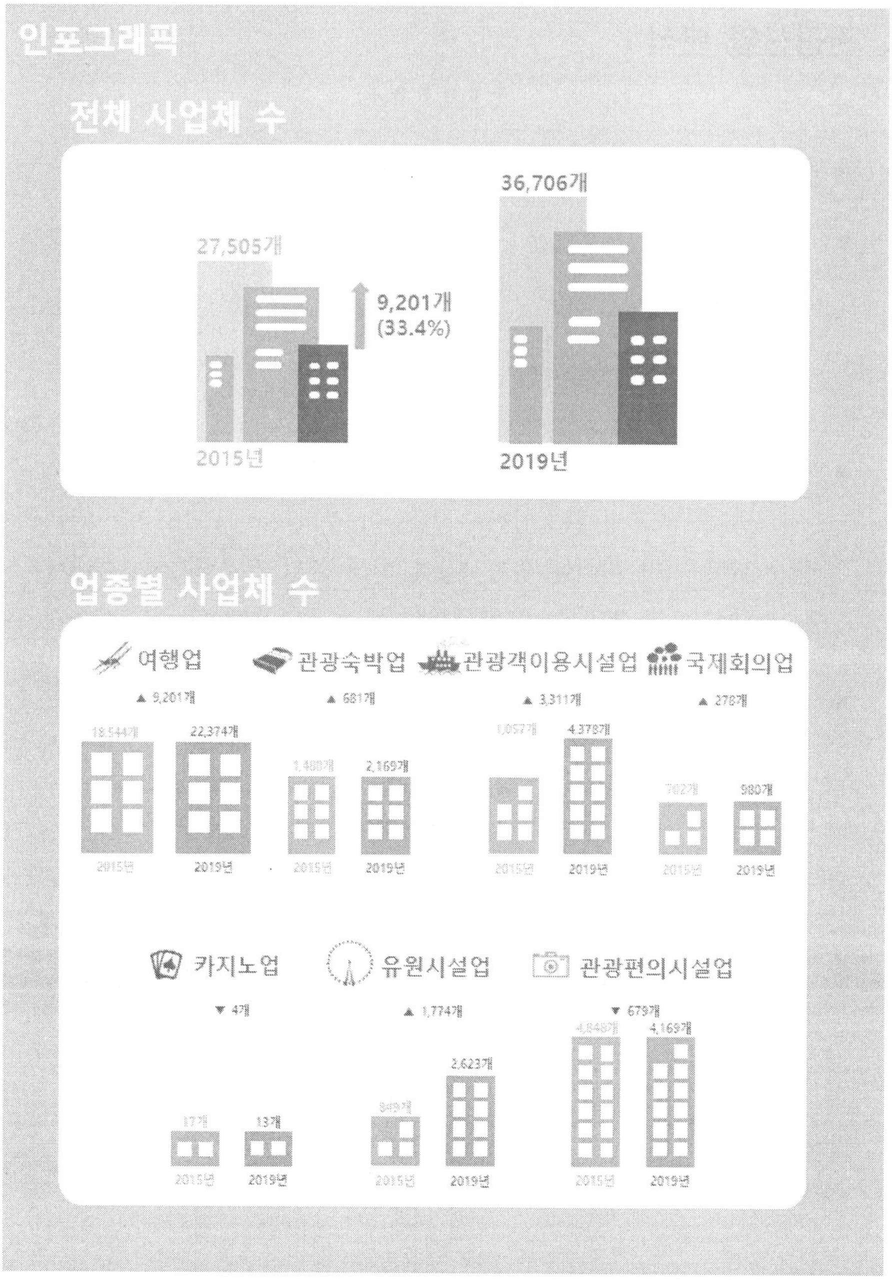
인포그래픽
전체 사업체 수
27,505개
9,201개
(33.4%)
36,706개
2015년
2019년
업종별 사업체 수
여행업
▲ 9,201개
18,544개
22,374개
2015년
2019년
관광숙박업
▲ 681개
2,169개
2015년
2019년
관광객이용시설업
▲ 3,311개
1,057개
4,378개
2015년
2019년
국제회의업
▲ 278개
980개
2015년
2019년
카지노업
▼ 4개
17개
13개
2015년
2019년
유원시설업
▲ 1,774개
2,623개
2015년
2019년
관광편의시설업
▼ 679개
4,848개
4,169개
2015년
2019년

관광종사원의 수

■ 인력은 그 사업을 진행하는 데 있어 가장 큰 원동력이 되는 자산이다. 특히 서비스를 제공하는 관광사업 같은 경우 인적자원이 타 산업군보다 많은 수요가 있다.

■ 2017년 기준 관광진흥법에 근거해서 등록 · 허가 · 신고 · 지정된 전국의 관광사업체의 종사자는 282,562명으로 집계된다. 2013년과 비교 시에는 전체적으로 55,426명이 증가해 약 24.4% 증가하였다.

■ 증가율 중 여행업과 관광객이용시설업, 유원시설업 등 관광객이 많아짐에 따라 인력이 많이 필요한 사업체들은 종사원이 특히 많아지고 있으며, 기계식 설비가 마련되고 4차 산업 이후 기술이 발전함에 따라 관광편의시설업과 카지노업은 종사원이 감소되었다.

5개년 관광종사원수

(단위 : 명)

구분		2013	2014	2015	2016	2017
종사자수	전체	227,136	230,334	235,603	261,977	282,562
	여행업	70,574	69,400	84,558	98,421	107,209
	관광숙박업	63,899	67,465	70,305	73,631	71,769
	관광객이용시설업	13,528	10,671	11,065	17,421	25,535
	국제회의업	14,092	17,330	15,131	12,596	14,457
	카지노업	8,452	8,931	9,418	9,115	7,033
	유원시설업	14,441	17,031	17,224	23,683	27,561
	관광편의시설업	42,150	39,506	27,902	27,110	28,998

자료 : 문화체육관광부(2018), 관광사업체기초통계조사

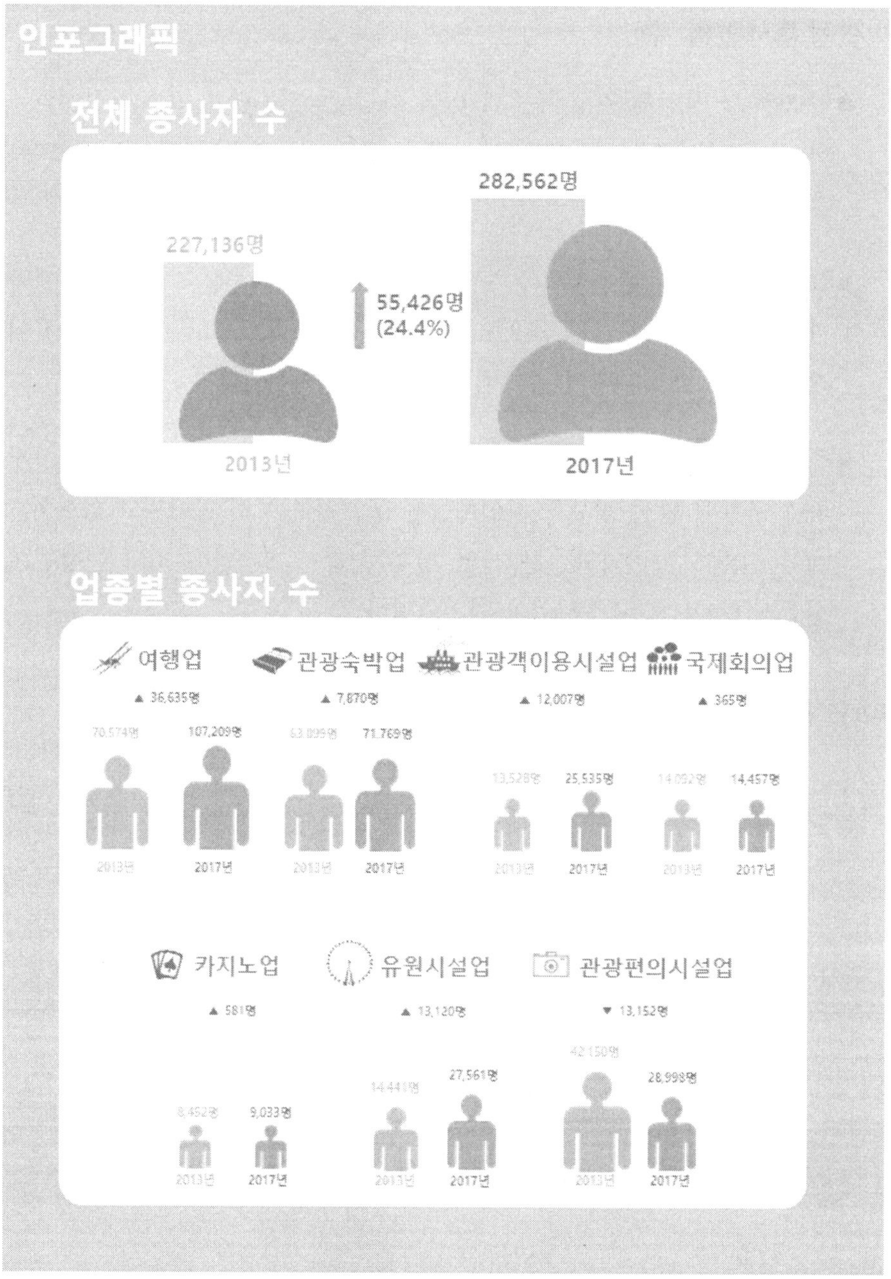
인포그래픽
전체 종사자 수
227,136명
2013년
55,426명
(24.4%)
282,562명
2017년
업종별 종사자 수
여행업
▲ 36,635명
70,574명
2013년
107,209명
2017년
관광숙박업
▲ 7,870명
63,899명
2013년
71,769명
2017년
관광객이용시설업
▲ 12,007명
13,528명
2013년
25,535명
2017년
국제회의업
▲ 365명
14,092명
2013년
14,457명
2017년
카지노업
▲ 581명
8,452명
2013년
9,033명
2017년
유원시설업
▲ 13,120명
14,441명
2013년
27,561명
2017년
관광편의시설업
▼ 13,152명
42,150명
2013년
28,998명
2017년

▰ 매출액

(1) 총매출액은 지속적으로 증가

■ 17년 기준 관광진흥법에 근거해서 등록 · 허가 · 신고 · 지정된 전국의 관광사업체의 총 매출액은 25조 7359억 원으로 13년도와 비교 시에 성장률이 10.5%으로 소폭 증가한 것으로 나타난다.

■ 최근 5년 동안 관광사업체의 연간 매출액은 지속적으로 증가한 것으로 나타났으며 관광숙박업, 카지노업, 관광편의시설업은 소폭 증가한 추세를 보이며, 여행업, 유원시설업 등은 대폭 증가하였다.

■ 관광객 이용시설업과 국제회의업은 매출액이 둘다 크게 감소한 것으로 나타났으며, 관광객이용시설업은 13년에서 14년에 감소한 이후 지속적으로 소폭 증가하고 있다.

5개년 연간 총 매출액 추이

(단위 : 백만 원, %)

구분		2013	2014	2015	2016	2017
매출액	전체	23,289,037	22,567,247	22,358,220	25,735,937	25,735,937
	여행업	5,798,802	5,321,988	6,472,575	7,642,672	8,113,436
	관광숙박업	7,085,528	7,930,628	7,859,586	8,268,323	8,411,162
	관광객이용시설업	2,166,797	814,120	789,116	885,160	1,103,859
	국제회의업	2,408,318	2,442,369	1,760,254	1,837,698	1,454,581
	카지노업	2,631,044	2,799,221	2,804,413	2,903,309	2,730,339
	유원시설업	1,324,103	1,498,173	1,538,658	1,929,240	2,033,276
	관광편의시설업	1,874,445	1,760,749	1,133,617	1,569,612	1,889,285

자료 : 문화체육관광부(2018), 관광사업체기초통계조사

(2) 1개소 평균 매출액은 감소

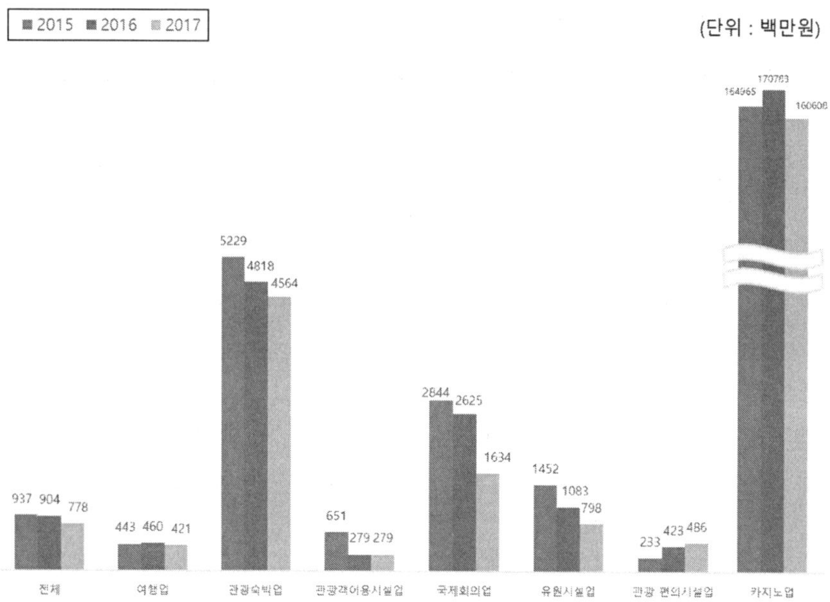

자료 : 문화체육관광부(2018), 제5차 관광진흥 5개년 계획 수립 연구

관광사업체 1개소 평균 매출액 추이

■ 관광사업체의 1개소 평균 매출액은 연간 총 매출액과는 상반된 결과가 나타난다. 위 그래프에서 보이듯이 총 매출액과는 별개로 1개소 평균 매출액은 전반적으로 감소하고 있다.

■ 관광사업체의 관련 사업 중 여행업, 관광숙박업, 국제회의업, 유원시설업, 카지노업 등이 이에 해당하며 해당 사업체 모두 1개소 평균 매출액이 감소하고 있다.

- 여행업은 17년 기준 1개소 평균 매출액이 4억 2100만 원으로 15년도와 비교 시 -5.2% 감소한 것으로 나타난다.

- 관광숙박업은 17년 기준 1개소 평균 매출액이 45억 6400만 원으로 15년도와 비교할 때에 -12.7% 감소추세가 나타난다.

- 국제회의업은 17년 기준 1개소 16억 3400만 원으로 15년도와 비교 시 -42%의 성장률을 보이며 총매출액과 같이 매우 감소한 것으로 나타난다.

- 유원시설업은 1개소 평균 매출액이 가장 크게 떨어졌으며 17년 기준 1개소 평균 매출액이 7억 9800만 원으로 15년도와 비교 시에 -45%의 감소율이 나타난다.
- 카지노업은 총매출액은 지속해서 증가하였으나 1개소의 평균 매출액은 15년 1649억 6500만 원에서 17년도 1606억 800만 원으로 감소한 것으로 나타난다.

■ 관광객 이용시설업은 1개소 평균 매출액이 15년도 기준 6억 5100만 원에서 16년도 2억 7900만 원으로 감소하였으며 17년도는 16년도와 같은 것으로 나타난다.

■ 관광 편의시설업은 유일하게 1개소 평균 매출액이 증가한 것으로 나타나는데, 17년 기준 1개소 평균 매출액이 4억 8600만 원으로 15년보다 108%로 성장한 것으로 나타난다.

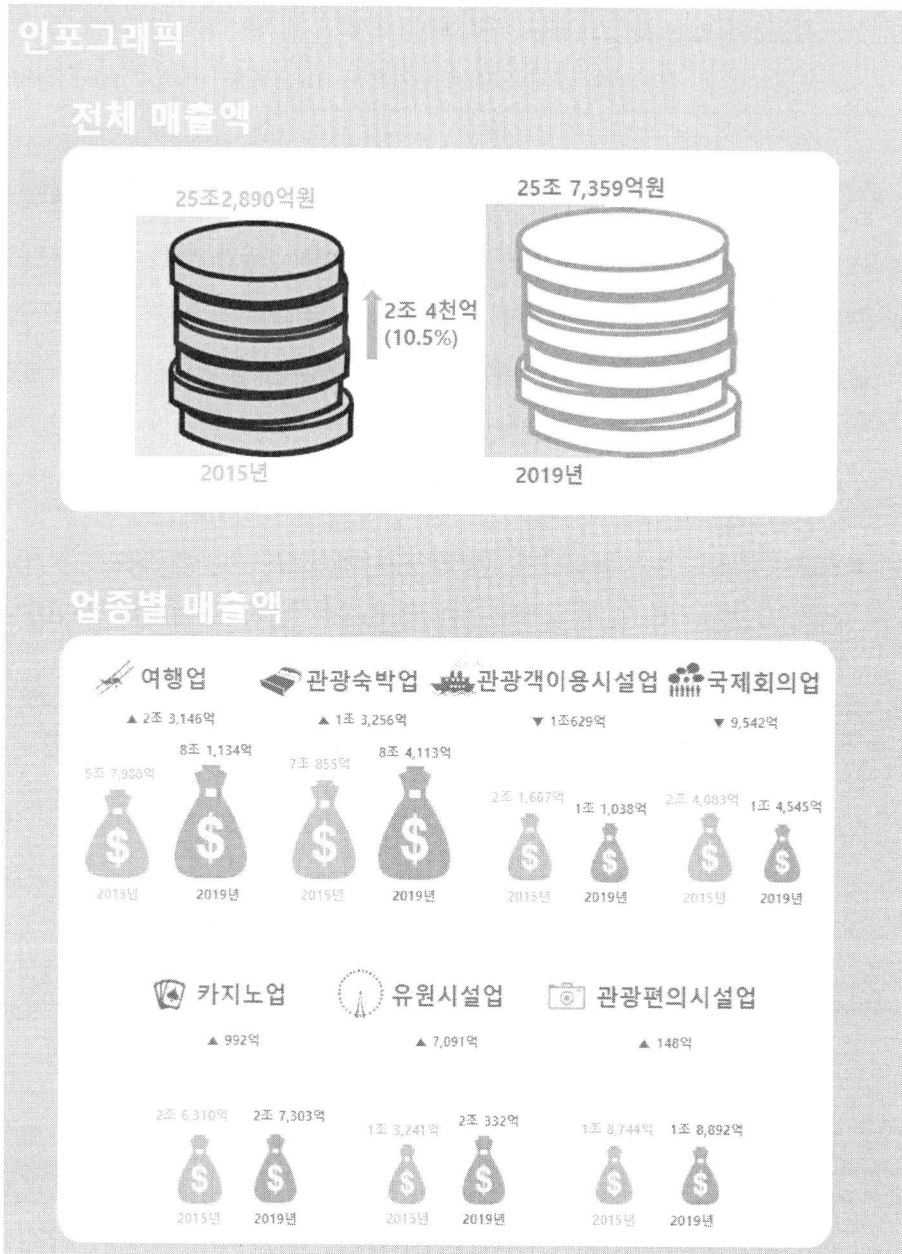

인포그래픽
전체 매출액
25조2,890억원
2015년
2조 4천억
(10.5%)
25조 7,359억원
2019년
업종별 매출액
여행업
▲ 2조 3,146억
5조 7,980억
2015년
8조 1,134억
2019년
관광숙박업
▲ 1조 3,256억
7조 855억
2015년
8조 4,113억
2019년
관광객이용시설업
▼ 1조629억
2조 1,667억
2015년
1조 1,038억
2019년
국제회의업
▼ 9,542억
2조 4,083억
2015년
1조 4,545억
2019년
카지노업
▲ 992억
2조 6,310억
2015년
2조 7,303억
2019년
유원시설업
▲ 7,091억
1조 3,241억
2015년
2조 332억
2019년
관광편의시설업
▲ 148억
1조 8,744억
2015년
1조 8,892억
2019년

6. 관광 R/D 연구개발사업

관광 R/D 연구개발사업 목적

관광산업은 제조업과 달리, 관광객의 취향과 여건에 맞게 상품을 공급해야 하는 체계를 갖고 있어 생산성 향상을 위해서는 고객의 수요를 정확하게 파악하고 신속히 대처할 수 있는 능력이 필요하다. 문화체육 관광부와 한국 문화관광연구원에서는 2012년 3월부터 관광산업의 생산성을 높이기 위해 관광서비스 R/D 개발사업을 진행하였고 매년 공모를 통해 혁신성 있는 관광산업을 선정하고 해당 사업을 지원하고 있다.

관광산업의 기술과 서비스를 개선하고 특히 과학적인 증거를 기반으로 정책을 추진하여 기술주도의 혁신과 서비스주도의 혁신을 이루기 위함이다.

■ R&D사업 유형 분류

지수	항목	개별설문 항목
연구개발	기초연구	• 자연현상의 원리규명, 새로운 현상의 분석 등을 통해 지식 획득연구(순수기초형) • 현재 또는 미래에 광범위한 응용을 목적으로 문제해결의 근본원리 및 의적 지식창출연구(목적기초형)
	단기산업 기술개발	단기간 내(3년이내) 상용화를 목표로 한 신기술 및 신제품 개발을 위한 응용 · 개발연구사업
	중장기 산업 기술개발	중 · 장기적(3년 이상) 상용화를 목표로 추진하는 응용 · 개발연구사업
	공공기술개발	응용 · 개발단계 연구개발사업 중 최종적인 성과가 국민건강증진, 재난방지 등 국민 삶의 질에 기여하는 형태로 나타나는 사업
	지역연구개발	지역 대학과 연계한 산학연협력 사업, 지역클러스터 육성사업, 특정 지역에 특정기술개발 기반구축 사업
연구 기반조성	국방기술개발	응용개발단계 연구개발사업 중 국방력 강화 및 방위 산업 발전을 목적으로 하는 사업
	인력양성	대학 및 전문대학 지원사업, 산업인력양성을 위한 전문인력양성사업, 초중등 과정의 과학기술 교육사업 등
	시설장비구축	대형 연구시설 및 장비 구축 사업 ※ 사업 예산에 단순 시설 증축 및 장비 구입 등이 포함된 경우는 제외
	성과확산	사업 목적이 각각 기술 사업화, 표준화, 인증, 성과물 관리/확산, 정책지원 등인 사업
	국제협력	해외기관유치, 다자 및 양자기관 협력 사업 등 ※ 연구방식이 해외와의 공동연구인 경우는 연구개발에 포함

자료 : 미래창조과학부(2014), 국가연구개발사업 표준성과지표(개정안)

2017 관광 R/D 연구개발사업

■ MICE 회의 참가자를 위한 시간 기반 추천 여행서비스 제공 기술 개발사업

참가자들에게 제공될 방문지역의 관광정보는 향후 관광객 유치, 관광시설확보, 관광관련 소프트웨어 개발 측면에서 관광산업 발전의 중요한 구성요소이다. 특히, 짧은 체류기간에 비해 1인당 소비액은 평균 300만 원이 넘는 점을 고려하여, 참가자의 소비를 늘리기 위한 관광지에 따른 맞춤형 정보 제공이 필요하다.

필요성	스마트 관광에 대한 여행자들의 수요증가
연구내용	한국 방문 시 희망하는 관광활동에 대한 수요조사 및 맞춤형 서비스 도출
최종목표	회의 참가자를 위한 시간 기반 추천 여행서비스 제공 기술 개발
지원 기간	1년 이내

■ 국내 도보여행을 위한 안전정보 제공 B2B 플랫폼 개발 사업

최근 정부와 각 지자체는 전국에 도보여행길을 조성하고 있으며, 따라 도보여행 관련 DB제공은 필수적인 서비스가 되었다. 해당 사업은 도보여행 안전정보를 제공하고 국내 도보 여행지의 외부환경 진단에 따른 위험요소를 도출하고 개선방안을 제시하는 서비스이다.

필요성	정부와 지자체의 도보여행길 조성확대로 인한 도보여행객의 증가
연구내용	도보여행 안전정보 제공 DB플랫폼을 적용한 시각화 프로토타입 개발
최종목표	국내 도보여행을 위한 안전정보 서비스 개발
지원기간	1년 이내

2018 관광 R/D 연구개발사업

■ 교육관광을 위한 인터랙티브 체험형 VR/AR 콘텐츠 플랫폼 개발

인터랙티브 영상(Interactive Cinema)은 기존의 선형적 구조에서 벗어나 관객이 능동적인 참여를 하면서 볼 수 있는 관객 참여형 영상이다. 교육부분과 관광의 융합을 통해 교육기관을 비롯해 관광지 등에서 활용할 수 있는 플랫폼 개발의 목적을 가지고 있다.

필요성	문화교육을 활용한 관광상품으로 개발 관광산업을 육성 필요
연구내용	교육콘텐츠의 플랫폼 구축 및 교육관광 서비스 기술
최종목표	교육관광을 대상으로 한 영상제작을 통해 O2O 형식의 관광상품개발 및 체험형 VR/AR 플랫폼 기술개발
지원기간	3년 이내

■ 휠체어 이용 장애인의 관광 현장 이동 지원 기술개발

장애인과 동반가족 등 모든 관광객이 이동의 불편과 관광활동의 제약 없이 이용할 수 있는 '장애물이 없는 관광지' 를 위한 기술개발이 목적이다. 보조적인 장치가 필요한 관광객들의 관광활동 장애 요인을 전 과정에서 기관/보호자의 관제 및 서비스를 할 수 있는 통합서비스 구축을 위한 사업이다.

필요성	관광취약계층에 대한 관광의 잠재적 수요 창출 및 문화적 복지 사각 해소
연구내용	전반적 관광행위에 관해 무장애 관광, 기술지원, 개선 및 예측시스템 구축
최종목표	휠체어 이용 장애인과 동반가족이 관광활동에 있어 접근성 향상을 통한 무장애 관광서비스를 지원하는 기술개발
지원기간	2년 이내

■ 해수욕장 내 지능형 안전사고 예방서비스 제공을 위한 지식기반 구축사업

해수욕장 지능형 안전사고 예방서비스를 위한 지식기반 구축을 통해 국내외 이용객의 안전사고 예방 및 서비스 만족도 향상을 기대하고 해수욕장 및 주요 대여 용품 관리의 효율화와 관광객 편익증대를 기대한다.

필요성	국내 관광지 중 국민의 생명과 직결되는 해수욕장 안전체계를 향상시키고, 해수욕장 대여품 운영·관리 체계를 효율화하여 내·외국인의 국내여행 안전과 편익을 제고
연구내용	해수욕장 안전사고 유형, 위험요인 정의, 안전사고 지식기반구축, 서비스 프로토타입 개발
최종목표	해수욕장 지능형 안전사고 예방 서비스 제공을 위한 지식기반 구축
지원기간	2년 이내

2019 관광 R/D 연구개발사업

■음성인식 기술을 활용한 여행 안내 콘텐츠 구축 및 서비스 개발 사업

- 내국인 관광객을 대상으로 관광목적지에서 스마트폰을 통해 관광정보를 실시간으로 검색하는 대화형 관광 정보 제공서비스로, 음성인식 기술을 활용하여 여행의 편의성을 도모하고, 양질의 콘텐츠를 제공하는 서비스이다.

- 관광정보 콘텐츠 특화하여 지역별 관광정보 콘텐츠를 구축하고 검색 패러다임 전환에 따라 차별화 방안을 도입하는 것으로, 정보체계를 활용하여 표준화된 콘텐츠 제공을 이행하게 하는 서비스이다.

필요성	관광목적지에 맞춤형 관광안내 서비스에 대한 수요 증대
연구내용	관광콘텐츠 기반 음성인식형 시스템 개발, 지역별 콘텐츠 구축
최종목표	음성인식 기반 대화형 관광정보 제공서비스 개발 및 관광콘텐츠 구축
지원기간	2년 이내

■BIM 기술을 적용한 한옥마을 문화관광건축 자산지도 구축 및 서비스 개발

- 관광 체험 극대화를 위한 관광자원으로 활용되는 한옥마을을 대상으로 BIM 기술을 활용한 한옥마을 문화관광건축 자산지도 구축(3D 디지털 도면화) 및 관광객 인터랙티브 체험형 서비스를 개발하고자 하는 사업이다.

- 관광객의 체험을 극대화하기 위해 한옥이라는 체류형 관광문화건축자산의 보존과 활용을 위해 BIM 기술을 적용하여 한옥마을 문화관광건축 자산지도 구축 및 서비스 개발을 목표로 하고 있다.

- 또한, 관광객이 체험할 수 있는 형태로 한옥마을 자산지도를 구현하여 관광객이 참여하고 이를 활용한 관광정보를 온/오프라인에서 구현을 목표로 한다.

필요성	대중문화의 한류 열풍과 전통문화에 대한 관심이 급증하면서 건축·도시분야에서 전통성·한국성을 보여줄 수 있는 건축물인 한옥에 대한 관심으로 인해 한옥마을을 찾는 방문객들이 증가하고 있어 지속가능한 관광자원으로 보존 및 활용 방안에 대한 필요성 증가
연구내용	관광서비스를 위한 디지털 한옥마을 구축 및 3D 디지털 도면을 이용한 사실적 가시화 기술
최종목표	BIM 기술을 활용한 한옥마을 문화관광건축 자산지도 구축 및 서비스 개발
지원기간	2년 이내

■ 관광숙박업 경쟁력 강화를 위한 지능형 솔루션 리포트 제작도구 개발

- 중소 관광숙박업의 효율적·합리적 의사결정 지원을 위한 지능형 솔루션 리포트 제작도구 개발 및 구축

- 외국계 체인 호텔 중심의 수익관리기법을 국내 중소 관광호텔 기업에 맞게 개발하여, 호텔이용 잠재 고객의 수요 및 마켓을 미리 예측하여, 최종적으로 매출극대화와 호텔 수익에 가장 적합한 가격을 제시할 수 있는 한국형 수익관리 시스템 개발

- 숙박상품의 생산, 판매 및 유지관리 등과 관련한 데이터, 관광 및 숙박에 영향을 줄 수 있는 데이터 등을 바탕으로 한 논리적인 정보를 제공해 중소호텔 관리자의 효율적인 예측과 의사결정을 지원하는 시스템 구축

필요성	잠재 고객의 가격민감도를 거래시점 이전에 미리 예측하여 객실을 할당하거나 가격을 조정하여 기대수익을 극대화하는 수익관리법은 오늘날 호텔기업들의 성공적인 숙박시설 운영의 필수조건이 되었음
연구내용	- 국내 중소 호텔 등을 위한 데이터 수집 및 관리 기술 개발 - 숙박업소 데이터 분석 및 상품별 가격 예측 기술 개발
최종목표	중소 호텔 경영성과 분석을 위한 비즈니스 인텔리전스 솔루션 제공
지원기간	2년 이내

제3장

창업환경 분석

관 광
창업론

03 제3장 창업환경 분석

학습 목표
1. 관광창업에 대한 환경을 분석할 수 있다.
2. 창업지원 정책을 이해하고 실천할 수 있다.

새로운 사업을 시작하는데 있어 고려해야 하는 것은 창업을 할 수 있는 환경이 조성되어 있는지 살펴보는 것이다. 창업자는 주변 환경을 분석하여 창업에 따른 위험을 최소화하여야 한다. 여기서는 창업환경에 있어 정부의 지원제도와 대책에 대해 살펴보고자 한다.

1. 관광진흥 5개년 계획 수립

■ 관광진흥법 제1조에 따라서 정부는 연2회, 반기에 1회씩 국무총리를 주재로 국가관광 전략회의를 개최하여 관광진흥 정책의 방향과 주요시책의 수립, 부처 간 쟁점사항을 논의하고 있다. 또한 관광기본법 제3조(관광진흥계획의 수립)을 근거로 관광진흥에 대한 기반, 관광산업 경쟁력 강화를 위한 중 · 장기계획을 목표로 하고 있다.

> 관광진흥법 제1조
> 이 법은 관광 여건을 조성하고 관광자원을 개발하며 관광사업을 육성하여 관광진흥에 이바지하는 것을 목적으로 한다.

■관광진흥 5개년 계획은 1999년 1차 계획을 시작으로 총4회에 걸쳐 진행되었으며, 국내와 국외 관광환경여건 등을 종합적으로 반영하여 추진되어 왔다.

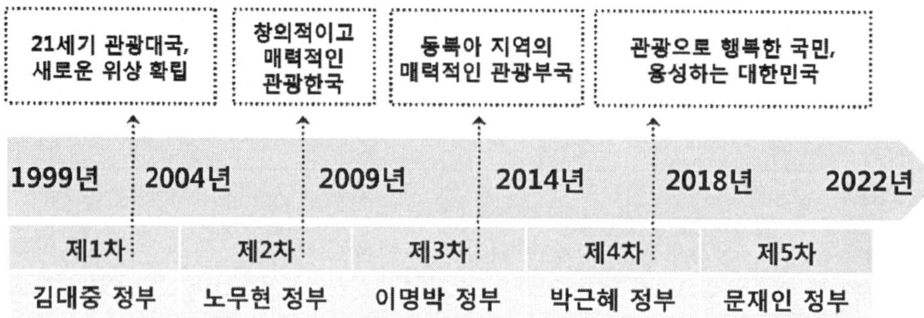

(1) 제1차(1999~2003)

■1999년에 제정된 제1차 관광진흥 5개년 계획은 기존 관광진흥 10개년 개획의 하위 실천계획으로 '국민의 정부'의 출범과 동시의 관광을 획기적으로 개선하고자 하였다.

■목표기한을 2003년 까지를 목표기한으로 두고 전국의 7개의 문화 관광권을 개발하여 기반여건을 개선하였고, 30개의 하위 관광거점을 선점하여 외국인 관광객의 선호도를 높이기 위해 자원개발과 지역별 특성에 맞춰 〈관광특구 진흥계획〉을 수립하였다. 또한 환경 친화적인 관광개발에 맞서 생태관광 운영 · 지정과 함께 남해안 해양관광벨트를 지정하여 해양관광 개발을 중 · 장기적으로 추진하였다.

◘ 제1차 관광진흥 5개년 계획 목표 및 성과

구분	목표	성과	구분	목표	성과
관광수지	+78억$	−29억$	외래관광객	700만 명	475만 명
관광수입	120억$	53.4억$	해외관광객	450만 명	709만 명
관광지출	50억$	82.4억$	고용창출	11.6만 명	−
관광GDP	8%	−			

자료 : 관광진흥 5개년 계획 수립 연구(2018), 문화체육관광부

(2) 제2차(2004~2008)

■ 제2차 관광진흥 5개년 계획은 앞서 제1차 관광진흥 5개년 계획의 연계 후속계획으로 문화관광을 연계하여 정책시너지를 발휘하고자 하였고, 문화관광부의 장기 종합계획인 「문화비전21」의 관광부문 계획의 정책 수단과 사업을 구체화하여 집행 방안을 제시하기 위함으로 제작되었다.

■ 각 정책목표를 크게 다시 구분하자면 국민관광, 지역관광, 국제관광, 관광산업으로 나눌 수 있다. 국민관광 부문 세부 사업은국민생활관광 환경 조성, 국민관광 수요에 부응하는 관광 인프라 조성, 국민관광수요 확대에 적극 대응한 관광자원 및 상품 개발, 국민의 관광 소비능력 향상 등이다.

■ 창업지원으로는 "관광벤처기업지원센터"의 설립을 통해 관광벤처 기업에 대한 창업지원, 행정지원, 교육, 정보제공을 토대로 관광부분의 벤처기업을 육성하는 제도적 장치를 마련하고자 하였다.

〈제2차 관광진흥 5개년 계획〉의 정책 목표별 추진 전략은 다음과 같다.

제2차 관광진흥 5개년 계획 정책방향과 추진 전략

정책목표	정책기본방향	추진 전략
생활 속에 스며드는 국민관광	국민관광 기반을 구축하여 관광발전의 중심축으로 삼는다.	국민 생활관광 환경 조성
		국민관광수요에 부응하는 관광 인프라 조성
		국민관광수요 확대에 적극 대응한 관광자원 및 상품 개발
		국민의 관광소비능력 향상
지역성장과 어우러진 관광	지역의 생활과 문화가 관광환경과 여건의 토대가 되도록 한다.	지역밀착형의 특화 관광개발 및 지역 간 연계개발 추진
		관광개발 추진주체의 역량 강화
내실 있는 관광산업	관광산업이 관광진흥의 원동력이 되도록 한다.	기업활동 촉진을 위한 규제합리화
		관광산업 투자유치 촉진
		관광산업 경쟁력 강화
세계인이 매력을 느끼는 관광한국	우리나라의 관광매력을 높여 동북아시대 국제관광을 선도한다.	매력적인 관광한국 이미지 조성 및 홍보마케팅 강화
		관광기반시설의 양적 확대 및 질적수준 제고
		한국 브랜드 상품 및 전략시장별 관광상품 개발
		관광편의성 개선을 위한 출입국 절차 및 국제관광 교통체계 개선
		동북아 및 남북 관광교류 협력 강화

■제2차 관광진흥 5개년 계획은 목표로 잡은 수치에 있어 관광수입 90억$ 돌파하는 등의 성과를 이뤘으나 외래관광객 1,000만 명 유치, 관광횟수 12회 촉진 등의 목표는 행정적으로 높게 설정되어 단기 종합대책 등이 산발적으로 설정되었다는 평가가 나타났다.

제2차 관광진흥 5개년 계획 목표 및 성과

구분	목표	성과	구분	목표	성과
관광수입	100억$	90억$	외래관광객	1,000만 명	689만 명
관광횟수	12회	6.1회	관광총령	6.5억 일	4.1억 일
관광GDP	8%	–	고용창출	330만 명	–

자료 : 관광진흥 5개년 계획 수립 연구(2018), 문화체육관광부

(3) 제3차(2009~2013)

■제3차 관광진흥 5개년 계획은 "동북아 지역의 매력적인 관광부국"이라는 비전을 가지고 구체적인 목표와 지표를 설정하여 계획의 범위를 대한민국뿐만 아니라 일부 사업의 경우 북한, 일본·중국까지 고려하는 중장기적인 정책 방향을 제시하였다.

■제3차 관광진흥 5개년 계획에서는 '관광산업 투자 장애 요인 제거를 통한 관광산업으로의 투자확대'를 기본 방향으로 선정하였고, 규제 완화를 실행하여 관광산업에 대해 민간 부분의 지속적인 투자를 유도하는 환경을 조성하였다. 따라서 중소기업의 창업지원 대상에서 숙박업, 음식업 등을 제외하였고 이를 통해 관광사업체가 관광진흥법상 창업지원 제외 대상에 포함되지 않는 다는 것을 명문화하였다.

■창업지원으로는 투자 실무인력을 민간부분에 확대하기 위해 여행거래나 창업절차 습득 등의 연수 프로그램을 발굴하여 시행하였고, 고용주의 수급 불일치를 해소하기 위해 신규 관광인력에 대한 정보를 적극적으로 제공하였다.

■관광산업에 대해서는 공사, 관광투자유치센터와 업무제휴를 통해 관광 M&A를 지원하고 이를 통해 국내 관광사업체가 경쟁력을 강화하여 해외시장 유치, 유망사업 발굴을 진행할 수 있도록 지원하였다.

■ 민간중심의 발전기발 구축 계획 방향

정책목표	추진전략	정책 과제
민간중심의 관광산업 발전기반 구축	시장 친화적 관광투자 시스템 조성	관광산업 부담경감 및 규제완화
		관광개발 수도권 규제 합리화
		민간투자 활성화 위한 사업규제완화
		관광사업자의 경영여건 개선 제도 도입
		관광개발 절차 간소화
		관광자원개발 법 · 체계 보강
	관광산업의 투자확대	관광투자 활성화 위한 정책개발
		사회기반시설 사업 활성화 추진
		관광 산업 투자참여 확대유도
		관광산업 M&A 및 전략적 제휴 등 지원
		민관공동투자사업 발굴 및 시행
		생산성 향상 컨설팅 지원
		투자정보의 원활한 유통 지원
		투자실무인력 교육 강화
	관광 전문 인력 양성	교육과정 인증프로그램 도입
		글로벌 관광인력 뱅크구축
		E러닝 시스템 도입
		관광명장 제도 신설
		공공부문 관광인력 전문화
		국내외 인턴제 강화
		실습중심 학교 지정 · 장려
	R&D 투자 확대	관광산업 전자상거래 기반구축
		관광산업기술 표준위원회 구성
		관광산업지원센터 설립
		3대 관광산업 우선적 R&D지원
		관광 서비스 혁신을 위한 R&D 사업 지원
		R&D 부문 예산 확대
		관광통계시스템 구축
		관광지식정보 시스템 보완
	공정한 시장실서 확립	공정질서 확립 국가권한 규정 확립
		소비자 보호 강화 법률적 근거 마련
		(가칭) 관광분쟁조정위원회 설치
	지역관광 발전 역량 강화 및 제도 개선	지역공동협의체(LTB) 구성
		지역 관광 인력 양성
		지역관광산업 및 지연산업 육성과 지원
		정부-지자체-민간 사업추진 시스템 개선
		지역관광 모니터링 사업 추진
		지역관광통계 생산체계 개선

자료 : 제3차 관광진흥 5개년 계획[2009~2013](2008), 문화체육관광부

■ 제3차 관광진흥 5개년 계획의 계량적인 성과는 다음과 같다. 브랜드 목표 순위와 외래관광객 수 목표는 성과를 달성하였으나, 고용창출, 이동총량, 관광수입, 관광소비액, 관광산업 경쟁력(WEF)에 대해서는 성과가 미비한 것으로 나타난다.

제3차 관광진흥 5개년 계획 목표 및 성과

구분	목표	성과	구분	목표	성과
외래관광객	1,100만 명	1,114만 명	고용창출	170만 개	85만 개
관광수입	150억$	134억$	이동총량	7억 일	3.6억 일
관광소비액	24조 원	20.4조 원	경쟁력(WEF)	21위	25위
관광브랜드	29위	27위			

자료 : 제4차 관광진흥 5개년 계획 수립 연구(2013), 문화체육관광부

(4) 제4차(2014~2018)

■ 제4차 관광진흥 5개년 계획은 '관광으로 행복한 국민, 융성하는 대한민국'을 비전으로 하여 문화융성을 기반으로 관광산업의 재도약을 위한 구조를 확립시키는데 기점을 두었다. 따라서 질적 제고를 위한 정책을 재정비하여 관광산업 전방에 걸쳐 근간이 되는 계획을 설정하고자 하였다.

■ 박근혜 정부의 '경제부흥, 국민 행복, 문화융성'이라는 국정 기조에 대해 관련 추진 방향으로 창조적 접근을 통한 추진과제 도출하였으며, 2018년까지 기한을 두고 정책의 실행력을 위해 구체적인 로드맵을 제시하여 국내·외 경쟁력의 강화를 도모하였다.

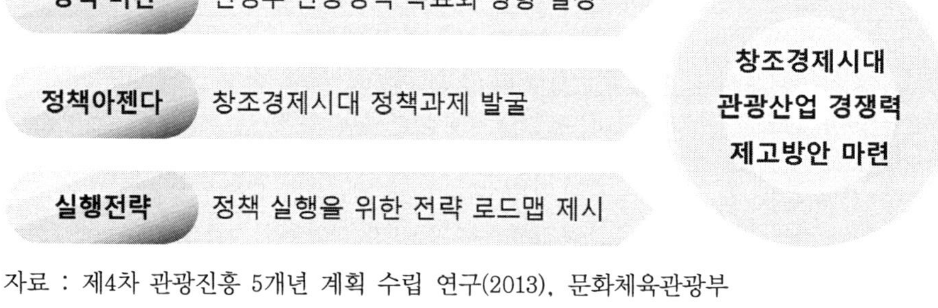

자료 : 제4차 관광진흥 5개년 계획 수립 연구(2013), 문화체육관광부

■창업 시장에서는 시장규모의 확대와 투자 창업 여건의 개선을 도모하여 일자리 창출을 목표로 하며, 신규 창업지원, 중소기업 인센티브제공, R&D 강화, 관광산업 업종분류 체계 정비등을 제시하였다. 또한 투자 활성화를 위해 민간투자의 규제 완화, 산업 제도 도입, 인큐베이팅 시스템을 개선하여 도입하였다. 세부과제는 다음과 같다.

중소기업청의 중소기업 역량 강화 정책

구분	추진과제	내용
중소기업 창업 활성화 지원	• 스마트 앱(App) 창작터 운영 • 글로벌 청년 창업 활성화 지원 • 글로벌 시장형 창업 R&D 사업	해외시장에서 성공가능성이 높은 창업팀 발굴, 국내연수와 현지 교육지원
		앱 개발 교육, 창업팀 발굴, 스마트앱 창업활성화 지원
		초기 자본이 없는 유망 창업팀에게 전문 투자자의 선별능력과 인큐베이팅 능력 활용하여 R&D 지원 확대

자료 : 제4차 관광진흥 5개년 계획 수립 연구(2013), 문화체육관광부

■스마트 관광기업 창업학교 설립 및 운영

IT산업과 관광산업의 융합을 도모하여 청년인재를 발굴하고 육성하기 위한 창업학교를 설립, 콘텐츠, 소프트웨어 융합분야의 우수 창업기업을 지원한다. 이후 졸업 후에도 시장경쟁력을 차지할 수 있도록 마케팅과 판로개척에 있어 다양한 지원을 통해 사후관리 대책을 마련하였다.

자료 : 중소벤처기업부
(http://www.k-startup.go.kr/common/post/detail.do?mid=30005&bid=710&postSn=56327)

■관광 창업 지원, 사회적 경제 모델 연계

관광정책 영역에서 추진하는 정책을 사회적 경제모델과 연계하여 사업의 발굴을 확산하는 중이다. 특히 문화 관광축제에 있어 관광객 수요를 대응하기 위한 영역으로 사회적 마을기업, 창조관광기업 등의 지역기업을 활성화하여 지역 기반을 유도하였다.

■관광분야 사회 협동조합 설립

잠재적인 사회적 협동조합을 설립하여 제도적 기반을 마련하며, 지역별, 분야별 운영 중인 협동조합 등을 대상으로 교육과정을 운영하여 정보제공과 단계별로 고려할 가이드라인을 교육하고 있다. 이후 협동조합의 유형별로 운영사례를 발굴하여 주체 간 연계, 공유 등을 실천하도록 하였다.

■관광기업 서비스 사이언스 경영 모델 개발

중소관광기업의 수익성을 제고하기위해 중소관광기업이 접근하기 어려운 부분을 공유하고 제휴를 통해 해결할 수 있도록 사이언스 모델을 개발하였다. 특히 관광호텔업 분야에서 중소규모의 정보공유, 연계시스템을 개발하여 효율적인 관광서비스를 제공할 수 있도록 하였다.

- ■제4차 관광진흥 5개년 계획의 계량적인 성과는 4차계획이 2018년까지 연속적이지 못하고 16년도에 종료됨으로 인해 16년도 결과를 바탕으로 확인할 때 다음과 같다. 관광수입은 170억으로 52% 달성, 외래관광객 수는 78.3%까지 달성하였으므로 목표치에 대해 충분히 달성하였다고 판단 가능하다.

◘ 제4차 관광진흥 5개년 계획 목표 및 성과

구분	목표	성과(16)	구분	목표	성과(16)
외래관광객	2,200만 명	1,724만 명	고용창출	150만 명	-
관광수입	330억$	170억$	관광일수	15일	9.4일
관광소비액	32조 원	25조 원			

자료 : 관광진흥 5개년 계획 수립 연구(2018), 문화체육관광부

(5) 제5차(2018~2022)

- 제5차 관광진흥 5개년 계획에서는 타부처간의 연계사업을 적극 활용하며, 기존계획과의 차별점으로 정책범위의 확장을 도모하였다. 특히 관광의 사회적 순기능을 최대한 발휘하고자 하였으며, 문화체육관광부를 중심으로 4개의 실무 분과를 구성하여 각 정책을 연구, 발표하였다.

- 국정과제로는 문재인 정부의 '관광복지 확대와 관광산업 활성화'를 목표로 하여 자유로운 휴가와 관광여가 사회를 실현하고 이에 따라 관광산업을 육성하였다.

자료 : 문화체육관광부(2018), 제5차 관광진흥 5개년 계획 수립연구

- 추진전략으로는 신역량 강화로 관광산업의 경쟁력을 제고하였으며, 4차 산업혁명에 따라 관광성장 R&D사업지원, 관광산업 4.0센터설립 등을 지원하여 관광산업혁명 대응체계를 구축하였다. 또한 관광사업체의 각 성장 단계별로 지원체계를 구축하여 관광산업의 경쟁력을 강화하고, 해외진출 등의 글로벌 관광사업체로 발전을 유도하였다.

■ 신성장 역량 강화로 관광산업 경쟁력 제고

정책목표	추진전략	정책 과제
신성장 역량 강화로 관광산업 경쟁력 제고	관광산업의 4차 산업혁명 대응체계 구축	혁신성장을 위한 빅데이터 기반 관광플랫폼 구축
		4차 산업혁명 대응을 위한 '(가칭) 관광산업 4.0센터' 설립
		미래 신성장산업으로 관광산업 육성
		4차 산업혁명시대 대응을 위한 혁신성장 관광R&D 지원
	관광산업 경쟁력 강화를 위한 지원체계 구축	관광사업체 성장단계별 특화지원체계 구축
		업종개편 및 유연한 진입으로 관광사업 범업종개편 및 유연한 진입으로 관광사업 범위 확대
		해외진출 지원으로 글로벌 관광사업체 발전유도
		관광산업 글로벌 혁신비즈니스 멘토링 지원
		관광산업 동반성장 및 상생체계 구축
	핵심인력 양성·창업 확대로 관광일자리 창출	관광인력 취업 종합지원망 기능 강화
		관광일자리 창출을 위한 상시 수급분석체계 구축
		산학협력 인력 양성체계 구축
		관광산업분야 신규직종 및 관광업종 발굴
		지역중심의 관광창업 지원체계 구축
	금융지원과 규제 개선으로 관광산업 활력 제고	관광산업 육성을 위한 재원조달체계의 다양화 추진
		관광진흥개발기금 투자기능 강화
		관광산업 상시규제 발굴 및 원스탑 규제개혁 체계 구축
		관광산업 분쟁조정 및 소비자 보호 강화

자료 : 제5차 관광진흥 5개년 계획(2018), 문화체육관광부

제4장

기업가정신의 이해

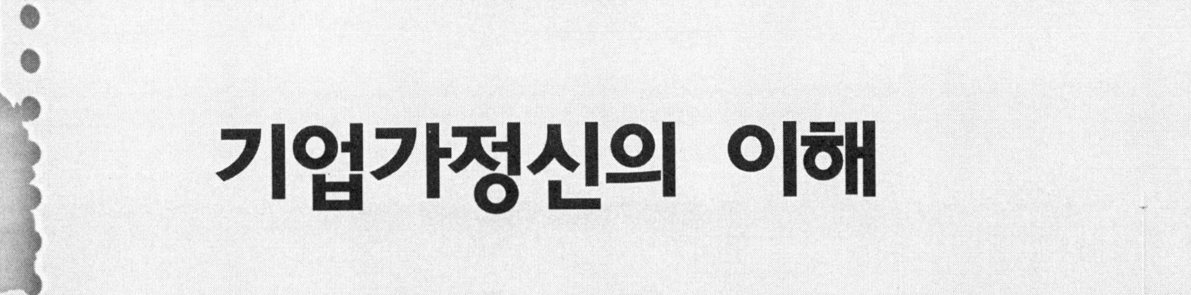

관 광
창업론

04 제4장 기업가정신의 이해

학습목표
1. 기업가정신의 개념 및 중요성에 대해 이해한다.
2. 기업가정신을 함양하고 이를 실천할 수 있다.

1. 기업가정신의 개념 및 중요성

기업가정신이란?

■ 기업가정신 entrepreneurship는 entrepreneur+ship로 구성
- entrepreneur(기업가) : 프랑스어인 entreprendre(시도하다, 착수하다, 위험을 감수하다.)
- ship : skill(기술), condition(조건), character(특징)을 의미
  → entrepreneurship은 무엇인가를 시도, 착수하거나 위험을 감수하는 기술, 조건, 특징

■ 기업가정신은 새로운 가치를 창출하는 기업가의 의지 또는 활동이다. 우리는 기업가정신을 이야기할 때 '정신'이라는 단어 때문에 '기업가로서 갖추어야 할 도전적이고 진취적인 마인드 또는 혁신적인 사고'라고 제한적으로 이해하는 경우가 많다. 하지만 이러한 내용은 기업가정신의 올바른 의미를 충분히 설명하지 못하는 것이다. 기업가정신에 대한 합의된 명확한 정의는 없지만 보편적으로 다음과 같은 의미로 통용된다.

- 기업가의 정신적인 상태나 심리적인 요소만을 의미하는 것이 아니라, 기업가의 개인적인 태도와 역량, 가치창출행동 등을 총괄하는 의미
- 제한된 자원과 불확실성, 위험에도 불구하고 진취적이고 혁신적인 사고로 새로운 가치를 창출하고자 기업가의 의지 또는 태도 및 행동양식

기업가정신에 관한 다양한 정의

■ 창조적인 기업을 이끌어 가는 패러다임은 그 성장 동력이 필요하다. 이러한 기업의 성장동력은 리더십을 가진 사람들로써 기업의 모든 경제 위험에 직접 대면하는 사람들이다. 우리는 이러한 사람들은 기업가라고 명칭한다.

■ 기업가의 유래는 17, 18세기로 올라간다. 16세기 대항해시대에서 영국이 동인도 회사를 설립하고 기존에 무역로는 세계로 확장되어 상인들은 위험을 무릅쓰고 해외로 나아가는 시도를 하였고 당시 유럽에서 위험한 해외무역에 종사하는 모험적인 상인을 가리키는 말로 기업가라는 단어가 사용되었다.

■ 기업가의 특징은 기업가정신의 의미에서 찾을 수 있다. 슘페터, 드러커, 티몬스가 정의한 기업가정신(Entrepreneurship)에서는 기업가정신에 있어 '혁신'과 '리더십' 그리고 '가치 창조'를 강조하고 있다. 결국에는 누군가의 지시가 아닌 능동적으로 행동하며 다수를 이끌어 가는 사람이 기업가라고 할 수 있다.

■ 슘페터(Schumpeter)에 의해서 기업가라는 개념을 체계적으로 확립하였으며, 기업가는 '이윤을 추구하는 직무를 수행하는 자'로 정의하여 소유주 또는 경영자와 구별하였다. 또한 '어려움을 피하지 않고 변화를 모색'하여 기업가의 재능이 중요하게 작용하는 점도 강조하였다. 즉 창조적인 생각을 통해 새로운 제품을 발명, 시장을 개척하여 혁신적인 기능을 수행하는 사람이 정확한 의미에서의 기업가라고 정의할 수 있다.

■ 드러커(Drucker)는 기업가에 대해 '변화를 탐구하고, 변화에 대응하며, 변화를 기회로 이용하는 자'라고 정의하였다. 변화 자체를 건강한 것, 정

상적인 것으로 받아들이며 새로운 것을 만들어내는 혁신을 위해 지속해서 노력하는 사람을 기업가라고 볼 수 있으며, 변화를 느끼기 위해서는 직접 세상을 접하며 흐름을 읽어낼 때 기회가 발생한다고 강조하였다.

◘ 기업가정신에 관한 다양한 정의

J, A Schumpeter	• 새로운 생산방법과 시장을 개척하여 창조적 파괴(creative destruction)에 앞장서는 혁신자 • 기업가정신은 혁신적인 활동을 가능하게 하는 기업가의 노력이나 의지. 창조적 기쁨
J, Timmons	• 기업가정신은 실질적으로 아무것도 아닌 것에서 가치 있는 어떤 것을 만들어내는 창조적인 행동 • 기회를 추구하고 위험을 감수하는 것
P. Drucker	• 기업가란 언제나 변화를 탐구하고, 변화에 대응하며, 변화를 기회로 이용하는 자 • 위험을 무릅쓰고 변화에서 포착한 기회를 사업화하려는 모험과 도전정신
K, Vesper	• 다른 사람들이 발견하지 못한 기회를 찾아내는 사람, 사회의 상식이나 권위에 사로잡히지 않고 새로운 사업을 추진할 수 있는 사람
M, Morris	• 기업가정신이란 기업 지속 성장의 원천으로, 비합리적인 것을 창조하는 것 • 기회를 찾기 위해 자원의 독특한 조합을 통하여 가치를 창출하는 과정

기업가와 전통적 경영관리자의 차이

■ 기업가와 전통적 경영관리자자 각각의 의미와 차이에 대해 구분을 짓고 있지만 명확하게 인식하기 어렵다. 기업가란 창의적 도전정신을 바탕으로 리더쉽을 발휘, 기업의 문제와 목표달성에 필요한 수단 등에 직접적인 영향력을 행사하는 사람이다. 투자, 창업, 관리 등의 직접적인 행동을 취하기도 하며 이러한 행동에서 오는 위험부담을 직접 감수하기도 한다. 경영자란 기업을 경영하는 역할을 가지며 고위경영자인 CEO 혹은 사장 이외에도 사업별, 단체별 등의 경영자로 나누기도 한다. 또한, 경영자는 직업적으로 임금을 받고 기업의 경영을 수행하는 사람이다.

■ 국내에서도 '기업가'에 표기와 그 정의에 있어 많은 이견을 보고 있으며, 그 의미를 잘못 해석하는 경우가 있다. '기업가'를 한자로는 '企業家'로 표기하고 있는데 이는 단순히 새로운 사업을 운영한다는 의미로써 'Manager',

'Business man'과 유사하다고 할 수 있다. 진정한 의미에서 기업가는 '起業家'로서 혁신적인 활동과 가치를 창출한다는 의미로 정확한 의미로서의 'Entrepreneur'라고 할 수 있다.

기업가와 전통적인 경영자의 차이

	기업가	전통적인 경영관리자
주된 동기	자기 의존적, 자기 동기적, 목적 지향적, 자유를 원함	권력 지향, 승진과는 다른 전통적인 보상을 원함
행동	갑작스러운 작업수행 등의 직접적인 행동 수행	행동을 위임, 감독과 보고업무에 주력
관심	기술과 시장에 관심	기업 내부 사건에 관심
위험	적절한 위험을 즐김	주의함
실패와 실수	실패와 실수를 기회로 삼음	실패와 실수 회피
의사결정	개인적 견해 추종, 결단력과 행동지향	권력을 가진 자에게 동조함
봉사대상	자신과 고객에게 봉사	타인에게 봉사
체제	조직에서 거부 시 새 조직을 형성	기존 체제 적극 협조
문제해결	자신의 독자적인 방식으로 해결	조직 내에서 문제를 풀어감
다른 사람과의 관계	상호작용을 기본관계로 인정	위계질서를 기본질서로 간주

한국에서 성공한 창업자의 7대 기업가정신과 전략

(1) 제1전략 : 도전과 개척

기업가들이 창업의 뜻을 이루기 위해서는 위험에 맞서는 개척정신이 필요하다. 이는 시련과 역경을 극복하고, 극한의 어려움을 무릅쓰고 개척하며 성공하는 사업 정신이라고 한다.

(2) 제2전략 : 신용제일주의

성공한 기업가들은 고객과 믿음과 약속이 바로 자산이라고 생각하였다. 따라서 고객과의 신용이 깨지지 않는 것을 철칙으로 여기면서 사업을 이끌었는데 이를 신용제일주의 정신이라고 한다.

▶ 기업가의 도전정신 사례, 아산 정주영 회장 : "이봐 해봤어?"

현재 현대기업의 정신인 아산 정주영 회장은 생명이 있는 한 실패는 없다는 신념으로 한평생을 살았다. 그의 앞에서는 절대 하면 안 될 3가지 말이 있었다. "불가능합니다.", "못하겠습니다.", "시간이 더 필요합니다." 특히 불가능하다는 단어와 같이 자신을 제한하는 단어는 절대 가지면 안 된다고 말하곤 하였다.

이는 특히 1984년 서산방조제 물막이 공사에 얽힌 일화에서 나타난다. 당시 초속 8m의 빠른 물살로 인해 마지막 300m 구간을 남겨두고 공사가 멈춰 버렸다. 그는 해체해서 쓰려고 사뒀던 폐유조선을 끌고 와서 해당 구간을 틀어막은 채 공사를 끝내 국내외 관계자들을 놀라게 했다. 그는 부하 직원이 힘든 일을 앞두고 포기하려고 할 때마다 그는 "이봐 해봤어?"라는 말과 함께 좌절하지 말라는 메시지를 전했다.

정주영 회장은 기업을 창설하고, 신시장을 개척하는 데 있어 어려움이 있더라도 부딪히는 정신으로 임하였고, 그 결과 현대그룹이라는 대기업을 창설하는 결과를 낳게 하였다.

(3) 제3전략 : Candoism(하면 된다)

사업을 처음 시작하는 경영자가 자기 생각이나 행동이 옳다고나 해낼 수 있다고 믿는 마음의 신념이냐 불굴의 정신, 개척정신과 도전정신을 실행할 수 있는 정신이라고 말한다. 새로운 환경에 적응하는 데 있어 진입장벽과 악조건 속에서 싸울 수 있는 정신력을 신념의 정신이라고 말한다.

(4) 제4전략 : 근검절약

성공한 기업가들이 말하는 부자는 필요한 때에만 돈을 쓰거나 헛되이 돈을 쓰지 않아 그 부지런함과 검소함이 뛰어나다고 한다. 근검절약 정신은 한국 재벌총수의 경영이념 가운데 하나이며 근검하고 저축할 때 부를 쌓을 수 있다고 말하고 있다.

(5) 제5전략 : 인재제일주의

기업이 사업을 진행하는 데 있어 사람 필수적인 요소로 작용하고 있다. 특히 다변화되는 시대에 맞춰 기존 인력 중에서 재주나 능력이 뛰어난 사람, 기술개발이나 혁신을 이끌 인재를 발탁하여 적재적소에 배치하는 것 또한 중요한 정신으로 작용하고 있으며, 인력을 사용하는 데 있어 '기업은 사람이다'라는 신념을 가지고 개개인의 능력을 최대한 발휘하도록 여건을 조성하는 것 또한 원동력을 높이는 요소로 작용한다.

(6) 제6전략 : 고객만족주의

성공한 기업은 항상 고객을 최우선으로 생각하고 경영의 모든 부문을 고객의 처지에서 생각하며, 진정한 의미에서의 고객 만족을 통해 기업의 생존과 번영을 유지하고자 하였다. 일찍이 고객 만족 경영은 1980년대 후반부터 미국과 유럽 등지에서 주목을 받기 시작하여 고객의 재구매율과 충성도를 높이는 전략으로 상징되어왔다.

(7) 제7전략 : 정직과 정도경영

사업은 신용을 기반으로 정직하게 진행해야 하며, 그것이 바로 정도이다. 특히 기업가로서 고객에게는 정직해야 하며, 타 기업에는 공정한 거래를 하여 상호발전을 추구해 책임과 의무를 다해야 한다. 윤리경영은 OECD를 비롯한 선진국의 21세기 기업이 가지고 있는 경쟁력의 원천이다.

글로벌 기업가정신 지수

기업가정신을 계량화하여 수치화한 자료는 기업가정신을 한눈에 볼 수 있는 지표이다. 경제발전에 있어 중요한 원동력이 되는 기업가정신은 시장이 세계화됨에 따라 글로벌 차원의 연구 조사가 진행되고 있으며 각 조사기관에서 측정지표를 통해 비율을 산정하고 국가 간 비교를 하고 있다.

(1) GEI(Global Entrepreneurship Index)

세계 기업가정신 발전기구(GEDI)에서 발표하는 기업가정신 지수로 매년 11월마다 글로벌 기업가정신 네트워크(GEN)와 함께 137여 국의 기업가정신 지수와 수치를 발표한다. 평가에서는 창업기술, 제품혁신, 국제화 등의 개별설문 항목에 있어 교육의 질, 연구개발비, 기술사업화, 경제 복합성 등의 제도적 변수를 더해 총 14개 항목을 구성하여 나라별 기업가정신 지수를 측정, 지수화한다.

〈2018 기업가정신 지수 평가항목〉

지수	항목	개별설문 항목	제도항목
태도	기회 인식	거주권 내 창업 기회 인식	경제 자유도, 재산권
	창업기술	사업 역량 판단	고등교육, 교육의 질
	위협 수용	창업 실패에 대한 두려움	국가위험도
	네트워킹	창업한 사업가의 인지	집단화, 기발시설
	문화적 지원	직업선호도, 국민의 시각	국가 부정부패 수준
능력	창업 기회	기회적으로 시작한 창업 비율	과세, 정부의 효율성
	기술 흡수	정보기술산업 영역 비율	기술 흡수
	인적 자본	교육수준	노동시장, 직원 훈련
	경쟁	같은 서비스 경쟁자 비율	시장지배력, 독점규제
포부	제품 혁신	신제품 생산 능력	기술사업화
	생산공정 혁신	신기술 사업 비율	GDP대비 연구계발비 과학기술자 가용성
	고도 성장	향후 성장가능성 있는 기업비율	벤처케피탈 사업
	국제화	수출능력	경제 복합성
	위험자본	비공식 투자비율	자본시장 성숙도

자료 : Global Entrepreneurship Index 2018

※ 참고 - 2018 한국 기업가정신 지수 수치

■ 생계형 창업을 줄고, 기회형 창업을 늘었다.

- 2018년 GEI 결과에 따르면 한국의 종합 지수는 0.542로 전체 137개국 중에 24위를 기록하였다.

■ 태도영역 : 위험감수율은 높으나 문화적 지원은 낮다.

- 창업을 시작하는 데 있어 기회 인식과 위험수용을 평가하는 항목으로 사회의 기업, 기업가정신에 대한 전반적인 느낌을 평가한다.
- 태도 항목에서는 한국은 위험수용 항목에 있어 높은 점수를 받아 국가 위험도에서 안전하다고 평가된다. 낮은 점수를 받음 항목은 문화적 지원 항목으로 국민의 시각과 직업 선호도 등에서 사회적으로 부정적인 평가를 받으며, 부패도 상대적으로 심한 것으로 나와 해당 지수가 가장 낮게 나온 것으로 보인다.

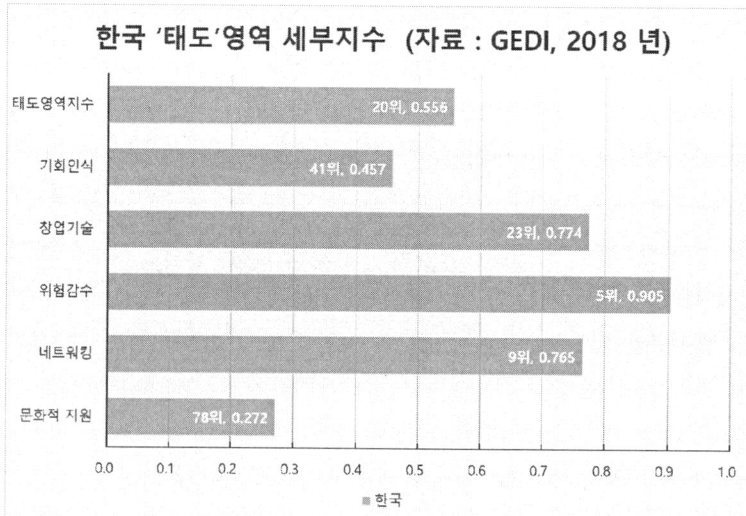

■ 능력영역 : 낮은 인적 자본과 자유롭지 않은 경쟁환경

- 능력지수에서는 창업 및 기업활동을 이행할 수 있는지에 대해 평가하는 지수로 시장과 기업 형태의 전반적인 분위기를 나타낸다.
- 한국의 능력영역 지수는 대체로 낮은 편이다. 기술흡수는 27위로 상대적으로 높지만 다른 항목들은 저조한 편으로, 창업을 활성화할 수 있는 태도는 높으나 실행할 수 있는 능력이 그에 미치지 않는 것으로 나타나, 창업에 있어 소극적인 한국의 상황이 반영되고 있으며, 경쟁환경이 자유롭지 않은 시장이 조성된 것으로 보인다.

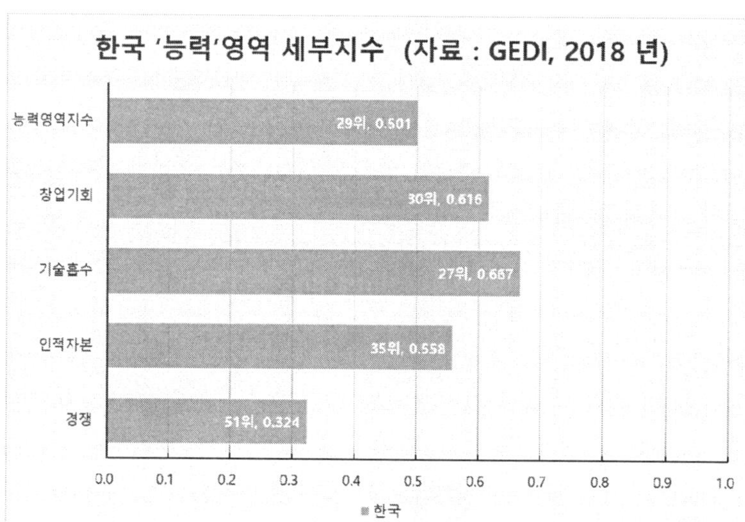

■ 포부영역 : 높은 혁신성에 비해 저조한 국제화

- 포부지수에서는 창업 이후 기업활동에 있어 앞으로의 포부를 측정하며, 앞으로의 성장 가능성과 투자 가능성을 나타낸다.
- 한국의 포부영역지수는 27위로 상대적으로 낮다. 생산공정 자체는 1위를 기록하며 GOP대비 연구개발과, 신기술에 있어 높은 퀄리티를 가지고 있으나 국제화(66위), 고도성장(46위)등은 상대적으로 낮은 것으로 나타난다. 이는 경제가 복합적이지 않으며 일방적인 경제 상황을 가진 것으로 나타난다.

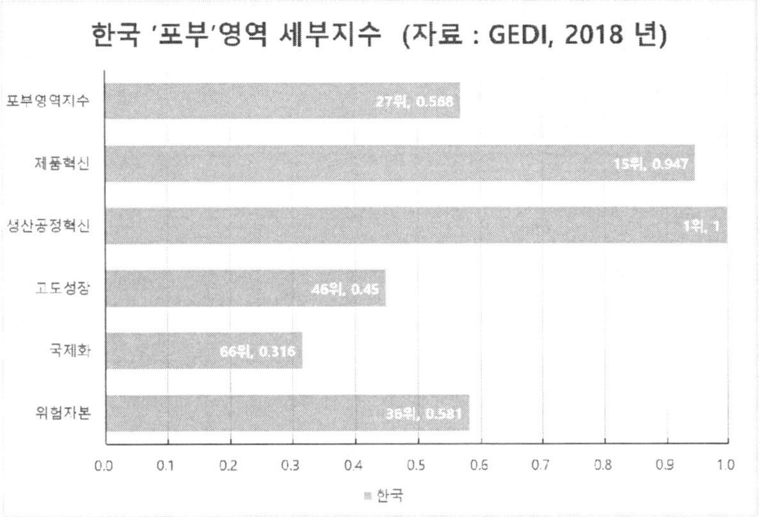

(2) GEM(Global Entrepreneurship Monitor)

글로벌 기업가정신 연구 협회(GERA · Global Entrepreneuship Research Association)에서 발표하는 기업가정신 지수로 1999년도부터 벱슨 칼리지 주도로 매년 수치를 발표한다. 조사 내용으로는 초기 창업활동에 따른 활동비율(TEA) 와, 기회추구 창업활동(ODEA), 생계형 창업활동(NEDA), 안정기 소유경영 활동(EBOR)영역에 대한 조사를 시행한다.

각각 창업에 대한 인식 · 태도, 창업활동, 창업 열망 등에 대한 인식 등이 변수로 작용하며 국제비교 연구로서 한 국가의 기업가정신에 대한 사회적 인식, 기업가적 활동특성, 기업가정신 생태계의 건전성을 파악할 수 있다.

(3) 한눈에 보는 기업가정신

OECD에서는 2006년부터 '한눈에 보는 기업가정신'이라는 보고서를 발간하여 OECD 회원국과 다른 국가의 기업가정신과 국가에서 활동하는 기업활동 현황을 비교 분석하고 있다. 조사 내용으로는 기업인력 구조와 성과, 기업 규모별 생산선, 기업 역동성, 일자리 창출, 성별 기업가정신에 대한 조사를 시행한다. 2017년 기준 보고서에 따르면 한국은 기업가정신을 고투하고 중소기업의 효율을 향상시키기 위한 개혁을 시행하였으나 기업가적 활동에 있어 시장에 기초한 자금조달과 경제 상승을 위해 혁신적이며 성장 지향적인 창업기업(일명 스타트업)의 발달이 필요하다고 나타냈다.

▶ 한국의 서비스 부문 중소기업은 대기업보다 생산성이 훨씬 낮다.

각국에서 250명 이상의 근로자를 고용한 도·소매업 회사에 종사하는 직원 1인당 부가가치를 보았을 때 한국은 다른 나라보다 생산성이 떨어지는 것으로 파악된다.

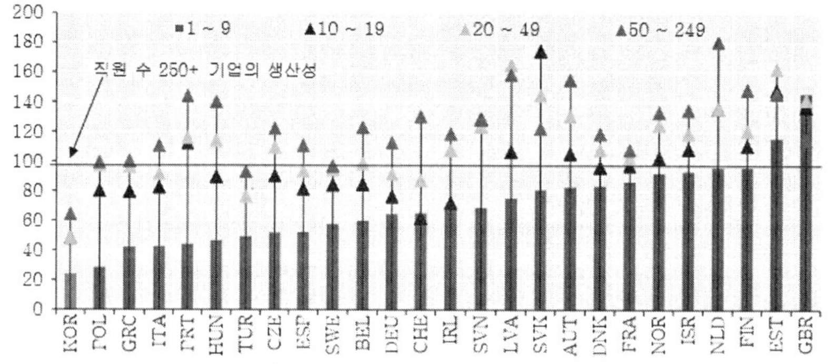

자료 : OECD(2015), Entrepreneurship at a Glance 2015(2015년, 한눈에 보는 기업가정신), OECD 출판

▰ 기업가정신의 확장

일반적으로 우리나라에서는 기업가정신이 창업의 영역에서만 강조되고 있다. 하지만 선진국의 경우 기업가정신은 비즈니스 창업뿐만 아니라 기존 조직에서의 변화와 혁신적 인재양성을 위한 사내 기업가정신과 사회 전반적인 변화와 혁신, 공존과 공생의 사회적 경제 등과 더불어 사회적 기업가정신으로 확산되고 있다.

(1) 사내 기업가정신

조직 또는 조직 내 개인이 현재 가지고 있는 자원을 고려하지 않고 적극적으로 기회를 추구하는 과정이다. 이러한 기업가적인 관리자는 고객의 문제를 해결하고 시장을 만족시키는 기술적 역량과 새로운 지식을 연결하여 조직이 다음 단계로 성장하는데 기여한다. 기존 조직 내부에서 새로운 비즈니스를 탄생시키고 핵심 아이디어를 쇄신함으로써 변화를 추구하도록 한다.

(2) 사회적 기업가정신

기업가정신의 기존 이슈가 수익창출을 가져오는 사업기회에 대한 확인, 평가, 탐색의 과정이라면, 사회적 기업가정신은 사회적 변화와 가치창출을 가져오는 기회에 대한 새로운 과정이라고 할 수 있다. 최근 들어 관심을 받고 있는 사회적 경제의 세부 형태인 사회적 기업, 마을기업 등에도 기업가적인 태도와 역량이 적용되고 있다.

기업가정신의 중요성

■ 기업가정신과 국가 경쟁력

오늘날의 경제 시스템은 관리적 경제에서 기업가적 경제로 이동하는 시대이다. 이제 기업들은 보유하고 있는 경영 자원을 효율적으로 사용하는 것에만 몰두하는 기존의 경영 시스템에서 새로운 가치를 창출하는 기업가형 조직으로 변해야 한다.

경쟁은 날이 갈수록 더욱 치열해지고 있으며, 끊임없는 품질 향상과 기술개발을 통해 새로운 가치를 창출하는 기업만이 경쟁에서 살아남을 수 있다. 따라서 틈새시장을 찾아내고 글로벌 전략으로 시장을 개척해 나가는 기업경영이 요구된다.

■ 기업가정신과 성공창업

최근 많은 사람들이 창업에 도전하고 있다. 수많은 아이디어가 쏟아지고 있고, 창업에 대한 정부와 기업의 지원도 이어지고 있다. 성공적인 창업을 이루기 위해서 많은 것들이 요구된다. 독특하고 차별화된 아이디어, 사업을 효과적으로 실행할 수 있는 경쟁력 있는 팀빌딩, 명확하고 구체적인 사업계획서와 이에 따른 자원 조달 등을 준비해야 한다. 하지만 이러한 준비에 앞서 창업가의 열정과 의지, 혁신적인 태도 등의 기업가정신이야말로 성공창업을 위한 핵심요소라 할 수 있다.

기존 시장의 경쟁자들과 차별화된 아이디어를 개발하며, 좋은 팀을 구성하고 적절한 자금을 마련하기 위해서 수많은 어려움을 극복해 나가는 과정에서 창업가는 때로는 포기하고 좌절하기도 한다. 이처럼 치열한 창업 과정에서 다양한 자원의 중요성도 간과할 수 없지만 많은 전문가들이 공통적으로 강조하는 것이 바로 기업가정신이다. 기업가정신이 실제로 성공적인 창업 과정에서 결정적인 영향을 미친다는 사실은 많은 실증적 연구 결과로도 나타나고 있다.

2. 기업가정신의 특성과 사례

도전정신 : 성공적인 기업가는 포기하지 않고 끊임없이 도전한다.

우리는 살아가면서 수많은 일들을 경험하게 된다. 물론 누구나 자신이 좋아하고 즐거워하는 일만 하기 바라지만 때로는 어렵고 위험한 일을 해야 할 경우도 생기기 마련이다. 성공적인 기업가는 부족한 자원과 어려운 환경 속에서도 포기하지 않고 불굴의 의지로 주어진 문제를 해결해 나가는 사람이며, 이러한 도전정신은 기업가로서 갖추어야 할 가장 기본적인 태도라 할 수 있다.

▶ 적용사례 : 1008번의 실패에도 꿈을 포기하지 않은 커넬 샌더스

진취성 : 성공적인 기업가는 새로운 기회를 한 발 앞서 포착한다.

우리가 살고 있는 시대는 바야흐로 초경쟁의 시대라고 할 수 있다. 무수히 많은 경쟁업체, 그리고 새로운 제품과 기술이 끊임없이 쏟아져 나온다. 자칫 머뭇거리는 순간 뒤처질 수밖에 없다. 따라서 경쟁자들보다 한 발 앞서 시장 변화에 참여하려는 적극적인 행동이 필요하다.

주위를 둘러보면 훌륭한 아이디어를 가진 사람들은 많지만 정작 이를 실행에 옮기는 사람은 드물다. 또는 이런저런 이유를 들어 새로운 기회를 찾기보다는 현실에 안주하는 사람들이 많다. 성공적인 기업가는 주위의 문제나 수요를 면밀히 관찰하고 그 속에서 새로운 기회를 발굴하며 한발 앞서 적극적으로 행동하는 사람들이다.

▶ 적용사례 : '시련은 있어도 실패는 없다.' 정주영 회장

▰ 혁신성 : 성공적인 기업가는 창조적 파괴를 통해 늘 변화한다.

사람은 누구나 익숙하고 편안한 것을 좋아한다. 새로운 시도나 변화를 추진하다가 괜히 실패할까 걱정하는 것이 어떻게 보면 자연스러운 것일지도 모른다. 하지만 지금 우리가 사용하고 있는 모든 제품과 서비스, 기술 등도 누군가 부단한 시행착오를 거쳐 만들어 낸 것들이다. 세계적인 IT 기업인 마이크로소프트를 창업한 빌 게이츠는 본인의 성공요인이 바로 끊임없는 변화와 혁신이라고 말한 바 있다. 그는 끊임없이 현재를 변화시키려고 노력하는 과정에서 새로운 기회가 만들어진다고 강조하였다.

▶ 적용사례 : 변화(Change)의 'g'를 'c'로 바꾸면 기회(Chance)
– 빌 게이츠 마이크로소프트 회장

▰ 위험감수성 : 성공적인 기업가는 위험을 예측하고 통제한다.

일반적으로 창업의 성공률은 낮다. 중소기업청이 발표한 2013년도 통계조사에 따르면 신규 창업한 법인기업이 5년 이상 생존하는 확률은 30%에 지나지 않는다고 한다. 뿐만 아니라 수많은 글로벌기업이 만들어지고 있는 미국의 실리콘밸리에서 조차 창업의 실패 확률이 90%에 이른다고 한다. 하지만 모든 일에 100% 성공이란 보장되지 않는 법이다. 오히려 성공 가능성이 높은 분야일수록 새로운 가치는 창출되기 어렵다. 누구도 가지 않는 길을 위험하다고 포기하는 순간 우리에게 새로운 미래는 만들어지지 않을 것이다.

위험감수성은 기업가정신의 가장 핵심적 요인이며, 기업가와 경영자를 구분하는 결정적인 기준이다. 위험감수성은 불확실한 결과가 예상됨에도 불구하고 과감히 도전하려는 의지이며, 적극적으로 기회를 모색하고자 하는 의욕을 말

한다. 오히려 성공적인 기업가는 불확실한 미래와 위험을 도전정신과 치밀한 준비를 통해 계산하고 통제하는 태도를 가진다.

▶ 적용사례 : 삼성 반도체 이병철 회장

3. 기타 기업가정신 사례

세상을 변화시킨 세명의 기업가 : 베서머, 카네기 그리고 포드

■ 헨리 베서머 (Henry Bessemer, 1813~1898)

- 영국 제찰 사업가로 효과적인 제강법을 개발함. 당시까지만 해도 철강의 생산은 제한되어 칼이나 연장 등에만 사용되었는데, 베세머는 산소바람을 가해서 철의 불순물을 다 태워버리고 알맞은 양의 탄소를 첨가해서 30초 만에 철강을 제조하는 공정을 개발함.
- 철강의 제조 기법이 간소화되자 기존에는 선철 5톤을 가공하는데 하루가 걸렸던 것이 10분으로 단축되고 철강가격은 6배 이상 폭락함.

■ 앤드류 카네기 (Andrew Carnegie, 1835~1919)

- 베서버의 방식을 도입하여 자신의 회사를 급성장시킨 미국의 철강왕. 그는 1865년 철강업에 착수, 1872년 이른바 베서머(Bessemer)법—베서머 제강법(製鋼法)으로 미국 최초의 거대한 평로(平爐)를 갖춘 홈스테드(homestead) 제강소를 건설했고 1892년 카네기 철강회사를 설립하였으며 세계 최대 철강 트러스트로 미국 철강 생산의 4분의 1을 차지, 철강왕으로 군림하게 됨.
- 또한 1901년 모건 계 제강사와 합병, 미국 철강 생산의 65%를 점유하면서 명실상부한 제왕으로 등극
- 이처럼 새로운 기술의 개발로 철강가격을 떨어지고 품질은 개선되면서 대량 생산된 강철은 건물 뼈대에 사용되어 지금과 같은 도시의 마천루를 형성시키는 원동력이 되었고 교량, 철도, 자전거, 크레인 등에까지 철강이 사용되면서 도시의 삶 전체를 넘어 인류의 문화를 변화시키게 됨.

■ 헨리포드(Henry Ford, 1863~1947)

- 헨리포드 이전의 자동차는 주문에 의해 하나하나 손으로 만드는 수공업품이자 부자의 사치품이었지만 헨리포드가 포드자동차 회사를 설립하면서 소수의 부자가 아닌 대중을 위한 자동차를 만들 것을 선포하고 당시에는 혁신적인 방식인 컨베이어 벨트를 공장 내에 설치함.
- 포드가 이런 아이디어를 낼 수 있었던 것은 소의 각 부위를 분해하는 과정을 본 후 역으로 조립라인을 만들게 됨.
- 또한 포드의 아이디어는 자동차를 규격화하는 것으로 각 부품공급자들에게서 공급받는 각 부품을 동일한 크기로 통제하면서 대량생산의 기틀을 마련, 당시 2천 달러였던 자동차를 포드자동차는 825달러에 출시하였고 조립시간 역시 740분에서 93분으로 급격히 단축함.

■ 이처럼 지금까지 헨리 포드가 칭송받는 이유는 그가 발명가가 아니라 여기저기서 아이디어를 취합하여 더 저렴하고 나은 차를 탄생시켜 사람들에게 공통체적 가치를 증진시켰기 때문이다. 이렇게 포드가 내놓은 저렴한 자동차가 팔리자 미국 전역에 자동차 도로 공사가 진행되면서 일자리를 창출하게 되었고 자동차 도로 주변 주유소와 쇼핑센터 등이 등장하면서 도시 주변지역까지 발전하게 됨.

■ 볼트와 와트가 증기기관을 발명하고 베서머가 철강가격을 낮추는 방법을 개발하자 한 시대가 변화되었다. 이와 같이 기업가 entrepreneur는 단지 돈을 버는 사람, 이윤만을 추구하는 사람이 아니라 자신의 아이디어 혹은 발명품으로 창조적 파괴라는 혁신을 창출하고 그 혁신의 혜택을 전체 사회가 받게 되어 경제적 가치를 풍요로움을 누릴 수 있게 되는 것이다.

사내 기업가정신 성공사례

(1) KT

- 공기업 구조조정 차원에서 사내 벤처 제도 도입
- 1998년 벤처기업육성 특례규정을 만들어 사내 기초 연구 분야 중 한국통신 자체적으로 사업화가 부적절한 기술 중심으로 사내 벤처 육성
- 무선 광중계기 개발기술을 보유한 쏠리테크와 인터넷 콘텐츠 과금대행, 소프트웨어 종량제 판매 등을 주사업으로 하는 소프트 가족을 1999년 11월에 높은 기업가치를 인정받으면서 분사

(2) 로티스

- LG그룹 회장실 직속의 교통정보팀으로 출발한 국내 최초로 독립 법인화된 사내 벤처
- LG는 교통정보팀의 젊은 엔지니어들의 창업 욕구를 충족시키고 사내 벤처 제도의 활성화를 위해 국내 최초로 1997년 12월 (주)로티스로 독립 법인화
- 독립법인 출범을 위해 LG는 실질적인 경영의 권한과 책임을 벤처팀에 위양하고 경영의 독자성을 보장하기 위해 프로젝트 팀장을 대표이사로 선임함.
- 설립자본금은 102억, 종업원을 최대 주주(28.5%)로 한국기술투자(25.2%), LG전자(14%), 기타 기관투자자(32.3%)가 지분을 나눠서 보유
- 조직 구성 전권을 창업멤버들에게 위임하여 총 40명의 직원으로 시작하였으며 대표이사에게 총 주식의 10%를 스톡옵션으로 활용할 수 있는 권한을 부여하여 조직을 활성화하고 우수한 인재를 유치

(3) 네이버

- 1997년 19월 삼성 SDS는 인터넷 검색엔진 WebGilder를 오픈하고 이를 전담할 사내 벤처 Naver Port를 출범

- 1년 6개월 동안 사내 벤처를 운영한 후 1999년 6월 자본금 5억 원으로 분사
- 2000년 들어 한게임 등 다른 벤처기업을 적극적으로 인수하여 수익 다변화를 성공시켰고, 현재 최고의 벤처기업 성공사례로 평가받음.
- 네이버가 분사 후 단기간 내에 성공할 수 있었던 요인에는 여러 가지가 있으나 경기가 회복국면을 보일 때 창업기회를 포착하고 시기적절하게 분사를 단행한 것이 가장 큰 요인임.

(4) 인터파크

- 1997년 11월 데이콤의 소사장제로 시작
- 1999년 6월 쇼핑몰 오픈, 사내 벤처로 운영 1년 11개월 만에 분사
- 당시 자본금은 10억 원으로 데이콤에서는 분사를 원치 않았으나 사업제안자(소사장)의 강력한 독립 의지로 분사 결정
- 이후 인터파크의 사내 벤처로 출발한 G마켓도 성공을 거두게 됨.

사회적 기업가정신 성공사례

(1) 어큐먼펀드(Acumen Fund)

- 글로벌 임팩트 투자기관인 어큐먼펀드는 인도, 파키스탄, 케냐 등에서 일자리를 창출하고 물이나 식량 등을 싸게 생산하는 글로벌 기업들을 지원
- 2001년 설립돼 비영리 벤처캐피털 중 15년이 넘는 관록을 지닌 이 펀드는 빈곤 국가에 대한 단순한 원조 방식이 아니라 월스트리트 방식으로 지원할 기업을 선정하고 효율성과 수익성을 동시에 추구한다는 점에서 비영리 자선단체의 특징과 자본주의 특징이 결합된 형태의 독특한 펀드임.
- 실제로 이 펀드의 뉴욕 본부에는 월스트리트 출신의 투자 전문가들이 대거 포진해 있으며 연평균 7% 이상의 투자 수익률을 꾸준하게 기록 중

(2) 골드만삭스

- 골드만삭스는 도시투자, 환경투자, 1만의 여성, 1만의 벤처 등 크게 4개로 투자형태를 구분해 임팩트 투자를 진행
- '도시투자'는 저소득층을 위한 주택건설, 노인층을 위한 유지보수에 초점을 맞춰 최근 15년 동안 49억달러를 투자함.
- '1만의 여성'과 '1만의 벤처'는 여성 경영자, 소상공인에 대한 경영교육과 자금지원을 통해 기업성장과 일자리 창출을 유도하는 프로그램임.

(3) 탐스슈즈(Toms Shoes)

- 미국 캘리포니아에 본사를 둔 탐스슈즈는 신발제조 기업이 임팩트 투자를 통해 글로벌 기업으로 성장한 대표적인 사례
- 창업자인 미국인 블레이크 마이코스키는 2006년 우연히 아르헨티나로 여행을 갔다가 그곳에서 신발조차 신을 수 없이 가난해서 맨발로 돌아다니는 어린이들이 토양의 기생충에 감염되거나 상처 때문에 갖가지 질병에 시달리는 모습을 목격함.
- 마이코스키는 미국으로 돌아와 '내일을 위한 신발'이라는 슬로건을 앞세워 탐스슈즈를 설립한 뒤 한 켤레의 신발을 판매하면 한 켤레의 신발을 제3세계 어린이들에게 기부하는 사업 모델을 도입
- 다른 창업회사와 달리 마케팅 광고도 안했지만 '착한 기업'이라는 이미지가 폭발적인 호응을 얻으면서 창업 5년 만에 100만 켤레의 신발을 기부했고 현재는 세계 30여 개 국가에 지부를 둔 글로벌 브랜드로 성장

(4) 유한양행

- 유한양행은 우리나라의 타 기업과는 다른 독특한 경영이념을 가지고 운영되어 왔으며, 유일한 회장에서 비롯된 그 이념은 현재까지 유한양행을 발전시켜온 저력의 산실이 되어왔음.
- "기업에서 얻은 이익은 그 기업을 키워 준 사회에 환원하여야 한다.", "기업의 생명은 신용이다."라는 유일한 박사의 신념은 유한양행의 경영

이념에 담겨져, 우량상품의 생산, 대한민국 최초의 소유와 경영의 분리, 성실한 납세, 그리고 이익의 사회환원으로 이어지고 있음.

- 노블레스 오블리주를 몸소 실천한 유일한 박사는 회사를 경영할 때 아들과 조카 등 가족이라는 이유로 회사의 높은 직위에 내정하는 일을 하지 않고 오히려 친인척들을 철저히 배제한 채 전문경영인에게 회사 운영을 맡김.
- 모든 주식을 학교에 기증, 자녀들에겐 '자신의 길을 개척하라'는 유서를 남겨 진정한 노블레스 오블리주를 실천함.

관 광
창업론

제5장

창의적 아이디어 발굴 및 기회의 포착

관　광
창업론

05 제5장 창의적 아이디어 발굴 및 기회의 포착

학습 목표

1. 창의적 사고기법을 활용하여 창업 아이디어를 끌어낼 수 있다.
2. 창업 성공사례를 통해 성공요인을 찾아낼 수 있다.
3. 다양한 창업 아이디어들을 평가하고 선별할 수 있다.
4. 고객, 시장 및 경쟁자의 프로파일링을 작성하고 창업 성공요인을 도출할 수 있다.

1. 창의력의 중요성

창의력의 개념

■ 창의력(creativity)이란 새로운 방안을 내세우거나 새롭게 생각해내는 능력

- 무엇인가 기발하고 지금까지 없었던 새로운 것을 만들어 내거나 생각해내는 능력
- 기존의 지식을 바탕으로 새로운 작품이나 제도, 생각 등을 만들어내는 능력이나 아이디어를 창출해내는 사고의 능력

■ 창의력은 일상생활, 학교생활은 물론 수학적 사고 전체에 중요한 역할을 수행하고 있으며, 이러한 능력을 개발하기 위해서는 관습이나 원리, 법칙, 고정관념, 편견에 사로잡히지 않는 것이 중요하다. 그리고 새로운 것을 받아들일 수 있는 개방적인 입장에서 느끼고 생각하는 열린 태도와 의식이 필요하다.

창의력의 성격

■유창성(fluency) : 좋은 아이디어를 재빨리 많이 생각해낸 능력

- 유창성은 문제 상황에서 의미 있는 여러 가지 반응이나 아이디어를 산출하는 능력으로 의미 있는 반응의 개수로 판별될 수 있다.

■정교성(elaboration) : 사고방식이나 아이디어를 구체적으로 발전시키는 능력

- 정교성은 산출된 결과를 보다 구체화하고 세밀하게 다듬어내는 능력

■유연성(flexibility) : 어떤 문제에 부딪치면 다양한 각도에서 조명해보고 보다 나은 방법들을 찾아내는 능력

- 유연성은 서로 다른 범주 및 유형의 아이디어를 산출하는 능력으로 반응의 유형별 가지 수로 판별할 수 있다.

■독창성(originality) : 다른 사람이 생각하지 못한 독특한 것을 생각해내는 능력

- 독창성은 다른 사람들과는 다른 아이디어를 산출하는 능력으로 반응의 통계적 희소성으로 판별될 수 있다.

창의력의 중요성

■최근 소비자들은 많은 사람들이 가지고 있는 흔한 제품보다는 개성있는 자신만의 제품을 갖고 싶어 한다. 기업들은 소비자의 트렌드에 맞춰 대량생산 시스템에서 다품종 소량생산이 가능하도록 기술을 개발하고, 3D 프린트와 같은 최첨단 기술을 활용하여 소비자의 다양한 요구에 부합하는 제품을 생산하고 있다. 기술의 평준화로 인해 작은 기업이나 1인 창조기업, 프리랜서 디자이너들도 저렴한 비용으로 다양한 제품을 생산해 낼 수 있는 체제로 바뀌고 있다. 이처럼 기술의 발전과 평준화, 소비자 욕구의 다양성, 제품 수명주기의 단축 등 여러 가지 이유로 창의적인 제품이 소비자의 선택을 받는 시대가 된 것이다.

■ 우리는 일상생활 속에서도 창의력이 필요한 순간을 많이 만날 수 있다. 학교에서 발표를 할 때도 발표 내용에 대한 이해는 기본이고, 창의적인 아이디어나 창의적인 방법을 통해 발표를 해야 눈에 띄고 잘했다는 이야기를 들을 수 있다. 슈퍼스타K, 마스터셰프코리아 같은 오디션 프로그램을 보더라도 노래나 요리를 그냥 잘하는 것이 아니라 창의적 발상을 덧입혀야 심사위원의 마음을 사로잡을 수 있음을 알 수 있다.

창의력은 어디에서 나오는가?

■ 이처럼 차별화된 제품 생산이나 학교 및 직장 같은 일상생활에서도 창의력은 우리 모두에게 필요한 능력이다. 이렇게 창의력이 중요하고 창의적 사고가 필요한데, 우리는 왜 스스로 창의적이지 않다고 판단하고, 창의력을 향상시키는 것은 불가능하다고 생각하는 것일까? 창의력 향상은 매우 어려운 일이라 생각하고 따라서 창의력을 노력으로 향상시킬 수 없는 '타고난 능력'이라고 단정하는 경향이 있다.

■ 우리는 자신도 모르는 사이에 우리가 속한 사회의 보편적 가치관을 무조건 따르고 있다. 대부분이 그러한 기준을 따르고 있고, 또 그 기준을 어길까 봐 두려워하고 있다. 옆에 있는 사람과 다를까 봐 겁을 내는 것이다.

■ 창의적 아이디어는 자신이 원하는 일을 찾은 것에서부터 시작된다. 우리가 좋아하고 잘하는 일이라면 그 일 속에서 창의적 아이디어를 만들어 낼 수 있다.

2. 창의적 사고기법

PMI 기법

■ PMI 기법은 '수평적 사고'라는 개념을 정립한 창의적 사고의 대가인 에드워드 드 보노가 많든 가장 간단한 창의적 사고기법이다.

■ PMI 기법은 여러 가지 아이디어를 평가하여 하나를 골라내는 방법으로, 각각의 아이디어에서 좋은 점[Plus], 나쁜 점[Minus], 흥미로운 점[Interest]을 찾아 가장 알맞은 아이디어를 선택하는 하면서 편견과 사고의 편향을 극복하는 데 도움을 주는 기법이다.

> **PMI 기법에 따른 아이디어 평가의 예** : 자석을 이용해 연필꽂이를 냉장고에 붙인다.
> * 좋은 점(P) : 벽에 못을 박을 필요가 없다. 쉽게 떼고 붙일 수 있다.
> * 나쁜 점(M) : 무거운 재질로 만들기 어렵다. 연필꽂이에 무거운 것을 넣기 어렵다.
> * 흥미로운 점(I) : 뒷면에 여러 개의 자석을 붙이면 좀 더 튼튼하게 고정시킬 수 있다.

Six Thinking Hats 기법

■ Six Thinking Hats 기법은 어떠한 문제에 대해 생각할 때 여섯 가지 색깔의 모자를 쓴다고 가정하고 각각의 모자에 해당하는 방식으로 사고해 보는 기법이다.

모자 색깔	의 미	내 용
하얀모자	정보	객관적인 정보에 대한 생각
빨간모자	감정, 느낌, 직관	문제에 대한 직관적, 감정적 판단
노란모자	낙관적, 긍정적 사고	단점이 존재할 지라도 긍정적인, 건설적인 측면을 찾아봄
검정모자	부정적 사고	문제가 실패할 만한 이유를 찾아봄
초록모자	창의적 사고	발전 가능한 요소를 찾고 창의적인 의견 제시
파란모자	점검, 요약, 결론	앞의 검토 과정에 대해 점검하고 다음 단계를 제안

■ 어떤 문제나 아이디어 등이 있을 때 위와 같은 방법으로 여섯 가지 모자

가 있다고 가정하고 한 가지씩 모자를 쓰며 생각해본다면 비효율을 피할 수 있고 다양한 사고를 해볼 수 있어서 창의적인 사고를 하는데 도움이 된다.

스캠퍼(SCAMPER) 기법

■스캠퍼 기법은 아이디어를 내기 위해 의도적으로 시험할 수 있는 일곱 가지 체크 리스트를 말한다.

① S(Substitute) : 원래의 것을 다르게 바꿔보자.(예 : 치약 → 가그린)

② C(Combine) : 서로 다른 것들을 묶어보자.(예 : 슬리퍼+걸레 → 청소 슬리퍼)

③ A(Adapt) : 다른 곳에 적용해보자.(예 : 식물의 씨앗이 옷에 잘 붙는 원리를 이용한 '찍찍이')

④ M(Modify, Magnify, Minify) : 수정, 확대, 축소해보자.(예 : 태블릿 PC)

⑤ P(Put to other uses) : 다른 용도로 써보자.(예 : 오래된 배 → 선상 레스토랑)

⑥ E(Eliminate) : 제거해보자.(예 : 다이어트 콜라)

⑦ R(Reverse, Rearrange) : 거꾸로 생각하기, 다시 놓아보기(예 : 누드 김밥)

마인드맵(Mind map)

■마인드맵이란 문자 그대로 '생각의 지도'란 뜻으로 자신의 생각을 지도 그리듯 이미지화해 사고력, 창의력, 기억력을 한 단계 높인다는 두뇌 개발 기법이다.

■핵심 단어를 중심으로 거미줄처럼 사고가 파생되고 확장되는 과정을 확인하고, 자신이 알고 있는 것을 동시에 검토하고 고려할 수 있는 일종의 시각화된 브레인스토밍 방법이다.

■마인드맵은 영국의 토니 부잔이 1960년대 브리티시 컬럼비아대 대학원을

다닐 때 두뇌의 특성을 고려해 만들어냈다. 부잔은 일부 사람들은 그림과 상징물을 활용해 배우는 것이 훨씬 더 효과적이라는 생각이 들어 '마인드맵'을 고안해냈다.

■ 학습법과 기억력뿐 아니라 기업 업무능력 향상 등에도 효과가 있는 것으로 알려져 각국의 학교들뿐만 아니라 IBM, 골드만삭스, 보잉, GM 등 우수한 기업체들이 마인드맵 이론과 교재를 사원교육에 활용중이다.

■ 작성원칙

① 중심에서 시작한다.

② 이미지나 사진을 이용해서 중심 생각을 그린다.

③ 색깔을 사용한다. 3가지 이상 사용하되, 범주별로 같은 색상을 쓴다.

④ 중심 이미지에 굵은 가지를 연결한다. 굵은 가지에 가는 가지를 연결한다. 그리고 가는 가지에서 더 가는 가지로 연결한다.(방사형 구조)

⑤ 구부려 흘러가게 가지를 만든다.

⑥ 각 가지마다 단어는 하나만 쓴다.

⑦ 되도록 이미지를 많이 사용한다.

■ 맵핑 순서

① 종이를 가로로 길게 놓는다.

② 종이 중앙에 가장 핵심이 되는 단어를 써 넣는다.

③ 중앙에 이미지를 색깔 펜으로 그려 넣는다.

④ 주요 주제에 대한 생각을 가지마다 단어 한 개씩 써 넣는다.

⑤ 가지를 계속 이어 간다.

⑥ 다음 주제를 계속 써 넣는다.

⑦ 한 가지에서 생각이 막히면 다른 가지로 가서 아이디어를 확장시킨다.

⑧ 아이디어가 어느 정도 표현되었으면 각 키워드 사이의 연관성을 다른 색깔 선으로 연결해 본다. 연결하는 도중 새로운 아이디어가 떠오르면 표시한다.

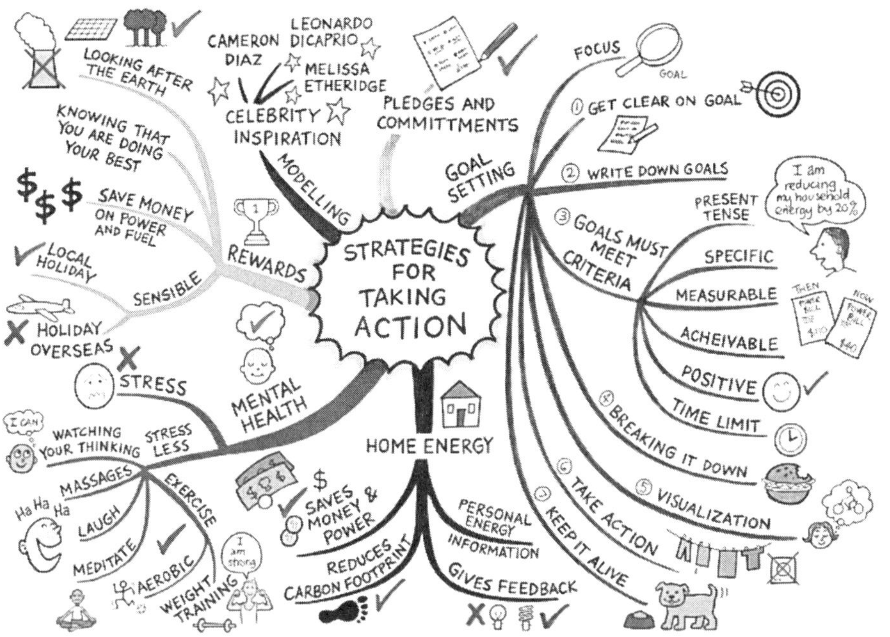

3. 창업 아이디어 발상

관심에서 아이디어 끌어내기

■ 여러 성공한 창의적인 기업가들의 창업 이야기를 들어보면 자신의 관심사에서부터 창업 아이디어를 도출하는 것이 가장 쉬운 방법이자 최선의 방법이라고 말한다.

> ▶ 파타고니아사의 창업자 이본 취나드는 자신이 좋아하는 암벽등반에서 창업 아이디어를 발굴하였다. 자신이 암벽등반을 좋아하기 때문에 암벽을 등반하는 사람들이 겪는 어려움이 어떤 것인지, 그 어려움을 해결해 줄 수 있는 제품이 어떤 것인지에 대해서 고민하고 그에 맞는 암벽등반 장비를 개발하여 제품화에 성공하였다.

▶ World Class Teams를 설립한 로빈 베닌카사도 자신의 관심사를 사업 아이디어로 연결시킨 사례다. 로빈 베닌카사는 운동을 좋아했기에 소방관으로 일하면서 철인 3종 대회에 미국 대표로 참가하여 1위를 차지하였다. 자신이 좋아하고 잘하는 운동을 바탕으로 '사람들에게 용기를 주고 동기부여를 하는'의미 있는 일을 찾은 그녀는 World Class Teams라는 프로그램을 운영하고 있으며, 이 프로그램은 사람들에게 신체적으로 도전적인 프로그램에 참여하도록 하여 사람들의 동기부여를 유도하고, 더 나은 삶을 살 수 있도록 그리고 팀빌딩을 하는데 도움을 주고 있다.

■ 위의 사례를 보면서 단순한 취미가 과연 창업으로 연결될 수 있을까 하는 의문이 들기도 할 것이다. 단순한 취미가 창업의 성공을 가져왔다기보다는 취미, 즉 좋아하면서 그 일을 잘하고, 앞의 이본 취나드와 로빈 베닌카사의 경우에서처럼 자신의 취미가 세상에 기여하는 바가 있고, 그런 일을 함으로써 성공으로 이끌었다고 볼 수 있다. 그 외에도 우리 주변에는 취미로 시작한 일을 바탕으로 사업화하여 크게 성공한 사례를 많이 볼 수 있다.

관찰을 통한 문제 발견 및 해결

■ 우리는 사업 아이디어를 내는 것을 매우 어렵게 생각하는 경향이 있다. 아이디어 발굴이 쉬운 일은 아니지만 생활 속에서 습관을 바꾸는 것만으로도 사업 아이디어를 내는 것은 가능하다. 쉽게 지나쳐 버리는 일들에 관심을 갖기 시작하고, 어떤 사업 아이디어를 낼 수 있을까 고민하는 일부터 시작하면 아이디어를 내는 것이 우리가 생각했던 것만큼 어렵거나 불가능하지 않다.

■ 첫 번째로 관찰을 통해서 그동안 우리가 간과했던 것에 대해 문제점을 파악하고 그 문제점으로부터 사업 아이디어를 만들어 가는 방법이 있다. 우리는 우리가 보고 싶고 듣고 싶어 하는 것만 선택적으로 취하는 경향이 있다. 그렇기 때문에 우리가 눈과 귀를 열고 주변을 살핀다면 평소에 눈에 보이지 않고 들리지 않았던 것들이 보이고 들리게 될 것이다.

■ 우리가 평소에 관심 없이 지나친 광경에서 아이디어는 쉽게 나올 수 있다. 이렇게 아이디어를 발굴하기 위해서는 관찰에서부터 시작해야 한다.

관찰을 한 후에는 아래와 같이 관찰 결과를 바탕으로 문제점과 문제점을 기회로 연결하는 사고가 필요하다.

① 관찰대상을 정하고 관찰한 내용을 기술한다.

② 관찰대상에 대한 문제점을 찾아본다.

③ 발견한 문제점을 기회로 연결해 본다.

기존 제품 개선하기

■ 처음부터 아주 새로운 아이디어를 발굴할 수도 있지만 기존 제품을 개선하는 아이디어를 생각해 봄으로써 아이디어 발굴 연습을 할 수도 있다. 기존 제품 개선은 기업 내부에서도 자주하는 일이다. 신제품을 출시하는 경우보다 기존 제품을 개선해서 더 좋은 제품을 생산하는 경우가 더 많기 때문이다.

■ 자전거 관련 제품을 생산하는 오르트립이라는 독일 회사에서 생산하는 가방은 우수한 방수기능을 가진 제품으로 평가되고 있다. 대표적인 제품인 랙팩의 컨셉은 많은 형태의 방수 가방들이 있어 왔지만, 기존의 모든 형태에서 해결할 수 없었던 부분들을 어떻게 개선할 수 없을까에 대한 요구에서 구체화되기 시작했다. 즉 설계의 컨셉이라는 것은 사실 처음부터 존재했던 것이 아니라 임시로 만들어진 제품을 계속 보완하면서 현재의 상태에 이르렀다고 볼 수 있다. 이 랙팩은 가장 래디컬한 형태이면서 가장 실용성 있는 디자인의 가장 중 하나이다.

▶ 제품 개선 사례 : 넛지(Nudge)

'넛지(nudge)'는 원래 '(특히 팔꿈치로)슬쩍 찌르다', '주의를 환기시키다'라는 뜻의 영단어로 미국 시카고대의 행동경제학자 리처드 세일러(Richard H. Thaler)와 법률가 캐스 선스타인(Cass R. Sunstein)이 공저한 《넛지(Nudge)》란 책을 통해 널리 알려졌다.

세일러와 선스타인은 책에서 '타인의 선택을 유도하는 부드러운 개입'이란 의미로 이 단어를 사용했다. 금지와 명령이 아닌 팔꿈치로 옆구리를 툭 치는 듯한 부드러운 권유로 타인의 바른 선택을 돕는 것이 넛지인 것이다. 넛지는 더 나은 선택을 하도록 유도하지만 유연하고 비강제적으로 접근하여 선택의 자유를 침해하지 않는다는 '자유주의적 개입주의'(libertarian paternalism)에 바탕을 두고 있다. 어떤 선택을 금지하거나 경제적 인센티브를 크게 변화시키지 않고 예상 가능한 방향으로 사람들의 행동을 변화시키는 것이다.

▰ 트렌드 분석을 통한 아이디어 발굴

■관찰과 기존 제품 개선 아이디어를 통해서 아이디어 발굴 연습을 해봤다면 이제부터는 환경 변화를 탐색하고 그 변화의 탐색으로부터 사업 아이디어를 발굴해 보자.

■신문에는 정치, 경제, 사회, 문화, 연예, 스포츠, 국제 등의 세션이 있다. 환경 변화는 이러한 신문의 세션과 동일시하여 생각하면 된다. 즉 환경 변화에 어떤 것들이 있는가를 생각해 봐야 한다면 각 신문의 세션에서 중요하게 다루는 이슈들이 무엇인지를 떠올리면 된다.

- '최근 정치적 이슈에는 어떤 것이 있는가?'
- '최근 경제에서 가장 심도있게 다뤄지고 있는 것들은 무엇인가?'
- '요즘 국제정세에서 가장 이슈가 되고 있는 사건은 무엇인가?'

■이러한 환경변화가 우리가 구상하는 사업에 어떤 영향을 줄지, 혹은 이 환경변화를 통해 우리는 어떤 사업 아이디어를 만들어 낼 수 있는지 고민해 보는 것이다.

■우리가 보통 좋은 아이디어라고 생각하고 있던 것이 제품으로 만들어져 판매되는 것을 보기도 한다. 대부분의 사람들도 나와 같은 불편함을 느껴서 그 불편함을 개선하려는 아이디어를 내놓고, 그것을 나보다 앞서 제품으로 만들어 낸다. 내가 머릿속으로 생각만 하고 있을 때 누군가는 벌써 사업화하여 경제적 가치를 창출하고 있는 것이다.

■만약 창업에 대한 꿈이 있다면 어떻게 사업 아이디어로 연결시키는지에 대한 연습을 하고 이제는 그런 아이디어 발굴 연습을 실천으로 연결시켜야 한다. 아이디어 발굴을 어떻게 사업기회로 연결시켰는지 다음 사례를 보자.

▶ Camel Bak 개발 사례

"저는 마라톤 하는 것을 좋아합니다. 마라톤에서 완주하려면 적어도 일주일에 60km 정도는 달리기 연습을 해야 합니다. 달리기를 할 때마다 느끼는 건 '물 마시기의 불편함'입니다. 물병을 들고 뛰는 것은 불편하고, 그렇다고 목마른 채로 장거리를 달릴 수도 없습니다. 그래서 등에 메고 다니는 가벼운 가방에 물주머니가 있고 물주머니에 튜브가 달려 있다면 달리다가 쉽게 물을 먹을 수 있다는 생각을 했습니다."

이런 관찰, 불편함 등을 바탕으로 나오게 된 것이 Camel Bak이라는 회사의 제품인 등에 낙타처럼 메고 다니는 가방이다.

4. 창업 아이디어 평가 및 사업화 방안

고객과 시장

고객의 시각으로 바라보면서 완전히 새로운 기회를 발견할 수 있는 접근방식이 필요하다. 즉, 혁신에 성공하려면 주변 환경, 일상 업무, 관심사, 니즈 등을 포함해 고객에 대한 깊은 이해가 전제되어야 한다.

고객관점을 가져오는 것은 모든 창업 비즈니스의 가장 기본적인 원칙이다.

고객과 더불어 아이디어가 실제적인 기회가 될지를 파악하기 위해서는 시장(특성, 규모 등)에 대한 이해가 필요하다.

사업 아이디어를 좋다 하더라도 고객(타깃)이 돈을 지불할 의사가 없거나 아이디어가 시장 수요와 연결되지 않는 경우도 있다.

▶ 공공 화장실에 가방과 스마트폰 거치대를 설치하는 아이디어

- 고객은 누구인가? 고객은 이 제품을 설치(구매)할 것인가?

또한 특히 우리가 파악해야 하는 내용은 어느 정도의 시장점유율을 어느 정도 시간이 걸려 달성할 수 있을지에 대한 것이다.

핵심고객이 누구인지 파악한 후에는 시장조사를 해야 하며, 시장조사에서 확인되어야 할 부분은 일반환경, 시장크기, 시장성장 등이 있다.

아래 표를 참고하여 핵심고객과 시장분석을 해보자.

▶ 창업 아이디어를 적은 다음 핵심고객은 누구인지, 고객관찰을 위해서 어떤 질문을 해야 하는지 작성해 보자.

- 아이디어 : ____________________
- 핵심고객 : ____________________
- 고객관찰을 위한 질문 : ____________________________________

____

____

____

▶ 우리의 핵심고객을 파악한 이후에는 시장조사를 해야 한다. 다음 내용에 답해 보자. 잊지 말아야 할 것은 자료 및 데이터의 출처를 기록하는 것이다.

■ 시장 트렌드 파악

1) 일반환경은 우리에게 유리한가, 불리한가?

- 이유 : ____________________________________

2) 목표시장(타겟)은 우리에게 유리한가, 불리한가?

- 이유 : ____________________________________

■ 시장크기

1) 고객이 얼마나 있나?(핵심고객만을 고객으로 간주) ______________

2) 수요상황 : 공급보다 수요가 더 많을 것인가? 적을 것인가? __________

- 이유 : ____________________________________

■ 시장성장

- 시장성장률 : 우리제품 및 서비스의 해당 시장이 ______% 성장하고 있다.
  - 이유 : ____________________________________

경쟁자

경쟁자가 있는가? 있다면 누구인가? 내 사업 아이디어는 훌륭하면서도 경쟁자가 없다?

경쟁자가 없다는 것은 완전히 새로운 개념의 제품(서비스)이거나 시장이 매력적이지 않아 다른 기업들이 그 시장에 진입하지 않은 것이다.

소비자들이 우리 제품이 없다면 어떤 제품을 구매하는가? 소비자는 우리 제품을 구매하지 않더라도 많은 대안을 가지고 있다. 경쟁자를 정의할 때는 소비자들이 선택할 수 있는 다양한 대안을 모두 경쟁자로 고려해야 한다.

▶ 우리의 경쟁자가 누구인지 정의해 보자.

- 아이디어 : ________________________(한 문장으로 정의해 보자)
- 핵심고객 : ________________________
- 경 쟁 자 : ________________________

- 경쟁자를 구체적으로 구분하여 작성해 보자.
  - 직접경쟁자 : (우리와 똑같은 제품을 생산하는 경우) ____________
  - 간접경쟁자 : (우리와 유사한 제품을 생산하는 경우) ____________
  - 대체재 : (고객이 선택할 수 있는 다른 선택 사항) ____________

▶ 경쟁 프로파일 매트릭스를 작성해보자.

- 우리 제품(서비스)가 경쟁자 대비 어떤 특성과 경쟁우위를 갖고 있는지 파악
- 우리제품이 시장에서 성공하기 위해서 중요한 성공요인은 무엇인가?

구분	우리 제품	제1경쟁자 (직접경쟁자)	제2경쟁자 (직접경쟁자)	홈메이드 (간접경쟁자)	회식(피자) (대체재)
맛					
가격					
접근편의성					
건강					
…					

공급자

공급자가 우리 사업에 큰 지배력을 가지는지 파악해야 한다. 공급자의 교섭력이 크면 해당 기업을 좌지우지하는 경우도 많다.

공급자들이 충분히 많은가? 공급자들이 충분히 많지 않다는 것은 공급자의 파워가 클 수 있다. 공급자의 파워가 큰 경우 우리 기업에 위협요소가 될 수 있다.

▶ 우리 제품 및 서비스를 생산하는 데 필요한 원료에는 어떤 것이 있는지 나열해 보고, 그 원료를 제공하게 될 기업들(잠재적 공급처)을 나열해 보자.

원료	(잠재적) 공급처
1.	1.
2.	2.
3.	3.
…	…

정부정책

우리나라는 정부가 벤처 생태계를 조성하기 위해 적극적인 정책을 펼치고 있다. 정부의 정책이나 법규로 인해 우리 사업이 영향을 받을지에 대해 항상 조사하고 준비해야 한다. 규제가 심하여 정부의 승인을 얻어야 하는 경우라면 어느 정도 시간이 필요한지도 확인해야 한다.

▶ 정부 정책은 우리 사업에 어떤 영향을 미칠 수 있는가? ______________________

▶ 규제가 우리 사업에 어떤 영향을 미칠 수 있는가? ______________________

글로벌 환경

해외시장에 진출할 것인가? 국내 시장의 규모가 한정적이라면 성장을 위해 글로벌 시장으로 진출하는 것이 좋다.

하지만 해외진출은 국내와 같이 호의적인 정부의 혜택을 받을 수도 없고 환경자체가 국내시장과 많이 다르다.

해외시장에 진출할 때도 우리의 고객은 누가될 것인가, 그 고객에게 접근하는 것이 용이한지, 진출 시기는 언제가 좋은지 등에 대해 고려해야 한다.

특히 현지의 파트너없이 해외시장에 진출하는 것 보다 초기에 수익을 공유하더라도 해외파트너의 도움을 받아 해외시장에 진출하는 것이 좋다.

▶ 사업이 글로벌 시장으로 확장된다면 어느 국가로 제일 먼저 진출할 것이며, 해당 시장에서의 핵심고객은 누구인가?

- 진출국가 : ________________________
- 핵심고객 : ________________________
- 해당 시장에 진출한다면 시간은 얼마나 걸리는가? ____________
- 해당 시장에 진출한다면 언제부터 하는 것이 좋은가? ____________
- 해외시장에 진출한다면 경쟁자는 누구인가? ____________
- 해외시장 진출의 장애물로 어떤 것이 예상되는가? ____________

제6장

아이디어를 보호하기 위한 지식재산권

관 광
창업론

06 제6장 아이디어를 보호하기 위한 지식재산권

학습 목표

1. 비즈니스에서 지식재산권의 필요성과 가치를 이해하고 등록방법에 대해 설명할 수 있다.
2. 지식재산권으로 비즈니스 파트너십을 구축하는 방법을 알 수 있다.

1. 지식재산권의 개념 및 종류

지식재산권(intellectual Property: IP)

창의적 아이디어에 대해 독점적으로 소유하고 다른 사람이 사용하지 못하게 보호해주는 법적인 권리

지식재산권의 종류

지식재산권	구분	권리	내용
지식재산권	산업재산권	특허	기술적 창작인 원천 핵심기술(대발명)
		실용신안	Life Cycle 짧고 실용적인 개량기술(소발명)
		디자인	심미감을 느낄 수 있는 물품의 형상 모양
		상표	타 상품과 식별할 수 있는 기호, 문자, 도형
	저작권	협의의 저작권	문학, 예술 분야 창작물
		저작인접권	실연가, 음반제작가, 방송사업자 권리
	신지식재산권	첨단 산업재산권	반도체집적회로배치설계, 생명공학, 식물신품종
		산업 저작권	컴퓨터 프로그램, BM, 인공지능, 데이타베이스
		정보 재산권	영업비밀, 멀티미디어, 뉴미디어 등

■ 산업재산권의 종류 및 특징

구분	특허	실용신안	디자인	상표
정의	자연법칙을 이용한 기술적 사상의 창작으로써 발명 수준이 고도화된 것(대발명)	자연법칙을 이용한 기술적 사상의 창작으로써 물품의 형상·구조·조합에 관한 실용 있는 고안(소발명)	물품의 형상·모양·색채 또는 이들이 결합한 것으로써 시각을 통하여 미감을 느끼게 하는 것	타인의 상품과 식별하기 위하여 사용되는 기호·문자·도형·입체적 형상·색채·홀로그램·동작 또는 이들을 결합한 것
보기(전화기)	알렉산더 그레이엄 벨이 전자를 응용하여 처음으로 전화기를 생각해 낸 것	분리된 송수화기를 하나로 하여 편리하게 한 것	탁상전화기를 반구형이나 네모꼴로 한 것	전화기 제조회사가 제품이나 포장 등에 표시하는 상호·마크
존속 기간	설정등록일로부터 출원일 후 20년까지	설정등록일로부터 출원일 후 10년까지(구법 적용 분은 15년)	설정등록일로부터 20년까지	설정등록일로부터 10년(10년마다 갱신 가능, 반영구적 권리)

2. 특허의 중요성

아이디어로 돈 벌기

- 아이디어는 있지만 창업이 두렵다면 아이디어 공모전 등을 활용
- 공모전에서 수상한 경우 기업에서 제품 개발을 할 수 있도록 도와주고 발생한 매출의 일부를 인센티브로 받을 수 있다.
- 아이디어부터 제품 개발 및 판매까지 모두 할 수 없다면 공모전이나 멘토링 프로그램을 활용하자.

※ 나의 상상이 실현되다 '아이디어마루' 소개

- 아이디어 사업화 지원을 위한 온라인 멘토링 서비스
- https://www.creativekorea.or.kr/section/contest

특허를 활용한 창업

■좋은 아이디어에 대해 특허권을 받은 후 창업

■특허권이 없다면 창업 후 유사품이 사업을 위협할 수 있기 때문에 사업에 대한 보호막으로서 특허권은 매우 중요

※ 특허 창업 사례 : 마이오운(http://maioun.co.kr/)

- 브랜드 신발은 색상만 바꾸면서 동일한 스타일로 여러 가지 제품판매
- 신발에 밑창만 바꿔 신을 수 있는 다른 스타일을 연출하는 수제화 제작
- 2013년 11월 특허 획득

돈 벌어다 주는 특허

■특허에 대한 사용권을 회사에 주는 대신 로열티를 받거나 좋은 특허를 싼값에 사서 필요한 회사에 되팔거나 로열티를 통해 돈을 벌수도 있다.

■지적재산권의 시장 규모는 매년 증가하고 있다.

빠른 발전을 위한 특허 개방

■특허 개방은 자신이 소유하고 있는 특허권을 타인이 무료로 사용하도록 허락해 주는 것으로 2가지 이유가 있다.

- 특허기술의 시장을 넓히기 위해 → 테슬라
- 후발 주자로 산업에 진출했을 때 이미 주도권을 갖고 있는 회사에 대응하여 자신의 시장점유율을 높이기 위해 → 구글 안드로이드

기업의 생존이 달린 특허

■기업의 자금줄

- 창업 자금을 마련하는 방법은 여러 가지가 있지만 특허를 담보로 대출을 받을 수도 있다.

- 중소기업진흥공단은 특허담보대출을 통해 14년까지 63개사에 212억 원 지원, 2015년에는 200억 지원

■ 기업의 생존과 직결

- 특허는 독점적 사용권과 타인의 사용을 막는 배타권을 부여하므로 특허권을 획득하면 함부로 유사한 제품을 생산, 판매하는 것을 막을 수 있다.
- 반대로 다른 특허와 유사한 제품을 만들면 특허소송에 휘말리게 되고 특허소송 비용 및 소송에 졌을 경우 엄청난 로열티를 지급해야 한다.

※ 특허관련 기업 사례

▶ 팬택, 특허 소송 감당 못해 파산보호신청

- 2013년 미국의 특허 전문 업체는 무선통신기술을 침해했다는 이유로 팬택에 특허 침해소송제기
- 미국에서 팬택이 휘말린 특허침해 소송은 14건

▶ MS, "삼성, 지난해 로열티 1조원 지불"

- 삼성전자는 2013년 마이크로소프트에 로열티로 약 1조600억 원을 지불
- 마이크로소프트는 삼성전자를 상대로 로열티 소송 중

3. 특허권과 저작권

■ ■ ■ ■ ■

특허란?

■ 자연법칙을 이용한 기술적 사상의 창작

- 기존 기술에 비해 새로운 것(신규성)
- 기존 기술에 비해 진보된 것(진보성)
- 산업 상 이용할 수 있는 것

■ 아이디어만으로 특허를 받을 수 있나?

- 단순히 아이디어를 제시하는 것만으로는 특허를 받기 어렵다.(통상 20~30%)
- 특허를 받기 위해서는 아이디어를 구체적으로 실현할 수 있는 목적, 구성, 효과 기술
- 출원명세서와 도면에 상세하고 명확하게 작성

저작권이란?

■ 창작물에 대한 독점적이고 배타적인 법적 권리

■ 창작물은 글, 미술, 음악, 컴퓨터 프로그램, 소프트웨어, 데이터베이스, 만화, 캐릭터 등

■ 저작권은 제작한 사실만으로 권리를 가진다.(특허권 등과 같이 일정한 절차가 필요하지 않고 저작권 등록을 한다.)

■ 저작권 등록은 한국저작권위원회(www.cros.or.kr) 에서 등록

※ 참고 - 모바일 앱은 저작권? 특허권?

▌저작권, 특허권 모두 가능

■ 소프트웨어도 저작권으로 보호받을 수 있기 때문에 저작권 등록을 통해 저작권과 동일하게 보호받는다.

■ 다만 저작권은 표현에 대한 권리이므로 컴퓨터 프로그램을 보호하지만 기술적 아이디어인 알고리즘은 보호하지 않는다.

■ 따라서 소프트웨어를 저작권 등록하는 것만으로는 충분한 보호가 어렵기 때문에 다각적인 보호방안이 필요하다.

■ 컴퓨터 프로그램은 저작권으로 보호를 받을 수 있고, 해당 프로그램에 적용된 알고리즘이 특허 요건을 만족할 경우 특허로도 보호받을 수 있다.

예) • 미국의 소프트웨어 업체가 지문인식 프로그램을 개발하고 해당 프로그램에 적용된 지문인식 알고리즘에 대해 미국에서 특허 등록을 받았다.

• 한국의 소프트웨어 업체는 독자적으로 다른 형태의 지문인식 프로그램을 개발했으나, 미국 업체와 동일한 지문인식 알고리즘이 적용된 경우,

→ 한국에서는 자유롭게 지문인식 프로그램을 판매할 수 있다. 한국 업체의 지문인식 프로그램은 미국 업체의 저작권을 침해하지 않고, 한국에 미국 업체의 특허권도 존재하지 않는다.

→ 한국의 소프트웨어 업체가 미국에 프로그램을 수출하게 되면 미국 업체의 저작권은 침해하지 않더라도 미국의 특허권은 침해하게 된다.

■ 저작권은 별도의 노력을 들이지 않고도 창작과 동시에 발생하나, 그 보호대상이 저작물(프로그램) 자체이고 프로그램의 알고리즘(기술적 사상)은 보호하지 못한다.

■ 자체적으로 개발한 알고리즘은 특허로 등록하여 보호범위를 확대해야 한다.

■ 특허권은 특허를 받은 국가에서만 권리가 발생하는데 반하여 저작권은 제품개발을 하면 자동으로 생기고 전 세계적으로 보호받을 수 있다.

■ 특허권은 독자적으로 발명했더라고 이미 존재하는 것과 알고리즘이 동일한 발명은 특허를 받을 수 없다.

■ 저작권은 독자적으로 다른 형태로 개발했다면 알고리즘이 이미 존재하는 것과 동일하더라도 저작권이 발생한다.

4. 특허권 만들기

■ ■ ■ ■ ■

지식재산권

■현행 지식재산권법에서는 발명에 대해 특허와 실용신안의 2가지 형태의 권리 부여

■특허는 고도한 발명에 주어지며 권리를 행사할 수 있는 기간이 긴(20년) 대신 심사에 걸리는 시간도 길다.(2년 이내)

■실용신안은 발명보다는 혁신성이 떨어지는 고안에 주어지며 권리행사 기간이 짧은(10년) 대신 심사기간은 상대적으로 짧다.

■실무에서는 실용신안보다 특허 출원이 선호된다.

나의 아이디어는 특허를 받을 수 있을까?

■내가 가진 아이디어가 특허출원 되어 있는 아이디어와 유사하면 특허를 받을 수 없다.

■나의 아이디어에 대한 특허를 조사하고 특허를 받을 수 있을 것인지 판단 후 특허 출원을 해야 한다.

특허 조사

■특허 정보넷 키프리스(무료, 국내 사이트)
■국가과학기술정보센터(무료, 국내 사이트)
■구글 특허검색
■네이버 특허검색

키프리스(http://www.kipris.or.kr) 특허검색

1. 카테고리 선택
2. 검색어로 검색
3. 관련 특허 읽기
4. 관련 특허에서 찾은 키워드 추가 검색
5. 관련 특허 읽기
6. 핵심 키워드 및 검색식 만들기
   - 반드시 포함(AND) : *
   - 동의어, 유사어(OR) : +
7. 유사한 특허 분석
   - 특허명세서 조사(청구범위)

특허출원 순서

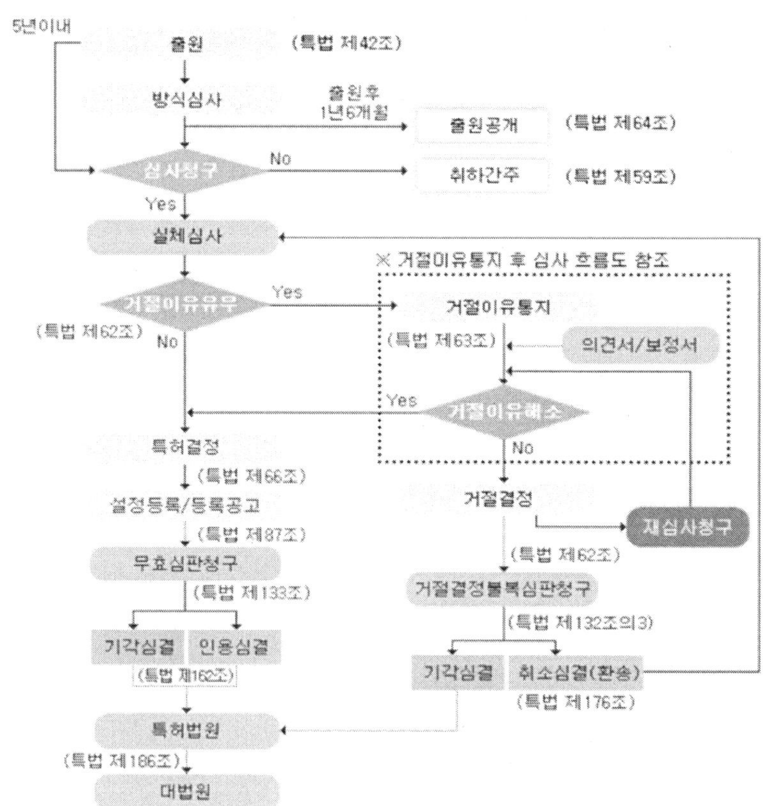

지식재산 지원제도

■한국발명진흥회
- 특허출원비용 지원

■한국지식재산협회, 대한변리사회
- 특허출원(명세서 작성) 및 비용지원

■한국여성발명협회
- 시제품제작 지원, 여성 발명인 변리 교육, 변리 상담 서비스

■공익변리사 특허지원센터
- 서류작성, 침해사건에 대한 민사소송비용, 분쟁조정

■한국전자산업진흥회 특허지원센터
- 상품기획부터 R&D, 특허출원, 등록유지, 특허사업화 등 특허경영의 전반적인 컨설팅, 국제특허분쟁 컨설팅

특허침해

■특허 침해는 다른 사람의 특허권을 그대로 사용하는 것
■다른 사람의 특허 발명 전체와 동일한 발명
■즉, 다른 사람의 특허명세서 청구범위에 작성된 구성요소 중 하나라도 다르게 사용하면 침해가 아니다.
■특허를 받을 때도 기존 발명들과 구성요소가 하나라도 다르면 특허가 가능하다.

특허침해 예시

■특허권 1
- 앉아 있을 때 사람의 몸을 걸치는 도구로서
- 엉덩이를 걸치기 위한 밑판과
- 상기 밑판에 부착되어 밑판을 지면으로부터 떠받치는 다리로 구성된 의자

■ 특허권 2
- 앉아 있을 때 사람의 몸을 걸치는 도구로서
- 엉덩이를 걸치기 위한 밑판과
- 상기 밑판에 부착되어 밑판을 지면으로부터 떠받치는 다리와
- 상기 밑판의 한 변에 부착되어 앉은 사람의 등을 지지하는 등판으로 구성된 의자

■ 특허권 3
- 앉아 있을 때 사람의 몸을 걸치는 도구로서
- 엉덩이를 걸치기 위한 나무로 된 원형의 밑판과
- 상기 밑판에 부착되어 밑판을 지면으로부터 떠받치는 4개다리로 구성된 의자

■ 특허명세서의 청구범위를 잘 작성해야 모방품의 생산을 막을 수 있다.(더 넓은 범위의 용어 사용)

■ 특허 발명의 일부분을 다르게 하여 침해를 피하는 것을 특허회피라고 한다.

■ 특허를 등록 받는 것과 특허를 침해하는 것은 별개이다.

특허권 만들기 핵심포인트

■ 아이디어가 신규성, 진보성이 있어야 특허를 받을 수 있다. 특허출원 전에 유사한 특허가 있는지 조사해야 한다.

■ 유사한 아이디어가 많은 경우가 대부분이다. 특허회피방법을 찾아보자.

■ 청구범위에 기재된 발명의 구성요소를 빠짐없이 모두 사용해야 특허 침해로 판단된다.

■ 청구범위에 기재된 발명의 구성요소 중 일부를 다르게 변형하여 사용하면 특허침해가 아니다.(특허 회피)

■ 특허가 등록된 경우에도 이미 등록된 다른 특허의 청구범위에 기재된 발명의 구성요소를 모두 포함한다면 특허를 침해하게 된다.

■내 아이디어가 누구도 모방할 수 없는 것이라면?
- 특허출원을 하지 않고 영업비밀로 관리하는 방법도 있다.
- 코카콜라, KFC 등

■특허권 - 독점적 권리(20년), 정보공개

■영업비밀 - 비밀이 유출되지 않는 한 무기한, 보호 약함.

■특허등록 후 누군가 특허를 침해하고 있는지, 영업비밀이 잘 관리되고 있는지 항상 확인해야 한다.

5. 비즈니스 파트너십

라이센싱과 로열티

■자신의 특허를 직접 사업화하기보다 제조기반의 업체에 자신의 특허를 매도하는 것이 이득이 될 수 있다.

■반대로 독자적 연구보다는 타인의 특허를 매수하여 제품을 생산하는 것이 더 유리할 수도 있다.

■어느 것이 금전적 이윤이 더 높은지 판단하여 지식재산권을 적극 활용하여야 한다.

■특허를 사용하도록 허락하고 그 사용료를 받는 방법
- 라이센싱 아웃 : 특허를 사용하도록 허락하는 것
- 로열티 : 특허 사용료

■특허 라이센싱의 종류
- 특허권 전체 또는 일부를 파는 방법(공동 특허권/ 로열티 없음)
- 특허권에 대한 독점적 사용권(전용실시권)
- 특허권에 대한 독점이 아닌 상태의 사용권(통상실시권)

라이센싱 실패사례(디지털캐스트)

■ 세계 최초 MP3플레이어를 개발

■ 특허 공동소유 조건으로 새한미디어의 투자를 받음

■ 새한은 독자적으로 세계 최초 MP3플레이어를 만들었다고 홍보, 디지털캐스트는 더욱 몰락, 새한과 결별

■ 미국 다이아몬드사가 디지털캐스트 특허권 매입 후 리오(Rio) MP3플레이어 전 세계적 히트(애플 아이팟의 모티브)

■ 2005년부터 5년간 외국 기업들이 가져간 로열티는 약 3조 원

※ 비즈니스 파트너십 핵심포인트

■ 특허가 있다고 사업의 성공을 의미하지는 않는다.

■ 사업의 성공에 파트너가 필요하다면 파트너십을 맺는 것이 좋다.

■ 특허에 대한 라이센싱을 할 때

- 전용실시권 : 한 사람에게만 줄 수 있다.
- 통상실시권 : 여러 사람에게 줄 수 있다.

제7장

비즈니스 모델의 이해

관 광
창업론

07

제7장

비즈니스 모델의 이해

학습 목표

1. 비즈니스 모델의 개념 및 중요성을 이해한다.
2. 비즈니스 모델 캔버스의 도출과정과 9가지 블록을 통해 비즈니스 모델 캔버스를 작성할 수 있다.
3. 린 스타트업 및 린 캔버스에 대해 이해한다.
4. 비즈니스 모델 캔버스와 차이점을 이해하고 자신에게 적합한 캔버스를 선별할 수 있다.
5. 환경분석을 통해 사업 타당성을 분석할 수 있다.
6. 비즈니스 모델 캔버스를 바탕으로 구체적이며 실현 가능한 사업계획서를 작성할 수 있다.

1. 비즈니스 모델의 개념 및 중요성

비즈니스(Business)란?

■ 비즈니스는 가치를 창출하고 그 가치에 대한 대가를 획득하는 일

■ 비즈니스를 위해서는

1) 소비자가 원하는 가치 제공(가치제안)
2) 소비자가 경쟁자의 제품보다 자신의 제품을 선택하도록 경쟁우위를 획득(경쟁기업과의 차별화)
3) 소비자에게 가치의 대가로 수입을 확보할 수 있어야 한다.
   → 비즈니스 모델

비즈니스 모델이란?

■ 새로운 아이디어만으로는 수익을 창출할 수 없다. 사업 아이디어를 기반으로 수익을 창출할 수 있는 구체적인 방법 설계가 필요하다.

■ 비즈니스 모델은 비즈니스의 이미지를 구체화 시킨 밑그림이다. 즉, 누구에게 어떤 상품 또는 서비스를 왜, 어떻게 공급하고 그 대가는 어떻게 받을 것인가? 어떤 제품이나 서비스를 어떻게 소비자에게 제공하고 어떻게 마케팅하며, 어떻게 돈을 벌 것인가? 하는 계획 또는 사업 아이디어를 체계적으로 정리한 것이다.

비즈니스 모델 vs 사업계획서

■ 비즈니스모델
- 사업 아이디어를 활용하여 수익을 창출하는 방법 제시

■ 사업계획서
- How? 어떻게 실행할 것인가?
- 시장규모와 성장가능성은 충분한가?
- 팀은 어떻게 구성할까?
- 자금은 얼마나 필요한가? 필요한 자금은 어떻게 마련할 것인가?
- 생산, 마케팅은 어떻게 할 것인가?
- 사업 추진 일정은?

→ 비즈니스 모델의 구체적인 실행계획이 사업계획서이다.

비즈니스 모델의 중요성

■ 비즈니스 모델은 아이디어를 활용하여 어떻게 수익을 창출할 것인지에 대한 구조적 모델을 설계함으로써 수익 창출을 위한 기존 구조와 기능을 이해하는 데 도움을 준다.

▶ **코닥(Kodak)의 몰락**

- 코닥은 1976년 필름 시장 점유율 90%, 카메라 시장 점유율 85%를 기록
- 1975년 세계 최초로 디지털 카메라 기술을 개발
- 자사의 기존 주요 비즈니스 모델인 필름 판매에 타격이 불가피하여 기술보완 및 홍보에 소극적
- 소비자들의 인식이 아날로그에서 디지털로 변화하는 흐름을 파악하지 못하고 2012년 1월 파산 신청
- 이후 인쇄의 기술적 지원, 전문가들을 위한 그래픽 커뮤니케이션 서비스 기업으로 회생

■비즈니스 모델은 기업에 새로운 경쟁력을 제공해 줄 뿐만 아니라 고객지향적인 제품과 서비스를 개발하는데 도움이 된다.

▶ **아마존**

- 기존 서점에서 책을 구매하던 방식에 온라인 구매로 전환

▶ **넷플릭스**

- 영화를 비디오대여점에서 빌려 보던 방식에서 온라인 주문방식으로 전환

■창업 초기에는 많은 불확실성이 존재한다. 나름대로 꼼꼼하게 준비했다 하더라도 막상 창업에 도전하면, 생각하지도 못했던 상황이 벌어지고 예측은 번번이 벗어나기 마련이다. 따라서 비스니스 보넬을 수립하여 창업 초기의 불확실성을 최소화할 필요가 있다.

2. 비즈니스 모델의 구성요소

비즈니스 모델의 9가지 블록

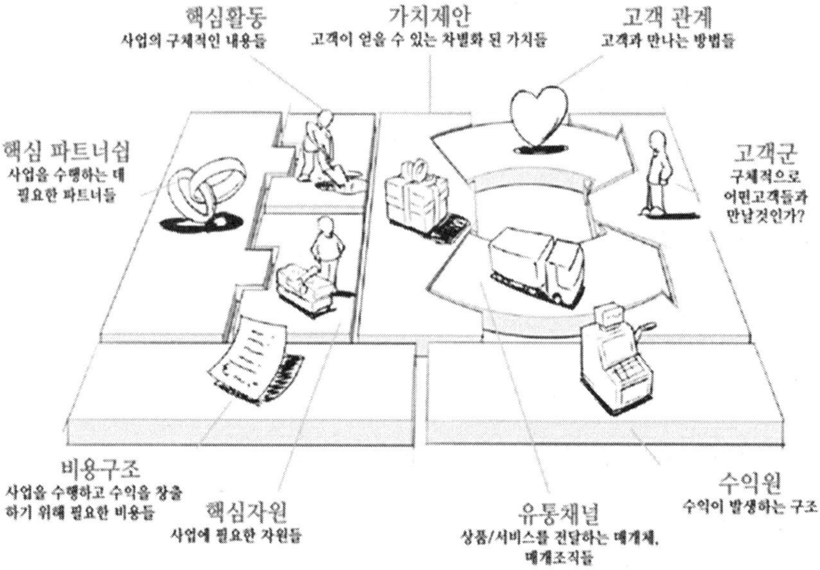

◘ 비즈니스 모델의 9가지 블록

기본 영역	비즈니스 모델 블록	내 용
제품	가치제안	고객을 위한 제품과 서비스의 가치에 대한 종합적 관점
고객 접점	목표 고객	가치를 제공하기 원하는 소비자를 세분화
	유통/채널	고객을 연결하는 수단
	고객 관계	자사와 고객을 지속적으로 유지하는 방법
인프라 관리	가치형태	고객을 위한 가치를 창조하기 위해 필요한 활동과 지원 등의 준비 상태
	역량	고객을 위한 가치를 창조하기 위해 필요한 활동 실행 능력
	파트너십	고객의 가치를 창출하기 위해서 2~3개의 기업과 협력관계를 형성
재무적 측면	비용구조	비즈니스 모델을 실행하기 위한 모든 비용을 산출
	수익모델	기업에서 다양한 수익 흐름을 통해 수입을 창출하는 방법

비즈니스 모델 캔버스 사례

(주) 카카오

<table>
<tr><th>핵심파트너(KP)</th><th>핵심활동(KA)</th><th>가치제안(VP)</th><th>고객관계(CR)</th><th>고객(CS)</th></tr>
<tr><td rowspan="3">• 위메이드(게임)

• 통신사

• 포도트리
(카카오페이지)

• 투자자

• 컨텐츠개발자</td><td>• 모바일 메시징 서비스

• 모바일 응용 프로그램 서비스</td><td rowspan="3">• 무료 메신저 서비스

• 사진공유서비스
(카카오스토리)

• 모바일 플랫폼 (스토리, 게임, 디지털 컨텐츠)</td><td>• User- 커뮤니티

• 기업/개발자- 플랫폼제공, 마케팅 관리</td><td rowspan="3">• 스마트폰 사용자

• 플러스 친구 제휴 업체

• 스마트폰 게임 개발자(업체)

• 광고주</td></tr>
<tr><th>핵심자원(KR)</th><th>유통채널(CH)</th></tr>
<tr><td>• 카카오 플랫폼
• 플랫폼을 통한 사용자 그룹 (거대회원수)
• 브랜드네임/캐릭터</td><td>• 모바일 앱(마켓)

• 웹(PC)</td></tr>
<tr><th colspan="2">비용구조(C$)</th><th colspan="2">가치창출(V$)</th><th>수익원(R$)</th></tr>
<tr><td colspan="2">• 데이터 센터 유지 관리(하루 메시지 건수 26억건)
• 광고비
• 인건비</td><td colspan="2">• 모바일 서비스 플랫폼 제공 – 서드파티 개발환경 제공, 파트너 업체들과 공유수익모델
• 컨텐츠 통합을 통한 컨텐츠 보급과 확산</td><td>• 기본 사용자 무료
• 판매수수료
• (기프티콘, 플러스 친구, 유료 이모티콘, 카카오게임,카카오페이지)
• 광고</td></tr>
</table>

명함관리 서비스 '리멤버'

<table>
<tr><td rowspan="2">핵심파트너
• 서버 하드웨어 제조업체
• 정보 보안관리업체
• 명함 수거 및 전달 물류업체
• 애플리케이션 광고를 원하는 기업</td><td>핵심활동
• 모바일 애플리케이션 개발
• 실시간 명함 관리 서비스
• 애플리케이션 홍보</td><td rowspan="2">가치제안
• 명함 보관 편리성
• 명함 내용 정확성
• 정보보안 안전성
• 저렴한 가격</td><td>고객관계
• 자동화 서비스 및 무료 사용
• 대량명함 관리 서비스 유치를 위한 이벤트(회식비 지원)</td><td rowspan="2">고객세그먼트
• 명함을 많이 주고받는 사람(직장인, 사업가 등)
• 명함관리를 잘 못하는 사람</td></tr>
<tr><td>핵심자원
• 모바일 애플리케이션 디자이너
• 타이피스트
• 운영자</td><td>유통채널
• 애플리케이션 마켓
• 애플리케이션 '리멤버'</td></tr>
<tr><td colspan="3">비용구조
• 모바일 애플리케이션 홍보(마케팅) 비용
• 애플리케이션 관리 비용
• 개발비
• 인건비</td><td colspan="2">수익원
• 모바일 애플리케이션 광고 수수료
• 대량 명함관리 서비스 수수료</td></tr>
</table>

3. 린 스타트업과 린 캔버스

린 스타트업

■ 린 스타트업의 핵심은 낭비를 줄이는 것이다. 린 경영에서 기본적인개념을 착안한 린 스트타업의 프로세스는 고객개발 방법론과 유사하다. 창업기업의 경우 인적·물적 자원이 부족하기 때문에 시장에 대한 가정을 테스트하기 위해서 빠르게 프로토타입을 만들도록 권하면서 고객개발을 사용하여 고객 접촉 빈도를 높임으로써 낭비를 줄이고 시장에 대한 잘못된 가정을 최대한 빨리 검증하고 보완할 필요가 있다.

■ 즉, 린 스타트업의 프로세스는 아이디어 발굴을 통해 최소요건제품(MVP)을 빠르게 만들어 그 제품 혹은 서비스를 통해 시장에서의 반응을 측정하고 결국 고객들의 측정 평가 결과를 통해 부족한 점을 배워서 반복적으로 보완하거나 사업의 방향을 조기에 전환함으로써 실패의 부담을 낮출 수 있는 장점이 있다.

린 캔버스

■ 기존의 비즈니스 모델 캔버스를 변형하여 빠르게 변화하는 창업기업에 적합한 비즈니스 모델링 도구이다. 린 캔버스를 다음과 같은 장점이 있다.
- 빠르다 : 반나절 안에 여러 개의 사업 모델을 정리 가능
- 간결하다 : 엘리베이터 피칭 가능
- 간편하다 : 다른 사람과 공유 및 수정 용이

■ 린 캔버스는 대상과 중점이 오직 창업가와 창업기업이 되고 고객이 누구고 무엇을 팔지 테스트를 하지 않아 고객 세분화가 중시되지 않는다. 접근방식 또한 문제점에서 시작, 문제해결 방안제안, 문제를 해결하기 위한 채널, 비용구조와 수익순으로 시작한다. 또한, 창업가가 순차적으로 발전할 수 있도록 문제해결 중심적 접근이 이루어진다.

린 캔버스와 비즈니스 모델 캔버스의 차이점

■ 첫째, 적용 대상에 차이가 있다. 비즈니스 모델 캔버스는 창업 초기의 기업과 어느 정도 규모가 있는 중소기업 이상의 기업에서 비즈니스 모델을 개발할 때 사용될 수 있다. 반면 린 캔버스는 오직 창업가만을 위한 모델링 도구라는 점이다.

■ 둘째, 구성요소에서 차이가 있다. 린 캔버스에는 문제, 해결책, 핵심지표, 일방적 경쟁우위의 4가지 새로운 요소가 제시되고 있다.

■ 셋째, 접근방식에서 차이가 있다. 비즈니스 모델 캔버스는 고객 세분화, 가치제안, 채널, 고객 관계를 중시하면서 목표 고객에게 제공할 차별화된 가치제안을 파악하는 데 중점을 둔다. 그런 다음 가치제안을 어떻게 실현하여 수익을 창출할지를 검토한다. 반면 린 캔버스는 문제점 파악과 해결방안을 통한 신제품과 새로운 서비스 개발에 중점을 둔다. 해결방안을 통해 신제품과 서비스의 방안이 도출되면 그 다음에 어떤 고객에게 신제품과 서비스를 제공할 것인지를 파악해 나간다.

■ 넷째, 경쟁우위의 관점에서 차이가 있다. 비즈니스 모델 캔버스는 가격, 비용 등의 가치제안에 집중한 반면, 린 캔버스는 일방적 경쟁우위를 선점하기 위해 필요한 구조 형성에 중점을 둔다.

■ 다섯째, 핵심지표에 차이가 있다. 비즈니스 모델 캔버스는 가치제안을 제공하기 위해 필요한 핵심자원과 핵심활동을 파악하는 등 주로 기능과 자원에 중점을 두는 반면, 린 캔버스는 신제품과 새로운 서비스의 성과를 정량적으로 파악할 수 있는 성과지표(확보 고객 수, 유료전환 가입자 수, 추천 수 등)에 보다 중점을 두는 목표 지향적인 관점에서 차이가 있다.

비즈니스 모델 캔버스 vs 린 캔버스

구분	비즈니스 모델 캔버스	린 캔버스
대상	창업기업과 기존 기업	오직 창업기업
중점	고객, 투자가, 창업가, 컨설턴트, 조언자	오직 창업가
고객들	고객 세분화, 채널, 고객관계 중시	창업기업은 고객이 누구고 무엇을 팔지를 테스트하지 않아 고객세분화가 중요하지 않음
접근방식	사업의 예상 수익원과 재무적 원천을 기본 전제하에 시작	문제점에서 시작, 문제해결방안 제안, 문제를 해결하기 위한 채널, 비용구조와 예상 수익 순으로 시작
경쟁관계	목표시장에서 영리하게 살아남기 위해서 양적·질적 조건(가격, 비용 등)적 가치 제안	사업이 여분의 시장에서 일방적 우위를 가지고 더 기반을 다지기 위한 방법으로 활용
적용	자연스러운 이해, 창의성, 논의, 구조적 분석으로 분위기 조성	창업가가 순차적으로 발전할 수 있도록 문제 해결 중심적 접근

4. 사업 타당성 및 환경분석

사업타당성(정성적 부문) 분석

구 분	평가요소	세부검토사항	평가			종합
			상	중	하	
창업자 사업능력	창업적합도	사업경험 및 지식정도				
		사업수행능력				
		업종, 적성, 경력, 경영능력 등				
	경영마인드	경영 및 서비스 마인드				
		반드시 성공하겠다는 굳은 의지				
		고객유치(마케팅) 및 판매전략 여부				
		인적자원관리 및 서비스 품질 관리 능력				
		실적 및 회계관리 능력				
상품성	적합성	제조 방법 충분한 습득				
		주력상품의 대중성				
		주력상품 가격의 적절성				
		재료 구입의 편의성 및 보관성				
		주력상품 수명주기의 적절성(도입기, 성장기)				
	독점성	주력상품의 독점성				
		독자적 기술과 노하우의 보유를 통한 차별성				
시장성	시장의 규모	예상되는 고객의 수				
		시장규모				
	경쟁성	경쟁업체의 세력 및 분포				
		경쟁제품 품질과 가격의 비교우위				
		차별화 가능 여부				
	시장의 장래성	잠재고객수의 증가 가능성				
		대기업의 침투 가능성				
		소비자의 성향 및 필요성				
수익성	제품생산 및 판매효율성	생산원가의 판매가격 대비 비율				
		제품 생산의 효율성				
		유통 채널의 다양성				
	적정이윤 보장성	임차료 및 인건비 적정성				
		원가, 인건비, 관리비를 제한 적정이윤				
안정성	위험수준	불황 적응력				
		경쟁업체 출현 시 대처능력				
	자금투입 적정성	초기투자액에 대한 자금조달 범위				
		손익분기점의 수준 및 기간				
		예비비의 보유 여력				
	재고관리	재고관리의 용이성				
		수요의 계절성				
인적자원 조달 및 관리		적절한 수익성을 고려한 인력구성				
		성수기나 바쁜 시간대의 직원 부족 문제				
		비수기나 한가한 시간대의 직원 과다 문제				
		아르바이트나 파트타이머의 활용 문제				
합계						

환경분석

■ 거시환경 분석(PEST 분석)

- 정치적(Political) 요소는 정부가 경제에 간섭하는 정도이다. 특별하게는 세금, 노동법, 무역 제재, 환경법, 관세, 정치적 안정성 등을 포괄한다. 정치적 요소는 정부 차원에서 진흥하거나 제재하고자 하는 재화나 용역의 종류를 포함하기도 한다. 국가적 차원에서 중앙정부가 보건, 교육, 인프라 구축 등에 끼치는 영향을 고려한다.

- 경제적(Economic) 요소는 경제성장률, 금리, 환율, 인플레이션 정도 등을 포함한다. 이러한 요소는 경제 주체(기업)가 의사결정을 내리는 데 막대한 영향을 끼친다. 일례로 금리는 비용에 영향을 끼치기 때문에 어느 정도에서 기업이 성장하고 확대될 지를 가늠한다. 환율 또한 수출입 및 수입가격에 적잖은 영향을 끼치는 요소이다.

- 사회적(Social) 요소는 문화적 요소와 보건 인지도, 인구성장률, 연령대 분포, 직업 태도, 안전 관련 요소 등이 포함된다. 사회적 요소에 따라서 기업체의 제품과 경영방식이 영향을 받을 수도 있다. 고령인구가 많다면 노동력이 줄고 노동투입비용은 늘어날 것이다. 또한 다양한 경영전략을 세워서 중장년층 채용과 같은 사회적 변화를 반영하게 될 것이다.

- 기술적(Technological) 요소는 R&D 활동, 자동화, 기술 관련 인센티브, 기술혁신 등을 포함한다. 위 요소는 진입장벽, 최소효용생산수준, 아웃소싱 등에 영향을 미친다. 기술적 요소는 기술 투자와 품질, 비용 및 혁신에도 영향을 끼치는 요소이다.

■ 3C분석(4C 분석)

- 3C분석이란 표적시장 선정을 위해 세분시장의 규모와 성장성, 상대적인 경쟁력, 자사와의 적합성 등 세분시장별 매력도를 평가하는 것으로 시장을 세분화 한 다음에 기업은 세분화된 시장 내에서 마케팅 전략을 펼칠 시장 즉 표적시장을 선정해야 한다. 이때 기업들은 표적시장 선정을 위하여 세분시장별 매력도를 평가하는데 평가 시 고려해야 할 사항이 바로 고객(customer), 경쟁자(Competitor), 회사(Company)의 3C이다.

- 4C분석이라고도 하는데 3C에 주로 채널(Channel)을 추가하여 분석하는 것을 말한다.
- 정확한 마케팅을 하기위해서는 시장을 둘러싼 거시적인 상황에 대한 분석 이외에도 대상제품이나 서비스와 더 직접적으로 영향을 미치는 미시적 환경분석도 중요하며 마케팅 3C분석(4C)이라 불리는 이 분석은 대상제품을 지금시점에서 시장에 내놓는 것이 매력적인지 아닌지 보다 넓은 관점에서 체크해보는 것이다.
- 회사(Company) : 일반적으로 SWOT 분석을 통해 기업 내 · 외부의 환경과 강점 그리고 약점을 파악한다.
- 고객(customer) : 목표 고객의 인구통계학적 특징, 시장규모, 시장성장률, 고객 니즈, 구매결정 프로세스 등과 함께 STP 분석도 포함하는 경우도 많다.
- 경쟁자(Competitor) : 경쟁사 분석의 경우 자료수집의 범위에 따라서 시장분석, 기술력, 브랜드 가치, 포트폴리오, 시장점유율, 재무분석 등이 포함된다.
- 채널(Channel) : 제품이 고객의 손으로 넘어갈 때까지의 유통경로와 관계되는 것으로서 단순한 물류와 경제적 교환의 과정이 아니라 수요자의 욕구를 생산자에게 전달하거나 수요자가 요구하는 제품의 소재와 내용, 즉 품질이나 가격 등을 수요자에게 주지시키는 커뮤니케이션을 포함한 종합적인 경로를 말한다.

5. 사업계획서 작성방법

사업이란 특정 목적을 가지고 지속되는 활동으로 수많은 불확실성과 변화에 효율적으로 대응하는 것을 의미한다.

〈사업진행의 4단계 프로세스

계획수립 (Planning)	➔	설계 (Designing)	➔	운영 (Operating)	➔	통제 (Controlling)

사업계획서

사업계획서란 향후 시작하고자 하는 사업에 대한 전반적인 계획을 작성한 문서를 말한다. 회사의 목표를 수립하여 향후 특정 기간 동안 목표를 달성하기 위해 사용할 수단을 설명하고, 이익 실현을 위하여 기업의 투자원을 효율적으로 활용하기 위한 경영전략을 체계적으로 문서화한 것이 사업계획서이다. 사업계획서는 크게 내부적인 용도와 외부적인 용도 2가지로 나눠진다.

- 내부적으로는 자기점검 기능과 회사 행동지침을 제공하는 역할을 한다. 창업 회사 조직 구성원 간의 사업에 대한 커뮤니케이션, 내용 공유 목적으로 활용되며 이를 통해 사내 이해관계자들의 자기점검을 진행하도록 한다. 또한 계획하는 사업에 대한 밑그림을 그려보며, 현재 진행 상황을 점검하고 평가할 수 있는 행동지침으로 작용한다.

- 외부적으로는 인·허가 업무 담당기관의 이해관계자들이 회사의 목적과 실체, 사회적 기여도를 판단할 수 있도록 지침을 내려주며 각종 투자처, 정부기관 등에 사업에 대한 자금조달 및 지원, 판매 등에 대한 판단근거로 사용되기도 한다. 또한 거래 당사자나 일반 대중에 대한 사업이나 제품 판매 목적과 더불어 기업을 홍보하거나 시장 활성화를 위해 이용된다.

사업계획서의 유형과 용도

사업계획서의 유형은 크게 분량기준, 작성방식기준에 따른 2가지 분류로 구분할 수 있다.

■ 분량기준

① 요약사업계획서 : 사업개요서라고도 하며 짧은 형태 사업계획서로서 사업의 가장 중요한 정보를 포함하는 10쪽 분량의 간결한 문체를 사용한 계획서이다.(투자자의 관심 정도 파악/ 개발 초기 단계기업)

② 사업계획서 : 20~40쪽 분량으로 주로 자금조달용도, 사업관련 충분한 정보를 포함한다.(투자자 제안, 전략적 파트너를 찾을 경우)

③ 운영사업계획서 : 기업 내부 운영 목적으로 작성하는 40~100쪽 분량의 계획서로 기존기업 경영지침, 기업 운영 청사진, 조직원의 목표이해와 실천이 목표이다.

■ 작성방식 기준

- 보고서용 / 프리젠테이션용으로 구별되며 투자자에게 프리젠테이션용 슬라이드를 보내지 않도록 유의해야 한다.
- 사업계획서는 은행대출, 투자자본의 조달, 전략적 제휴 협정, 대규모 계약체결, 우수한 경영자 채용, 기업의 흡수/합병 등의 용도로 사용된다.

사업계획서의 주제

■ 사업계획서를 제작하기 전 사업계획서 내의 제품, 시장, 마케팅, 운영, 주체, 예측, 회수의 단계를 포함시켜야 한다. 사업의 대상물 즉, 어떤 제품과 서비스를 판매할지 선정하고 그 대상을 설정한다. 그리고 그 대상에게 어떻게 판매할지, 판매에 대한 운영에서 개발/구매/생산/판매 중 어떤 운영방법을 사용할지 사업 주체인 경영진이 판단하고 지시한다. 이후 자금의 운용에 대한 재무예측을 하고 자금을 회수할 수 있는 가능성에 대해 검토하는 것이 사업계획서의 주제가 되어야하고 이는 이해관계자의 의사결정을 돕는 중요한 정보가 된다.

사업계획서의 구성

■사업 계획서의 목차 구성은 보통 표지, 총괄요약문, 회사 개요, 제품, 시장 분석, 경쟁자 분석, 마케팅 계획, 운영활동, 경영팀, 재무정보, 보완첨부 서류의 11가지 구성으로 나뉜다. 하지만 계획서의 종류나 용도에 따라 수정 및 보완이 가능하다.

사업계획서의 구성

구성항목	내 용
편지/표지	투자(대출) 요청편지, 기밀유지 요청서류, 표지(회사명, 사업명, 회사로고, 주소, 전화번호, 팩스, 전자우편, 날짜 등)
총괄요약문	매우 짧은 간결한 사업계획서
회사(사업) 개요	회사소개(법적 형태, 주요 경영자, 과거역사, 현재 상태, 미래계획, 사업장 위치 등) 미션/비전 중요 기업활동 일정표
제품	제품 설명 제품 특성(경쟁사 제품과 차이점, 비교우위 등) 제품 연구개발 활동 제품 생산 및 보증수리 활동
시장분석	산업분석(규모, 성장추세, 진입장벽, 정부규제) 목표시장분석(목표시장이해, 소비자/경쟁자인식, 방어전략) 시장조사
경쟁자분석	경쟁자 프로파일 시장점유율 경쟁사와 강점/약점 비교 미래 잠재경쟁자 진입장벽 경쟁자 정보원천
마케팅계획	마케팅활동(가격결정, 시장포지셔닝, 사업장 위치 선정) 판매촉진활동(판매방법, 판매원관리, 촉진활동)
운영활동	개발활동, 생산활동(자체생산/구매, 사업장 위치, 노동력, 품질경영, 재고관리, 서비스, 보험)
경 영 팀	주요 경영진 이사회 자문가 집단 컨설턴트
재무정보	재무제표 재무정보 예측시 사용한 가정 재무분석(손익분기분석과 재무비율) 소유구조 현황 및 투자요청내역 투자상환(회수) 방법
보완첨부서류	주요 경영자 및 경영진의 이력서 제품사진 특허 사본 및 법적 제서류 중요 계약서 사본 기타 관련서류

▰ 제출대상에 따른 전략적 구성

사업계획서 내용은 사업의 목적, 독자의 성격에 따라서 강조내용의 구성이 다르다.

제출대상	강조내용	불필요한 강조내용
벤처투자자	급속한 성장 대규모 잠재시장 존재 제품 및 경영진의 우수성	자산
전략적 파트너	시너지 효과 특허 내용	판매 능력 자산
인수합병의 상대 기업	과거 실적	미래 전망
은행	현금흐름 자산(대차대조표) 안정된 성장	급속한 성장 과열된 시장
주고객	안정성 서비스	급속한 성장 과열된 시장
중요 조직원	개인의 장래 보장 기회	기술

▰ 사업계획서 작성방법

사업계획서의 작성은 총괄 요약문, 회사현황 및 사업개요, 제품, 시장분석, 경쟁분석, 마케팅 계획, 운영활동, 경영팀, 재무정보에 대한 정보를 상세히 작성하도록 한다.

(1) 총괄요약문

총괄 요약문이란 사업계획서 내에 있는 독립적인 작은 사업계획서로 투자자가 총괄요약문을 읽고 당사가 어떤 사업을 하는지 이해시키며 본문내용을 더 잘 읽을 수 있도록 유인하는 역할을 한다. 분량은 2~3페이지 이내이며 전체내용의 요약문이 아님을 인지해야 한다.

총괄요약문 초안 → 사업계획서 → 총괄요약문수정 순으로 작성하며 사업계획서의 작성지침을 제공하는 역할을 한다.

구성항목	핵심사항
사업개념과 시장기회	성공하기 위한 회사 전략의 개요
제품(서비스) 설명	독창성의 관점에서 접근
시장	명확하고 구체적으로 정의할 수 있는 시장 제시 시장에서 성공하기 위한 당신의 핵심역량 (경쟁자분석 후 비교우위의 관점에서 기술)
경영팀	경영팀의 자질에 대한 간략한 기술 (경쟁자분석 후 비교우위의 관점에서 기술)
재무요구사항	주요 과거재무자료, 향후 예측재무자료 캡슐 요약 (예. 향후 5년간의 연간 수입 및 순이익 표) 투자요청 내역 요약 및 투자회수 방법

(2) 회사의 현황 및 사업개요

회사의 현황과 개요에는 회사의 비전과 연혁을 제시하여 당사의 미션과 사업 본질을 이해시키는 역할을 한다. 미션(Mission)은 두 문장 이내로 설정하는 것이 좋고 미션문장은 사업목적과 목표시장과의 조화를 이루어야 한다. 회사 연혁은 회사의 설립부터 현재까지의 주요활동을 표 하나로 간략하게 정리하며 강조할 수 있도록 연속적으로 제공한다.

(3) 경영팀

경영팀은 기업의 자본 형성을 위한 투자유치, 사업의 진행 방향성 제시 등 다양한 형태의 기업운영을 진행하는 운영진으로서 의무, 기업 공헌도를 판단하여 구성해야 한다. 판단을 위한 평가항목은 다음과 같다.

① 주요 경영 기능분야별 책임자를 명확하게 설명
→ 마케팅, 판매, 생산 및 품질경영, 연구개발

② 경영팀 중요사항은 본문에 포함하고, 상세한 내용은 이력서로 첨부

③ 현재의 경력부터 연대순으로 설명하라.

④ 중요 부분의 경영자가 결원일 경우 필요한 기술과 경험을 구체적으로 설명하라.
→ 대기업 00출신 임원의 참여 예정 등 구체화되지 않은 사항은 피할 것

⑤ 당신이 사업경험이 없거나 현재 사업과 무관한 사업 경험이 있다면 사업계획서에 당신의 능력을 부각시키기에 세심한 노력을 기울여라.

⑥ 이사회 구성원의 참여 적극성과 이사회를 통한 의사결정체계의 강조를 통하여 의사결정의 신뢰성을 강조하라

⑦ 이사회의 이사를 선임할 때 기존 경영진을 보완할 수 있는 사람으로 구성하라. 예를 들어 기술자로만 경영진이 구성된 경우 경영분야(마케팅, 재부 등) 전문가로 이사 선임하라.

⑧ 이사회를 구성할 때 편의성 때문에 가까운 친구들로 구성하는 우를 범하지 말아야 한다. 먼저 당신 회사가 무엇을 필요로 하는지 그 목록을 먼저 작성한 후 적합한 친구가 있으면 선임하라.

⑨ 아직 이사회나 자문가 집단을 선임하지 못하였다면 이 부분에 앞으로 어떠한 경험과 자질을 가진 사람을 이사로 선임할 것인지 그 계획을 기술하라.

▶ **경영팀 구성 시 주의점**

- 중요 직위에 지인이나 친지 채용
- 타 사업군에서 성공한 경험으로 인한 자만
- 1인 사업의 경우 투자자확보에 차질. 경험이 많은 투자자의 경우 1인사업 성공적인 운영에 어려움이 있을 것을 우려, 투자에 확신을 가지기 어려움
- 경영팀 구성원의 동일한 배경
- 지분이 전혀 없는 최고경영층의 유치
- 사업자문을 위한 전담 자문단구성에 실패

(4) 상품의 특성

기업은 일련의 과정을 통해 고객들에게 상품을 제공하여 이윤을 얻는 것에 가장 큰 목적을 가진다. 따라서 사업계획서를 작성해야 할 때 상품에 대한 내용을 상세히 기술하는 것이 바람직하다. 자신의 업체가 제공할 상품에 대해 고객이 원하는 특성과 편익을 파악해야 하며, 자신의 상품이 어떠한 것을 통해 고객의 만족감을 충족시켜줄 것인지에 대한 언급이 필요하다. 또한 경쟁업체의 상품과의 차별성을 인지하고 핵심역량을 파악하여 기술하는 것이 좋다. 특히, 상품의 서비스 제공과정과 구성에 대한 설명이 필요하며 기존상품과의 차별성을 언급할 필요가 있다. 완전히 새로운 개념의 상품을 제공할 경우 기존 상품에서 경험할 수 없던 특장점에 대한 내용을 강조하여 설명해야 한다. 이를 위해서는 상품의 핵심 성공요인에 초점을 맞춰야 하고, 자신의 상품이 시장에서

성공하게 될 이유를 파악하고 분석하여 기술해야 한다. 자신의 상품에 대해 경쟁상의 장점, 강점을 구체적으로 언급하되 막연히 '경쟁사보다 나은 상품'과 같은 추상적인 표현은 자제해야 한다. 어떻게 차별화된 상품을 제공하는지, 그것이 왜 경쟁사와 차별적인 경쟁력을 지니게 하는지 설명해야한다.

관광상품의 경우 모방이 쉽고 이에 대한 큰 제약이 없어 경쟁사나 후발주자의 유입이 쉽다는 단점이 있다. 이에 대한 대응전략을 제시하여 대비할 수 있도록 해야 한다.

▶ 상품 특성 작성 시 주의점

- 상품의 특성을 설명하는데 너무 치중하여 제품의 효익에 대한 설명 미흡
- 상품을 설명하는 것에 있어 과도하게 전문적이고 기술적 용어 사용
- 기존 상품보다 향상된 상품이 무조건 성공할 것이라는 가정
- 상품에 대해 광범위하고 추상적으로 설명
- 향후 미래전략이나 특성상황에 대한 대응전략의 미흡으로 미래 경쟁에 대비하지 못하고 방치하는 듯한 설명은 지양
- 자신의 상품에 대한 제 3자의 평가 및 분석내용 누락
- 상품의 법률적 보호에 대한 과소평가
- 상품이 지닌 중요한 문제 제시와 해당하는 문제에 대한 해결점 누락

(5) 목표시장

상품에 대한 설명이 끝났다면 상품이 진출할 시장분석이 필요하다. 이를 위해서는 목표시장의 정의를 하여야 한다. 첫째, 목표시장의 고객을 일반화시켜서 설명하기보다는 구체적으로 언급하여야 한다. 이때 목표시장의 고객에 대한 구체적인 '고객프로파일'을 만들어 사용하는 것이 용이하다. 둘째, 자신이 판매하고자 하는 지역에 대하여 구체적으로 설명해야 한다. 지역, 국내외 판로, 시장규모에 대하여 설명할 때 시장 성장에 영향을 주는 요인 - 산업추세, 사회경제적 추세, 정부정책, 인구이동 등 - 에 대하여 함께 언급해야 한다. 그리고 이들 요인이 자신의 특정 사업에 긍정적 영향을 주는지, 부정적 영향을 주는지에 대한 설명이 필요하다. 넷째, 시장분석에 사용한 모든 자료의 원천을 구체적으로 인용해야 한다. 이것은 자신이 시장분석에 얼마나 많은 투자를 하였는가를 설명해주며 또한 자신이 인용한 정보가 신뢰할만한 원천에 기초하고 있음을 나타낸다. 특히 예상수요규모 등 숫자를 언급할 경우 더

욱 바람직하다. 다섯째, 언론, 신문, 잡지, 연구보고서 등의 자료를 충분히 활용하자. 언론, 신문, 잡지, 연구보고서의 자료에는 목표로 해야 하는 시장에 대한 힌트가 있을 가능성이 매우 높다. 위 매체들의 경우 자료를 접하게 되는 독자, 시청자 등에 대한 타겟팅이 되어 있을 수 있으며, 이는 목표시장을 세분화하고 결정하는 것에 있어 중요한 근거가 된다. 단 이러한 자료를 인용할 경우 사업계획서에 관련 자료의 복사본을 첨부하는 것이 좋다.

위와 같이 목표시장을 정의한다면 고객욕구를 충족시킬 수 있는 수단의 파악이 가능하고 마케팅 활동의 대상에 대한 세부적 분류가 가능해진다. 이는 곧 사업성공에 있어서 중요한 자산이 될 수 있다. 목표시장의 정의를 통해 자신의 고객을 파악하여 개발한 상품에 관심을 가질 것인지에 대한 분석을 하고, 해당하는 시장집단에 대한 속성 프로파일을 작성하여야 한다. 이 속성 프로파일을 작성함으로 인해 목표시장설명에 있어서 세부속성중심으로 설명할 수 있는 중요한 지표가 될 것이다.

▶ 목표시장 분석내용

- 목표시장의 고객정의
  - ► 포괄적인 목표시장정의를 지양하고 명확하고 구체적인 목표시장을 정의하라
- 고객의 시장규모
  - ► 산업통계자료, 경쟁사 예측자료, 시장조사자료 등의 자료를 제시하라
  - ► 시장의 범위를 선정하고 시장의 규모가 클 경우 틈새시장을 파악하라
- 목표시장의 세분화 내용 파악
  - ► 제품 가격대 범위와 고객 분포와의 관계를 철저하게 분석하라
- 목표시장의 예상 변화
  - ► 시장의 추세를 파악하라
  - ► 향후 수년간 예상되는 목표시장의 성장률을 분석하라
  - ► 목표로 하고있는 시장구조의 예상변화를 파악하여 대비하라
  - ► 현재, 미래에 이루어질 상품에 대한 고객의 기호 변화에 대비하라
- 시장 세분화의 기준
  - ► 인구통계학적 특성 - 나이/성별/소득/직업/교육/계층/수입 등
  - ► 지정학적 특성 - 국가/기후/시, 도/인구밀도/인구규모/지역 등
  - ► 심리적 특성 - 사회계층/라이프스타일/성격/이념/문화 등
  - ► 소비 행태 특성 - 사용비율/사용빈도/구매빈도/사용방법
  - ► 이상 네 가지 특성을 조합하여 목표시장 프로파일 구성

▶ **목표시장분석 작성 시 주의점**

- 자신의 상품을 모든 고객이 소비할 것이라는 잘못 된 판단 주의
- 목표로 하는 고객특성을 정확히 정의
- 고객이 왜 자신의 상품을 필요로 하지 않는지에 대한 분석에 앞서 상품이 목표시장 고객의 욕구를 어떻게 충족시킬 것인지에 대한 고민이 우선
- 특정상품을 특정집단에 판매하는 포커스시장가치를 과소평가하지 말 것
- 다양한 시장을 폭넓게 공략하려는 전략은 지양

(6) 운영계획

운영계획이란 상품판매를 위한 상품구매, 준비, 제작 등의 단계에서 필요한 인력, 노동, 소요기자재 구매, 원재료 확보, 인력배치, 시설 관리, 상품의 유통, 등이 있다. 관광산업과 같은 서비스업의 경우 위의 단계를 위한 전문인력의 확보, 합리적 가격으로 판매 가능한 제품구매 능력, 합리적인 시장분석을 통한 적절한 상품분배능력, 내 · 외부 고객관리 능력이 필요하다.

관광산업에서의 고객만족도는 소비와 동시에 이루어지는 경험이 매우 크게 작용한다. 실제하는 제품, 사물 등을 사용함으로서 오는 지속적인 만족이 아닌 상품을 소비함과 동시에 작용되는 일시적인 경험을 통해 고객들의 만족도가 결정된다. 이러한 경험은 크게 공급자와 수요자, 즉 사람과 사람을 통해 전달되는 부분, 그리고 각종 시설예약, 목적지로의 이동, 관광지 이용 등 소비자가 실시간으로 직접 경험하고 느끼는 부분으로 나뉜다. 예를 들어 호텔의 프런트 직원, 관광지에서의 관광가이드, 항공사 승무원 등의 서비스 제공이 사람대 사람에게서 경험할 수 있는 만족도가 있고, 예약시스템의 편리성, 시설이용의 만족감 등 실제 상품을 이용하기 이전까지 경험할 수 있는 만족감이 있다. 사업의 운영주체가 이러한 경험을 고객에게 만족스럽게 제공하기 위해서는 내부고객관리 역시 중요하며, 원활한 내부고객관리는 상품을 소비하는 최종소비자에게 만족스러운 경험을 제공할 수 있다.

위에 언급된 전반적 내용을 기반으로 사업운영계획을 구체적으로 제시하여야 한다.

(7) 재무정보

재무정보에는 고정자산투자비내역, 소요자금 조달처, 자본금, 자본계획 등

의 내용을 작성한다. 또한 현금흐름표, 손익계산서, 대차대조표 등의 내용을 작성하여야 하며, 이러한 내용들은 사업에 있어서 가장 면밀한 검토가 필요한 부분이다. 사업체의 성장을 설명할 때에는 충분한 근거를 제시하여야 한다. 향후 사업을 진행할 때 예측하는 성장률이 있다면 어떠한 수단과 경로를 통하여 성장할 수 있을지 근거자료와 함께 설명해야 한다. 투자자모집이 필요하다면 사업체의 성장과 함께 투자자가 얻을 수 있는 이익에 대한 설명할 수 있는 근거가 될 것이다.

그러나 처음 사업을 시작하는 사업자, 재무 · 회계에 어려움을 느끼는 사업자는 재무정보를 작성할 때 현실성없는 산정으로 인해 사업에 어려움을 겪을 수 있다. 예를 들어 현실성없는 급작스런 매출액의 증가, 고정비와 변동비의 잘못된 산정 등의 오류를 범할 수 있다. 그리고 현금의 필요성을 과소평가하여 자금조달에 어려움을 겪을 수 있다.

위와 같은 오류를 가지고 사업계획서를 작성하게 되면 사업의 신뢰도가 떨어지게 되어 원활한 사업진행이 힘들어질 수 있다. 단 매출액의 급증과 같은 항목에 정확한 근거가 있다면 사업계획서에 명시하여 설명할 수 있도록 하자. 위와 같이 재무정보를 작성하기 위해서는 확실한 근거와 지표, 전문성이 필요하기 때문에 재무정보를 작성할 시에는 회계사의 전문적인 검토가 필요하다.

▶ **재무정보 작성 시 주의점**

- 손익계산서, 대차대조표, 현금흐름표와 같은 주요 재무제표의 과거 및 예측자료를 누락하지 말 것
- 현실성 없는 매출액과 수익예측자료 주의
- 예측자료를 계산하고 작성할 시 사용한 재무가정 누락하지 말 것
- 일반적으로 통용되는 재무제표 양식을 사용할 것
- 비용의 과소평가나 예비비항목 누락하지 않을 것
- 충분한 자본금 혹은 투자규모를 확보할 것
- 과도한 급여수준 혹은 임차료 주의할 것
- 투자 진행 시 투자소요규모에 적합한 지분을 제공할 것
- 예측하지 못한 상황에 대한 인식과 대응책 마련
- 전문가의 검토를 통한 재무제표 작성

사업계획서 작성 TIP

■ 간단 명료하게 작성하자!

- 글만 나열된 계획서는 '쉽게' 읽히지 않는다. 표, 이미지 등을 활용해 도식화하여 보는 사람이 이해하기 쉽게 작성한다.

■ 자신만의 강점을 어필하라!

- 기존 기술과 현재 제한하는 기술 및 서비스를 비교하여 우리의 아이디어가 어떤 차별성이 있는지 강조해야 한다.(기존의 문제점 해결 방안 포함)

■ 객관적인 수치와 근거를 제시하라!

- 말뿐인 사업계획에 투자를 할 사람은 없다. 객관적인 자료와 수치를 바탕으로 작성한다. 통계는 각종 통계사이트를 활용한다.

▶ **시장분석 및 각종 DATA 참고 사이트**

- 삼성경제연구소 SERI (www.seri.org)
- LG경제연구소 (www.lgeri.com)
- 국가통계포털 (kosis.kr)
- 대학 내일 20대 연구소 (20slab.naeilshot.co.kr)
- DMC 리포트 (www.dmcreport.co.kr)

■ 사업계획서 제출 전 3번 이상 검토하기!

- 사업계획서를 모두 작성한 후에는 기입된 수치, 정보가 정확한지 다시 한 번 점검해야 한다. 또한 사업계획서 내에 오타가 없는지도 꼼꼼하게 살펴봐야 한다.

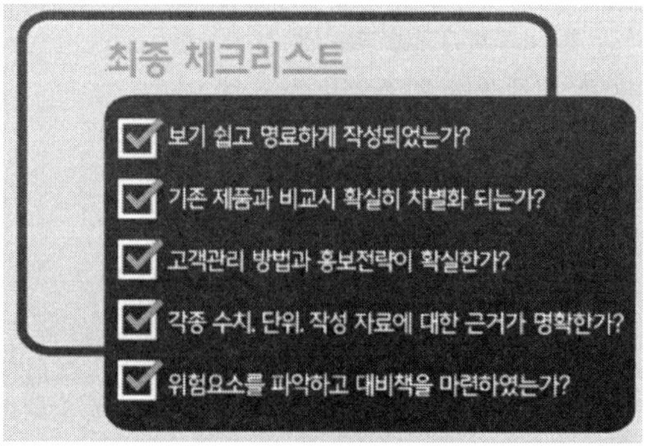

제8장

창업자금 조달

관 광
창업론

08

제8장

창업자금 조달

학습 목표

1. 창업자금 조달의 중요성을 인식하고 다양한 자금조달 방법에 대해 설명할 수 있다.
2. 자신에게 가장 적합한 창업자금 조달방법을 활용할 수 있다.

1. 창업자금 조달의 중요성

기업의 자금수요 방법

기업은 기업의 활동을 위해서 안정적 · 효율적으로 자금을 조달해야 한다.

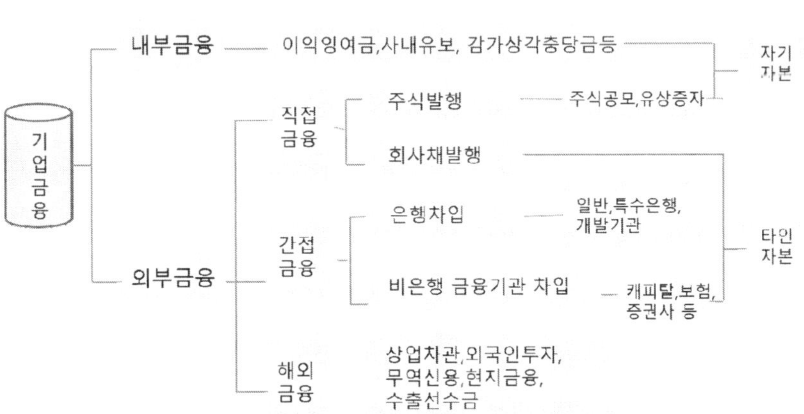

▰ 창업 시 가장 큰 장애요인

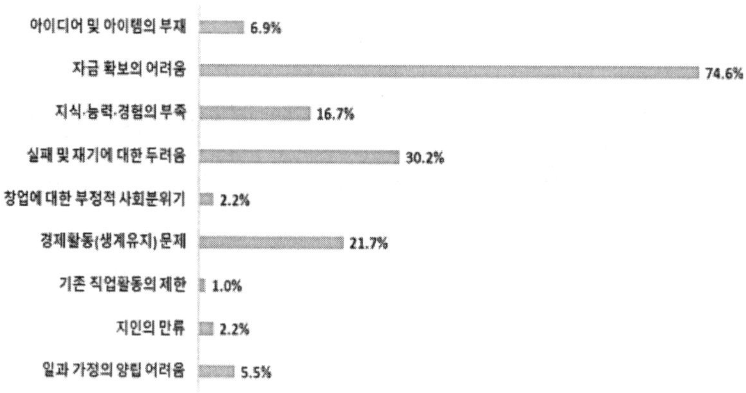

■ 중소기업청의 창업기업실태조사(2014년)를 보면, 창업 결정의 장애요인을 복수응답으로 조사한 결과 '창업자금 확보에 대해 예상되는 어려움'이 67.0%로 가장 높게 나타났다. 따라서 창업을 준비하는데 있어 얼마나 창업자금을 확보하는가가 이후 기업을 운영하는데 중요한 결정권이 될 것이다.

■ 창업 시 소요자금 규모는 평균 3억 3백만 원인 것으로 나타났으며 업종별로 보면 제조업 4억 2천8백만 원, 방송통신 및 정보서비스업 2억3천8백만 원, 과학 및 기술 서비스업 1억9천3백만 원, 숙박 및 음식점업 2억 4천만 원, 여가관련 서비스업 2억7천9백만 원으로 나타났다.

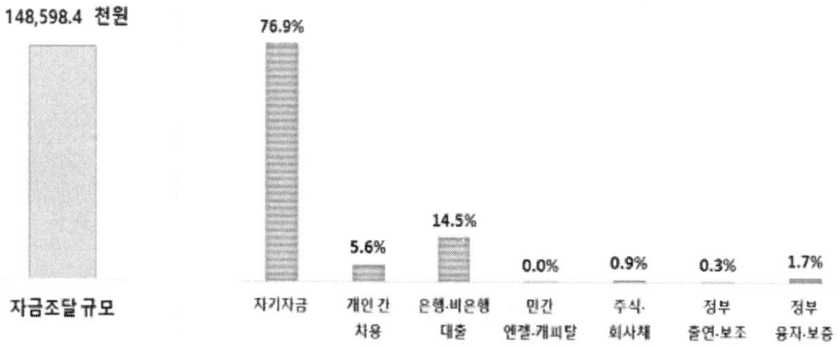

■ 또한 창업에 필요한 자금은 자기자금이 76.9%로 가장 높게 나타났고, 은행·비은행 대출이 14.5%, 개인 간 차용 5.6%, 정부 융자 1.7%, 정부 출연금·보조금 0.3%로 나타나는데 이는 창업자금규모에 있어서 예비창업자들

이 창업을 하는데 있어 출자자본으로만 창업을 하기 때문에 창업의 위험도가 높아질 뿐만이 아니라 창업의 기회 또한 확연하게 떨어지는 것이다.

■ 우리나라는 우수한 창업자금 지원체계를 가지고 있어 적시에 필요한 자금을 조달하는데 정부의 다양한 창업자금 지원제도를 활용할 수 있다. 우리는 자금을 조달하는 다양한 방법을 숙지함으로써 성공창업에 한걸음 다가갈 수 있을 것이다.

"창업에 평균 2억9000만 원 필요, '자금 확보'가 가장 어렵다"

창업하려면 평균 2억9000만 원이 필요하며, 창업자는 처음 창업할 때 '자금 확보'에 가장 어려움을 느낀다는 조사 결과가 나왔다. 중소벤처기업부는 29일 '2019년 창업 기업 실태 조사(2017년 말 기준)'를 통해 이 같은 내용을 발표했다.

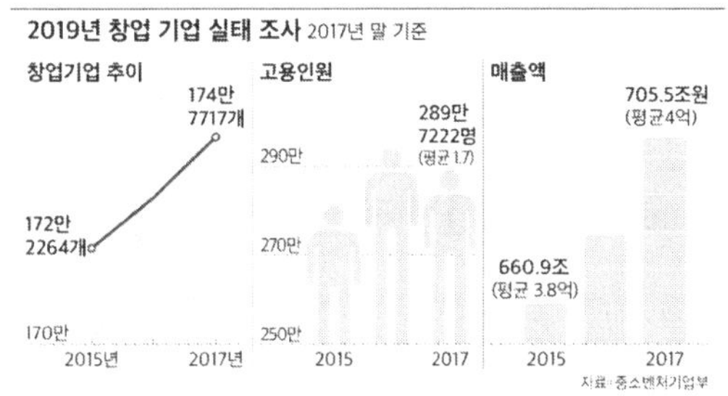

조사에 따르면 창업 기업은 2015년 172만2000개에서 2016년 173만4000개, 2017년 174만8000개로 매년 지속적으로 증가했다. 총 매출액은 2015년 660조 9000억 원에서 2016년 679조1000억 원, 2017년 705조5000억 원으로 3년 연속 증가했다. 총 고용 인원은 매년 소폭 변동했는데 2015년 281만6000명, 2016년 294만5000명, 2017년 290만 명이었다.

창업 소요 자금은 평균 2억9000만 원이었다. 자금 조달(복수응답) 방법은 자기자금(94.5%)이 가장 많았다. 그 외에 은행 · 비은행 대출(20.9%)이나 개인 간 차용(14.2%), 정부 융자 · 보증(2.5%), 정부 보조금(1.2%), 엔젤 · 벤처캐피털 투자(0.7%) 등을 활용하는 경우도 있었다.

창업에 어려움을 느끼는 요소는 자금 확보(71.9%)가 가장 많았으며 실패에 대한 두려움(44.1%)과 지식 · 능력 · 경험 부족(33.6%)이 뒤를 이었다. 경영에 가장 어려운 점은 영업 · 마케팅(69.8%)이었다. 판매납품 단가 · 인하(37.0%), 재무자금 관리(29.6%) 등의 이유도 있었다.

업종별로는 제조업 · 지식서비스업 등 기술 기반 업종이 44만 개로 전체 창업 기업의 25.2%를 차지했다. 또 창업 기업 대표의 성별은 남성이 58.6%로 여성 41.4%보다 많았다. 연령대별로 40대가 32.4%, 50대가 29.3%로 40~50대 중년층이 61.7%였다.

창업 기업은 대부분 본인의 아이디어로 독자 창업(86.0%)했다. 기술 이전(8.8%), 아이디어 보유자와 공동 창업(2.7%), 아이디어 교류 · 협력을 통한 아이템 발굴 창업(2.6%)도 있었다. 창업 기업의 자산은 평균 5억3000만 원(자본 31.4%, 부채 68.6%)이었다. R&D 제반을 보유하고 있는 창업 기업은 2.2%, 산업 재산권을 보유하고 있는 창업 기업은 1.7%로 나타났다.

_MBN, 2019. 04. 10

2. 창업자금 조달 방법

1) Startup의 일반적인 자금조달 방법

■ 새로 창업하는 Startup사업의 경우 성장을 위해 지속적인 투자가 필요하게 된다. 이제 막 창업을 시작하는 Startup의 경우 특히 투자를 유치하고 지속해서 이어가는 것은 창업 이후 기업에 성장에 크게 영향을 미치게 된다. 대부분의 Startup 기업은 자금조달 방법으로 4~5단계의 투자 과정을 거치게 된다.

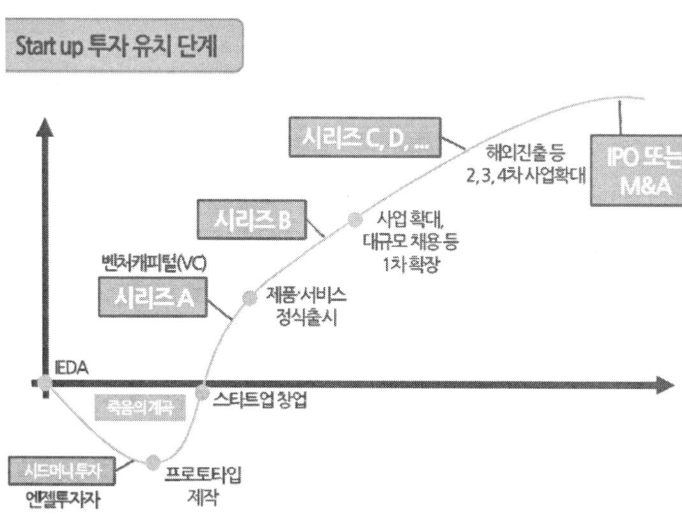

■ Pre Seed Money [프리시드머니]

씨앗이라는 의미의 단어인 시드(Seed)에서 알 수 있듯이 창업을 시작하는 첫 단계로 초기 자본금을 마련하든 단계다. 대체로 본인이 가지고 있는 자금과 주변 지인(가족, 친구)의 자본금을 동원하는 형태이며, 초기 자본금은 자신의 IDEA나 제품을 검증하기 위한 용도로 활용한다.

■ Seed Money [시드머니]

시드머니는 아이디어를 통해 Protype, 즉 베타버전을 출시할 때 필요 자금을 조달하는 것으로 개인 Angel 투자자 혹은 크라우드펀딩 투자자들에게 투자유치를 실행하는 용도로 사용된다. 해당 자본금을 기반으로 창업자들은 시장조사와 제품개발에 들어가며, 이후 기업은 투자자에게 기업가치를 평가하는 결과를 지분으로 제공하기도 한다.

■ Series A–B [시리즈 초 · 중반]

시드머니를 조정 후 기업은 제품과 서비스를 정식 출시하여 향후 사업 확장에 있어 필요한 발판을 마련해야 한다. 이를 위해 기업은 투자유치를 통해 해당 제품 · 서비스가 실제로 수익성이 있는지 확인하며, 사업의 확대를 위해 대규모 채용을 진행하는 등. 일차적으로 확장을 도모한다.

■ Series C [시리즈 후반]

시리즈 A, B 단계를 넘어왔다면 이미 해당 기업은 시장에서 안정성을 확보하고 추후 성장 가능성을 바라볼 수 있다. 이 시기에서 기업은 새로운 제품을 개발하거나 신시장에 진출할 계획을 마련한다. 해당 경우에서는 기존 시장에서 벗어나 해외시장으로의 유치를 유도하며, 다른 회사와의 시너지 효과를 위해 인수합병(M&A) 등을 진행하는 과정이다.

2) 정책자금 활용하기

- 정책자금은 크게 2가지가 있다. 하나는 순수한 자금 지원 방식이고, 다른 하나는 이자가 낮은 저리 대출 방식이다. 두 방식의 가장 큰 차이는 나중에 돈을 갚아야 하느냐, 갚지 않아도 되느냐의 차이이다.

- 순수한 자금지원은 대개 5,000만 원 정도를 평가를 거쳐 지원하는 방식이다. 상시로 진행되지 않고 심사도 병행되기 때문에 지원금을 받기가 쉽지는 않지만 순수 창업 지원자금이기 때문에 이런 공고가 뜨면 자사의 사업과 연관이 있다면 도전해 볼 필요가 있다. 이런 자금을 받을 수 있다면 초기 사업 진행에 큰 도움이 될 것이다.

- 이번 장에서는 창업 성장단계별로 학생들이 이용할 수 있는 정부의 주요 창업자금지원 사업에 대해 알아보고자 한다.

준비단계

■ 창업동아리 지원사업

- 실습비용과 시제품 제작비, 동아리 모임 공간, 멘토링, 전시회 지원 등 창업시작부터 끝까지 창업을 경험할 수 있도록 동아리지원을 하고 있다. 2015년에는 20억 원의 예산을 들여 대학생들을 대상으로 창업 동아리를 지원하여 예비 청년 창업자들에게 창업교육과 자료지원을 진행하고 있다.

규 모	20억 원, 800팀 지원(2015년)
대 상	대학(원)생 3인 이상으로 구성된 창업동아리
내 용	창업준비 실습비용 지원, 동아리별 평균 300만 원
신청·접수	대학생 창업아카데미 주관기관(21곳)과 창업선도대학(28곳)에 신청 · 접수

– 창업동아리 지원사업은 정부에서 지원하는 것뿐만 아니라 최근에는 각지 자체들이 별도로 지원하는 사업이다. 각 지역에 대학 창업동아리와 아이디어를 보유한 예비 창업자를 적극적으로 지원하여 미래의 청년창업자를 양성하기 때문에 본인의 창업 마인드가 있을 때에는 각 지역에서 진행하는 활동지원 공고를 참고하여 다양한 지원을 받을 수 있다.

■ 대한민국 창업리그

– 창업 활성화 및 전 국민 창업 붐을 조성하고 유망 창업아이템을 발굴하기 위한 국내 최대 규모의 창업경진대회(미래창조과학부 공동)이다.

규 모	15억 원(상금 등 7억 원), 90팀 내외(2015년)
대 상	예비 창업자 및 3년 미만 창업기업
내 용	상금, 창업 멘토링, 투자유치 기회, 해외연수 등
신청 · 접수	전국 예선 운영기관별 신청 · 접수

- 중소기업청, 창업진흥원에서 주최하는 프로그램으로 예비창업자, 3년 이내 초기 창업자 등을 대상으로 부처별 평가위원회를 구성해서 전시·박람회 참가, 투자자 및 민·관 창업지원 연계 프로그램을 지원하는 프로그램으로 우수 팀으로 선정될 시 아이디어에 대해 특허출원 연계지원서비스를 발행받을 수 있다.

기업명	이놈들연구소 주식회사	창업일	2015.9.10
창업 아이템	■ 웨어러블 디바이스 손가락 등 신체 부위를 통해 소리를 전송하는 스마트 시계줄 		
주요 성과	■ 삼성전자 최초 Spin-Off 기업('15) ■ 크라우드 펀딩(인디고고, 킥스타터) 유치('16.9~10) ■ KIC-CCEI Altogether Startup Pitch 3위 수상('17.1) (KIC Express 엑셀러레이팅 프로그램 연계 지원)		

기업명	브레이브 팝스 컴퍼니	창업일	2014.1.23
창업 아이템	■ Class 123 교사용 인터넷 학급관리 플랫폼 		
주요 성과	■ TIPS 참여(운영기관 : 패스트트랙아시아)('14.3~'15.2) ■ K-Global 엑셀러레이터 통합 데모데이 금상 수상('16.12)		

실행단계

■ 청년창업사관학교

- 창업 기획, 기술개발, 시험생산, 판로 개척 등 창업 전 과정을 입소 방식으로 일괄 지원하여 젊고 혁신적인 청년 창업 CEO양성을 목표로 하고 있다. 만 39세 이하 청년창업자를 대상으로 창업계획의 수립부터 사업화까지의 전 과정을 지원하여 창업에 대한 교육, 시설이용 등의 코칭과 더불어 이후 기술개발비, 시제품 제작비 등을 최대 1억 원 이내로 지원하고 있는 프로그램이다.

규 모	260억 원, 310팀 내외(2015년)
대 상	예비 창업자, 3년 미만 창업기업(만 39세 이하)
내 용	총 사업비의 70% 이내, 최대 1억 원 지원
신청·접수	창업넷(http://www.k-startup.go.kr)을 통해 온라인 신청

청년창업사관학교에서 지원하는 내용은 크게 2가지로 나뉜다.

(1) 사업화 지원

- 인프라 : 청년창업사관학교 내 창업 준비공간의 제공
- 교육 : 기업가정신, 기술사업화, 마케팅 등 창업기업의 수준별 창업교육
- 코칭 : 전담 전문코칭인력 등을 배치하여 진도관리 및 창업에 대한 사업화 전 과정에 대한 지원
- 기술 : 기술설계(CAE · 역설계 등), 시제품제작 등의 제품개발 관련한 기술에 대한 장비지원 제공
- 사업비 : 1년간 최대 1억 원, 총사업비 70% 이내를 지원하여 기술개발, 시제품제작 , 기술정보 활동, 지재권 취득, 마케팅비 등의 비용제공

(2) 후속연계 지원

- 청년사관학교 졸업 이후 지속적인 관리와 연계를 통해 정책자금마련과 더불어 마케팅, 수출, 투자유치, R&D연계, 보육 · 코칭 등 사후관리에 대한 지원

■ 창업선도대학

- 창업선도대학은 우수한 창업 지원 인프라와 역량을 보유한 대학을 지정하여 창업교육, 창업 아이템 발굴, 사업화 등 성장 촉진까지 패키지 방식으로 지원하고 있다.

규 모	652억 원, 900명 내외(2015년) *전국 28개 선도대학 지정 중
대 상	예비 창업자, 1년 미만 창업기업
내 용	총 사업비의 70% 이내, 최대 7,000만 원 지원 * 시제품 제작(외주용역, 재료구입), 기술정보활동(지재권출원, 시험분석), 마케팅비 등
신청 · 접수	창업넷(http://www.k-startup.go.kr)을 통해 온라인 신청

- 창업선도대학으로 지정된 대학은 예비창업대학생들을 위해 창업동아리 발굴과 육성을 지원하여 예비창업자들이 담당지도를 통해 아이템을 개발하거나 활동을 진행하게 된다. 또한 예비창업 활동을 위해 창업경진대회를 개최하여 창업분위기의 확산을 돕거나 창업성공률을 제고하고, 관련

기업현장방문을 통해서 실습 · 체험 중심의 교육이 진행되는 점이 있으니 대학생 활동 중에 창업관심이 있다면 여러 활동을 통해 예비 창업과정에 대한 교육을 받아보면서 창업 자금을 마련해보자.

■ 지역별 창업선도대학 및 특화분야

순서	지역	대학교	특화분야
1	서울권	건국대학교	ICT융합 / BT / CT
2	서울권	국민대학교	정보통신 / 디자인 / 기계 · 자동차
3	서울권	동국대학교	문화콘텐츠 / 멀티미디어 / IT융복합
4	서울권	서울과학기술대학교	바이오헬스케어 / ICT융합
5	서울권	서울대학교	ICT융복합 / 기계 · 소재 / 의학 · 바이오
6	서울권	성신여대학교	ICT / 공예디자인
7	서울권	숭실대학교	ICT융합 / 지식서비스 / 정보통신
8	서울권	연세대학교	ICT 핀테크 / 글로벌 / 첨단신소재
9	서울권	인덕대학교	ICT / 제조 / 디자인
10	서울권	한양대학교	ICT / 바이오
11	경기권	가천대학교	BT · ICT융합
12	경기권	경기대학교	IT / 전기전자 / 기계재료
13	경기권	단국대학교	IT/IOT / 지식서비스 / 3D 프린팅
14	경기권	성균관대학교	의료바이오 / ICT / 전기전자
15	경기권	아주대학교	ICT융합 / 바이오헬스케어 / 기계 · 전자 · 소재
16	경기권	한국산업기술대학교	IT / 제조업(전기 · 전자)
17	인천권	인천대학교	ICT융합 / 지식서비스 / 정보통신
18	강원권	가톨릭관동대학교	문화관광 스포츠 / 3D프린 / 의료 및 에너지융합
19	강원권	강원대학교	IT / 식품바이오 / 의료
20	충남권	순청향대학교	의료 / 바이오
21	충남권	충남대학교	바이오융합 / IT / 식품바이오
22	충남권	충북대학교	지식서비스 / 바이오 / 기계 · 전자
23	충남권	한국교통대학교	IT / 교통 · 융합 / 생명 · 바이오
24	충남권	한남대학교	IT / 바이오 / 전기전자
25	충남권	한밭대학교	정보통신 / 기계소재 / 전기전자
26	충남권	호서대학교	전기전자 / 반도체 / 디스플레이
27	호남권	광주대학교	스마트에너지 / 광전자기반 스마트홈 / 디자인융합
28	호남권	순천대학교	소재 / 바이오 / ICT융복합
29	호남권	원광대학교	의 · 생명 / ICT융합 / 지식서비스
30	호남권	전북대학교	농식품바이오 / 기계재료

31	호남권	전주대학교	화콘텐츠 / 탄소융복합소재 / 농생명바이오
32	호남권	조선대학교	ICT융합 / 전기전자 / 식품 · 의료 · 생명공학
33	대경권	경북대학교	ICT융복합 / BT / 지식서비스
34	대경권	경일대학교	기계/자동차 / 전기전자 / IoT융복합
35	대경권	계명대학교	IT융복합 / 정보통신 / 기계
36	대경권	대구대학교	기계 · 자동차 / ICT / 바이오
37	동남권	경성대학교	ICT융합 / 바이오 / 지식서비스
38	동남권	동서대학교	ICT융합 / 콘텐츠 / 디자인
39	동남권	동아대학교	IT / 환경 / 바이오
40	동남권	부경대학교	ICT융합 / 전기전자 / 해양수산
41	동남권	부산대학교	기계재료 / 전기전자 / ICT융합
42	동남권	울산대학교	바이오헬스
43	동남권	창원대학교	IT / 기계재료 / 나노융합

■ 창업맞춤형사업화

– 대학, 공공기관, 투자기관 등의 창업 인프라와 창업 프로그램을 활용하여 창업기업의 사업 특성에 맞도록 지원을 연계하는 맞춤형 프로그램이다. 사업아이템을 통해 사업 모델을 차별화하여 경쟁력을 제고하고 빠른 시장진입을 통해 수익창출을 실현할 수 있다.

규 모	300억 원, 600개 내외(2015년)
대 상	3년 미만 창업기업
내 용	최대 5,000만 원 지원(자금 3,000만 원, 멘토링 · 액셀러레이팅 2,000원)
신청 · 접수	창업넷(http://www.k-startup.go.kr)을 통해 온라인 신청

– 사업화 지원에 선정될 시에는 자금과 서비스에 있어 각각 지원금액이 측정되며, 메토릴과 엑셀러레이팅 금액으로 많은 지원금이 들어가니 BM개발분야(IT, NT, IOT, Robot, 의료기기 및 헬스케어 서비스)로 창업을 할 계획이 있다면 해당 서비스를 이용해보자.

■ 창업맞춤형사업화 지원내용

구분	지원내용	패키지 지원
자금	최대 30만 원	지원연계 R&D, 투자 · 융자 자금, 마케팅
서비스	멘토링(10백만 원) 엑셀러레이팅(10백만 원)	전문가코칭 BM개발, 아이템 개발, 시장진입

성장단계

■ 창업기원지원자금(융자)

– 기술력과 사업성은 있으나 자금력이 부족한 중소 벤처기업에 장기 저리의 자금을 융자 방식으로 지원하는 것으로 창업소요에 드는 운전자금과 생산, 물류 시설 등에 사용되는 시설자금을 지원한다.

<table>
<tr><td>규 모</td><td>일반기업 1,200억 원, 청년기업 1,000억 원(2015년)</td></tr>
<tr><td>대 상</td><td>예비창업자와 7년 미만 창업기업</td></tr>
<tr><td>내 용</td><td><table><tr><th>구 분</th><th>일반기업</th><th>청년기업</th></tr><tr><td>대출기간</td><td>시설자금 8년 이내,
운전자금 5년 이내</td><td>5년</td></tr><tr><td>대출금리</td><td>정책자금 기준금리에서
0.08%p 차감</td><td>연 2.7% 고정금리</td></tr></table></td></tr>
<tr><td>신청 · 접수</td><td>중소기업진흥공단(http://hp.sbc.or.kr)을 통해 온라인 신청</td></tr>
</table>

■ 창업성장 기술개발

– 기술개발자금 부족으로 어려움을 겪고 있는 창업기업과 1인 창조기업, 이공계 대학생 등에 R&D 자금 지원하는 사업으로 예비창업기업 지원제도 중 바우처제도(중소기업 개발에 있어 연구 전문기관 등이 보유한 인력, 시설, 장비 등을 활용하여 서비스, 공정 등을 이용할 수 있도록 하는 신용한도제도)를 도입하였다.

규 모	1,624억 원, 1,128개 내외(2015년)
대 상	1인 창조기업 및 대학생 예비창업자, 7년 미만 창업기업
내 용	총 사업비의 90% 이내, 최대 2억원 지원 *개발장비 구입, 연구인력 인건비, 시험연구비용 등
신청 · 접수	www.smtech.go.kr을 통해 온라인 신청

- 전문연구기간의 연구는 소규모 창조기업에 크나큰 혜택으로 나가온다. 따라서 해당 기술개발사업의 지원기업수는 지속적으로 많아지고 있으며 2017년 들어서는 그 수가 1,000개가 넘어가고 있다.

〈창업성장 기술개발사업 연도별 지원기업수〉

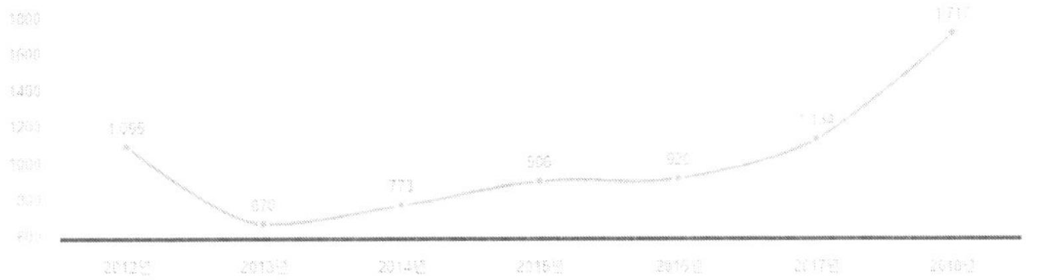

	2012년	2013년	2014년	2015년	2016년	2017년	2018년
지원기업 수(개)	1,095	670	773	906	920	1,134	1,717

■ 창업도약 패키지

- 사업화 과정에서 직면하는 데스벨리(Death Valley)를 극복하기 위한 판로, 해외 진출 등 후속 지원하는 것으로 창업기업의 사업화, 사업아이템을 검증하는데 자금지원하거나 이후 도약기가 끝난 기업들의 성장지원을 위해 유통, 수출, 제품 개선 등의 서비스를 지원하는 사업이다.

구분	내용
규 모	50억 원, 100개 내외(2015년 신설)
대 상	창업 3년에서 7년 미만 기업
내 용	사업 지원금 : 기업당 최대 5,000만 원 지원 서비스 : 시장전문가 멘토링(BM혁신, 아이템 보당, 시장 연계) 지원 연계 추천 : R&D, 투융자자금, 마케팅 등
신청 · 접수	창업넷(http://www.k-startup.go.kr)을 통해 온라인 신청

■ 정책자금을 활용하면 자금이 부족한 창업기업에게는 커다란 도움이 될 것이다. 그러나 정부의 정책자금에 지나치게 의존하는 경우 오히려 독이 될 수 있다. 정책자금은 갚지 않아도 되는 돈이기 때문에 창업자들을 끊임없이 유혹한다. 일부 창업가들은 시장을 상대로 승부하지 않고 정부를 상대로 승부하려고 한다. 제품개발보다는 정책자금 수주를 위한 비즈니스 플랜을 작성하고 사업비 집행과 관련된 서류를 처리하는 데 거의 대부분의 시간을 소진하게 되는데, 이런 기업들 대부분은 경쟁력이 약화되어 사

업을 접게 되는 경우가 많다. 정책자금은 적절하게 사용해야 하며, 지나치면 독이 된다는 점을 기억하자.

3) 시장에서 자금 조달하기

엔젤투자자로부터 투자받기

■ 개인들이 돈을 모아 창업하는 벤처기업에 필요한 자금을 대고 주식으로 그 대가를 받는 투자형태를 말한다. 통상 여럿의 돈을 모아 투자하는 투자클럽의 형태를 띤다.

■ 투자한 기업이 성공적으로 성장하여 기업가치가 올라가면 수십배 이상의 이득을 얻을 수 있는 반면 실패할 경우에는 투자액의 대부분이 손실로 확정된다. 기업을 창업하는 사람들 입장에서는 천사같은 투자라고 해서 붙여진 이름이다. 한편, 이렇게 투자하는 사람을 엔젤 투자자라고 한다.

■ 엔젤투자자는 초기창업기업을 중심으로 투자한다. 따라서 단순히 자금지원에 그치는 것이 아니라 경영자에게 다양한 전문지식과 노하우를 제공하면서 경영에도 일정 수준 참여한다.

■ 국내에서는 (사)한국엔젤투자협회가 엔젤투자자와 엔젤투자 유치 희망기업을 연결시켜 주는 것을 목적으로 엔젤투자자 실무교육, 엔젤투자지원센터, 엔젤네트워크, 글로벌시장형 창업사업화연구개발 등의 사업을 추진하고 있다.

■ 특히 엔젤투자마트라는 사업을 통해서 창업기업에 투자유치 기회를 제공하고 엔젤투자자의 기업 발굴 통로 역할을 하고 있다. 천사를 만나고 싶다면 엔젤투자지원센터를 방문하자, 현재 고벤처엔젤클럽을 포함해 143개 클럽이 공식적으로 활동하고 있다.

대표적인 엔젤 투자 기관

기관	내용
드림엔젤스	모바일, 인터넷, 헬스케어, 제조 등에 대한 투자
파트너아이	S/W, 공연, 바이오, 무역, 자동차, 전기 등에 대한 투자
케이컬쳐엔젤클럽	문화예술 등에 대한 투자
AVA 엔젤클럽	S/W, 과학, 예술, 문화 등에 대한 투자

엑셀러레이터로부터 투자받기

■ 기업이 성장하기 위해서 필요한 것은 자금만이 아니다, 필요한 자금을 투자 유치하는 일 외에도 아이템을 개발하고 발전시키는 일, 판매처를 찾는 일, 마케팅, 법률, 세무, 회계 등 해야 할 일이 많고 전문적인 지식이 요구되는 경우가 많아 어려움을 겪기 마련이다. 슈퍼맨이 되어야 하는 창업자를 도와 기업의 성장을 가속화하는 역할을 하는 것이 엑셀러레이터다.

■ 엑셀러레이터는 초기 단계의 기업에 조언, 서비스, 자금 조달, 공간 제공을 통해 그들의 사업이 확장될 수 있도록 돕는 경험이 풍부한 기업인의 그룹이라는 것이 다른 투자 주체와 차별화되는 점이다. 스스로 창업을 해서 성공을 경험한 사람에게서 자금지원뿐만 아니라 경영 전반에 관한 지원을 받는다는 것은 분명 좋은 일이다.

■ 엑셀러레이터는 대부분 ① 인지, ② 지원, ③ 프로그램, ④ 데모데이, ⑤ 포스트 데모데이의 5단계 프로세스를 통해 지원한다. 우선 정기적으로 지원한 창업팀 중 유망창업팀을 선발한다.(인지). 선발된 팀에게 경비 수준의 후원(지원)과 3~4개월의 교육 및 업계 전문가와 교류할 수 있는 장을 마련한다(프로그램). 데모데이를 통해 엔젤투자자 등의 투자 유치 기회를 제공하며, 포스트 데모데이에서는 투자자 앞에서 직접 사업계획을 발표하도록 돕는다.

■ 창업가는 투자와 멘토링의 대가로 일정 지분(대부분 10% 내외)을 받는다. 추후 지분 매각을 통해 수익을 창출하여 다음 창업기업을 도와주기 위한 준비를 한다.

엑셀러레이터 등록현황

(단위 : 개, %)

구분	서울	경기	인천	부산	대구	대전	광주	세종	전북	전남	충북	충남	경북	경남	울산	강원	제주	합계
기업(社)	136	27	9	15	8	21	5	2	4	1	3	7	6	4	4	4	3	259
비율(%)	52.5	10.4	3.5	5.8	3.1	8.1	1.9	0.8	1.5	0.4	1.2	2.7	2.3	1.5	1.5	1.5	1.2	100
	65.9			34.1														100

엑셀러레이터 유형

(단위 : 개, %)

항목	유형구분							전체	TIPS 운영사
	주식회사	비영리법인	창투사	기술 지주회사	신기술사업 금융회사	신기술창업 전문회사	LCC		
기업(社)	18.3	37	16	13	2	2	6	259	47
비율(%)	70.7	14.3	6.2	5.0	0.8	0.8	2.3	100.0	18.1

■ 엑셀러레이터는 투자주체, 지원시기, 활동법위에 따라 그 유형이 구분되는데 투자주체로는 정부가 대부분 정부가 지원하는 정부 지원이나 민간에서 연쇄 창업가 및 투자자 등 개인이나 기업이 영리를 추구하는 민간주도형으로 구분할 수 있다.

■ 국내에서는 2010년을 기준으로 프로그램이 증가하고 있으며 현재는 민간지원과 정부지원을 통해 전국에 259개의 업체가 운영 중에 있다. 대부분의 엑셀러레이터 운영방식으로 지분투자, 상업적 우선권을 설정하고 있다. 엑셀러레이터의 활용은 기존 벤처캐피털과 엔젤투자자에서 나온 초기투자자의 위험성을 보안하는 역할로 사용가능할 것이다. 다만 엑셀러레이터 같은 경우도 전문성을 검증하기가 어렵기 때문에 엑셀러레이터를 선정 시 전문적인 평과와 더불어 주기적인 성과평과 제도를 시행해야하는 점을 기억하자.

크라우드펀딩 활용하기

■ 대중을 뜻하는 크라우드(Crowd)와 자금 조달을 뜻하는 펀딩(Funding)을 조합한 용어로, 온라인 플랫폼을 이용해 다수의 대중으로부터 자금을 조달하는 방식을 말한다. 초기에는 트위터, 페이스북 같은 소셜네트워크서비스(SNS)를 적극 활용해 '소셜 펀딩'이라고 불리기도 한다.

■크라우드 펀딩은 종류에 따라 후원형, 기부형, 대출형, 지분투자형(증권형) 등 네 가지 형태로 나뉜다.

- 후원형은 대중의 후원으로 목표 금액을 달성하면 프로젝트가 성공하는 방식으로, 공연과 예술 분야에서 많이 활용되고 있다.
- 기부형은 보상을 조건으로 하지 않고 순수한 기부 목적으로 지원하는 방식이다.
- 대출형은 개인과 개인 사이에서 이뤄지는 P2P 금융으로, 소액 대출을 통해 개인 혹은 개인사업자가 자금을 지원받고 만기에 원금과 이자를 다시 상환해 주는 방식이다.
- 지분투자형(증권형)은 이윤 창출을 목적으로 비상장 주식이나 채권에 투자하는 형태로, 투자자는 주식이나 채권 등의 증권으로 보상을 제공받는다. 개인 투자자는 크라우드 펀딩 플랫폼 업체를 통해 중소·벤처기업에 연간 최대 500만 원(업체당 200만 원)을 투자할 수 있다.

기관	내용
관광벤처사업	다른 사업 간 기술이나 서비스 결합을 통해 상품 또는 용역제공
한국관광공사	관광아이디어 콘텐츠를 보유한 중소기업 대상으로 민간 투자 활성화 지원
KOTSA (한국관광스타트업협회)	중소기업을 위해 필요한 콘텐츠 제작비, 투자유치를 위한 자료 작성 지원

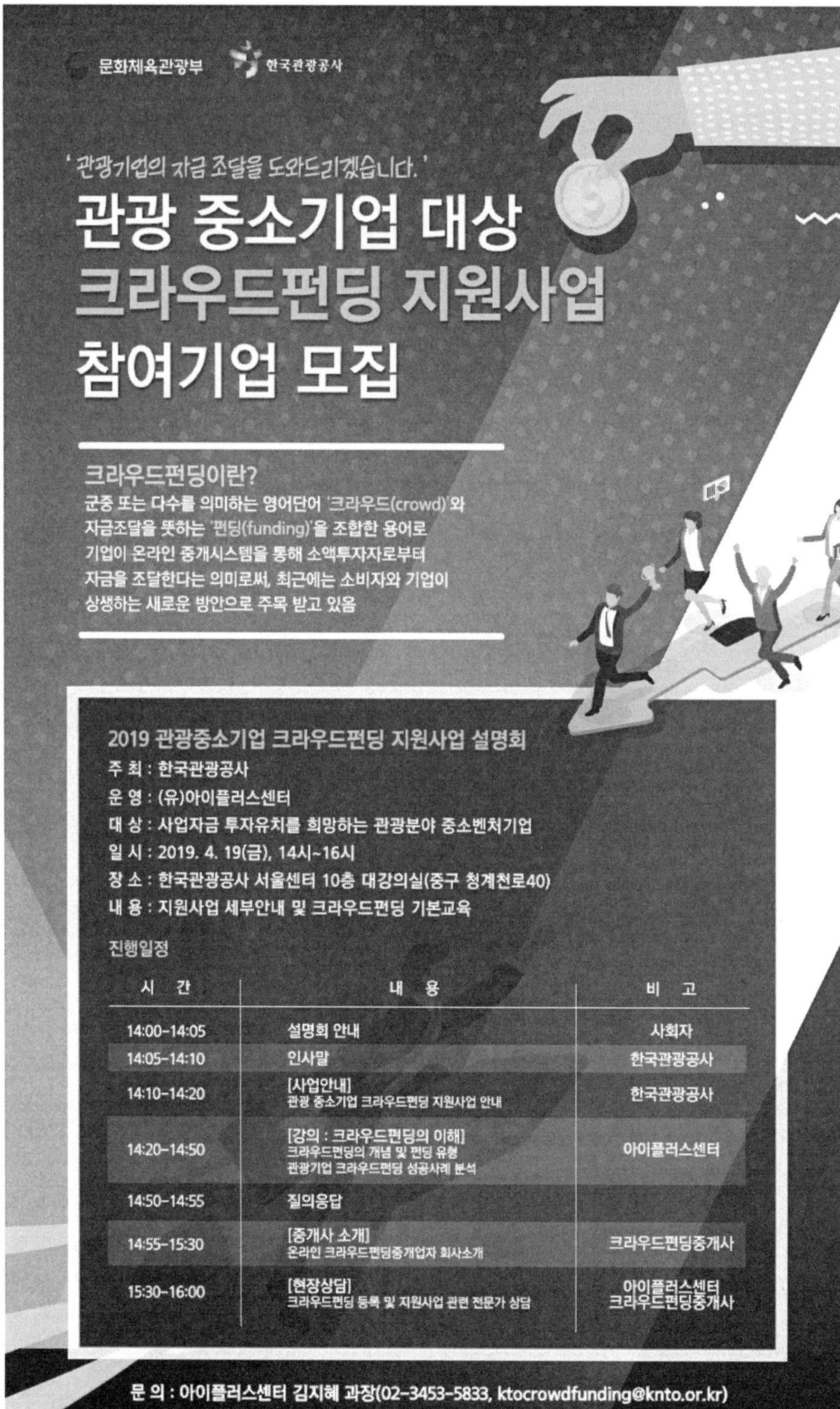

문화체육관광부 한국관광공사

'관광기업의 자금 조달을 도와드리겠습니다.'

관광 중소기업 대상 크라우드펀딩 지원사업 참여기업 모집

크라우드펀딩이란?

군중 또는 다수를 의미하는 영어단어 '크라우드(crowd)'와 자금조달을 뜻하는 '펀딩(funding)'을 조합한 용어로 기업이 온라인 중개시스템을 통해 소액투자자로부터 자금을 조달한다는 의미로써, 최근에는 소비자와 기업이 상생하는 새로운 방안으로 주목 받고 있음

2019 관광중소기업 크라우드펀딩 지원사업 설명회

주 최 : 한국관광공사
운 영 : (유)아이플러스센터
대 상 : 사업자금 투자유치를 희망하는 관광분야 중소벤처기업
일 시 : 2019. 4. 19(금), 14시~16시
장 소 : 한국관광공사 서울센터 10층 대강의실(중구 청계천로40)
내 용 : 지원사업 세부안내 및 크라우드펀딩 기본교육

진행일정

시 간	내 용	비 고
14:00-14:05	설명회 안내	사회자
14:05-14:10	인사말	한국관광공사
14:10-14:20	[사업안내] 관광 중소기업 크라우드펀딩 지원사업 안내	한국관광공사
14:20-14:50	[강의 : 크라우드펀딩의 이해] 크라우드펀딩의 개념 및 펀딩 유형 관광기업 크라우드펀딩 성공사례 분석	아이플러스센터
14:50-14:55	질의응답	
14:55-15:30	[중개사 소개] 온라인 크라우드펀딩중개업자 회사소개	크라우드펀딩중개사
15:30-16:00	[현장상담] 크라우드펀딩 등록 및 지원사업 관련 전문가 상담	아이플러스센터 크라우드펀딩중개사

문 의 : 아이플러스센터 김지혜 과장(02-3453-5833, ktocrowdfunding@knto.or.kr)

TIPS 활용하기

■ TIPS는 Tech Incubator Program for Startup의 약자로 정부와 엔젤투자사, 액셀러레이터가 함께 만들어가는 민간투자 주도형 기술창업지원 프로그램이다.

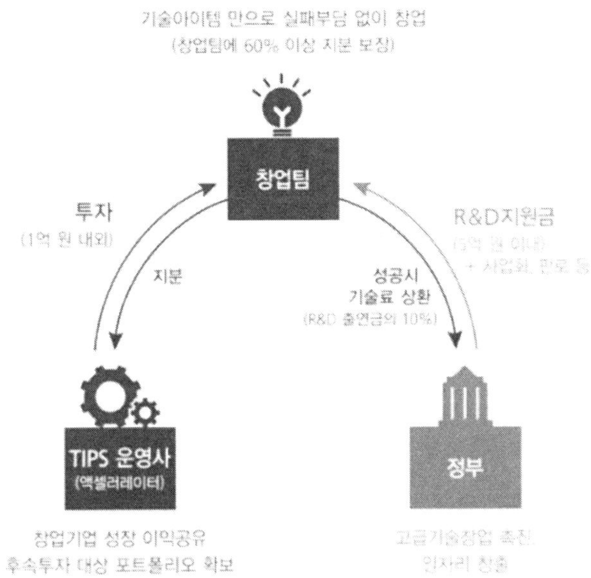

■ 지원방식은 성공벤처인 또는 엔젤투자사가 유망 창업팀을 선별하여 투자(1억 원)한 후 정부에 추천하면 정부가 전문가 심사를 통해 창업팀을 최종 선정하여 R&D 지원금(최대 5억 원), 사업화자금(1억 원), 엔젤매칭펀드(2억원), 해외시장 마케팅 지원(1억 원) 등 총 10억 원을 지원함으로써 기업의 성장을 전방위로 돕는다.

■ 벤처에 일가견이 있는 전문 엔젤투자사가 창업팀을 엄선해 직접 투자한 이후 정부지원금을 받는 구조라는 점에서 기존 창업지원 프로그램과 차별화된다. 실패하면 상환하지 않아도 되고 성공하면 정부 출연금 중 R&D 지원금의 40%를 기술료로 납부하면 된다.

3. 정부의 제도적 지원

1) 관광기금 융자지원 사업

융자사업 소개

■ 관광기금 융자지원사업은 관광인프라의 확충 및 관광사업체의 운영자금에 대한 융자지원사업으로 민간 투자 활성화 및 운영 활성화를 도모한다. 각 연도별 상반기 후반기를 나누어 융자신청을 받으며, 운영자금과 시설자금에 대한 융자를 나누어 진행한다. 이는 관광사업체의 자금 공급 불균형을 해소하기 위함이고, 융자 자금을 배분하여 관광산업의 선진화에 기여하기 위함이다. 매해 변화되고 있는 관광시장의 상황에 따라 다양한 업종이 지원받을 수 있도록 제도가 개선되고 있으며 관광벤처사업체 등이 경영안정화를 통해 성장할 수 있는 발판을 마련하고자 하는 목적을 가지고 있는 사업이다.

가. 융자규모

2019년 예산 : 4,950억 원

나. 융자대상 : 관광진흥법에 따른 관광사업체(또는 사업예정자)

※ 제주특별자치도 소재 관광사업체에 대한 융자는 제주특별자치도청에서 별도 시행

다. 신청한도

- 시설자금(관광호텔업 등 34개 업종) 신축·증축 : 상·하반기 각 150억 원 이내 융자(중견기업, 특급호텔은 40억 원 이내 융자) 단, 관광지·관광단지·관광특구 내 시설은 200억 원 이내 신청(중견기업, 특급호텔은 제외)
- 개·보수 : 상·하반기 각 80억 원 이내 융자(중견기업, 특급호텔은 20억 원 이내 신청)
- 운영자금(일반여행업 등 38개 업종) 업종에 따라 1억 원 이내에서 10억 원 이내 신청

라. 융자조건

- 기준금리 : 공공자금관리기금 융자계정 변동금리(2/4분기 2.25%)
- 우대금리 중소기업 · 공공법인 · 개인은 0.75% 우대
- 중저가 숙박시설 시설자금(신축 · 증축, 개보수)은 1.25% 우대

마. 융자기간

- 시설자금 신축 · 증축 : 4년거치 5년 분할상환~5년거치 8년 분할상환
- 개 · 보수 : 3년거치 4년 분할상환~4년거치 4년 분할상환
- 운영자금 : 2년거치 3년 분할상환

연도별 예산규모 및 집행률

(단위 : 억 원)

연도	예산액(A)	집행액(B)	집행률(B/A) (%)
2014	5,720	4,851	84.8%
2015	6,800	6,132	90.2%
2016	6,200	6,200	100.0%
2017	6,100	6,100	100.0%
2018	5,250	4,921	93.7%

자금별 업종 융자 현황

(단위 : 억 원)

구분		2014	2015	2016	2017	2018
합계		4,851	6,132	620	6,100	4,921
시설자금	호텔업	3,677	4,152	4,667	3,452	3,167
	기타숙박시설	256	185	328	253	373
	휴양업	69	62	35	8	76
	기타업종	152	117	96	173	116
	시설자금 계	4,154	4,516	5,126	3,886	3,732
운영자금	여행업	327	538	225	563	455
	호텔업	116	761	659	1,377	508
	기타업종	254	317	190	274	226
	운영자금 계	697	1,616	1,074	2,214	1,189

기업 규모별 융자 현황

(단위 : 억 원

구분	2014		2015		2016		2017		2018		평균	
	지원금액	%	지원금액	%	지원금액	%	지원금액	%	지원금액	%	지원금액	%
중소	4,411	90.9	5,515	89.9	5,374	86.7	5,581	91.5	4,850	98.6	5,160	91.8
중견	261	5.4	550	9.0	761	12.3	505	8.3	7.1	1.4	415	7.0
대기업	179	3.7	67	1.1	65	1.0	14	0.2	0	0	65	1.2
계	4,851	100	6,132	100	6,200	100	6,100	100	4,921	100	5,281	100

관광 벤처사업 지원

(1) 관광기업 지원센터

■ 관광기업은 현장에서 발생하는 애로사항이 다양하게 나타나는 산업이다. 멀티 컬처관광의 소비가 확산되며, 다양한 체험추구 관광이 발달함에 따라 구매객들의 니즈는 다양해지고 있고 기술의 발달로 인해 소셜네트워크 서비스로 상품을 구매하기 전에 충분히 비교하고 구매하게 되는 소비자 중심의 관광형태로 변화하고 있는 중이다.

■ 대기업의 투자로 인해 혁신적인 벤처사업의 등장으로 인해 신생기업은 사업화 역량이 비교적 부족하게 되는데 변화하는 환경과 애로사항에 대해 관리가 필요한 기업들에게는 관광기업 지원센터에서 솔루션을 진행하면서 단계적인 상담서비스를 바탕으로 전문가의 상담을 통해 보다 건강하게 관광기업을 육성할 수 있게 되었다.

유형	내용
시설기반형	사업을 추진함에 있어 활용 가능한 시설, 또는 물적 기반으로 하는 사업 (관광벤처형 숙박시설, 생태길, 공원, 카누, 목장, 생태마을 등
IT기반형	IT를 기반으로 한 관광사업으로 IT자체가 수익모델인 사업 (스마트관광, 소셜플랫폼사업)
체험기반형	인식 및 치유의 감성만족, 타 분야 산업과의 융합, 직접 참여하여 느끼고 공감할 수 있는 체험 중심의 사업(지역축제, 궁중체험, 뷰티케어, 드라마 · 행사 · 전시 연계관광, 마음치유여행 등)
기타 (아이디어 등)	타 유형에 속하지 않은 창의적인 관광사업

■ 주요성과

- 관광기업 관광벤처사업 주요 실적(고용 1766명, 발굴 548건)
- 관광벤처사업 지원 현황

항목	연도	내용
시범	2011	투자지원팀 시범사업 제1회 관광벤처사업 공모전실시
도입	2012	전담조직 신설(관광벤처팀) 제2회 관광벤처사업 공모전 제1회 창업 경진대회 유망사업 추가발굴
양적확대	2013	2013 내나라 여행박람회 참가 제3관광벤처사업 공모전 담임 경영컨설턴트 운영 관광벤처 BI 개발 및 DB 구축
질적도약	2015	제5회 관광벤처사업 공모전 관광벤처기업 부문신설 펀드조성 및 기금 특별융자운영
지원 고도화	2018	관광기업 지원센터 확대조성 국내외 홍보 및 판로개척 지원 체계화 관광부문 교육 특화 및 컨설팅 운영
경쟁력 강화	2019	사업 지원 대상의 다양화 추진 기업 육성 프로그램 경쟁력 강화 기업간 협업 · 네트워크 활성화

지원 프로그램

■ 맞춤형 프로그램 국내외 홍보, 판로개척 지원

- 언론홍보(TV 등)
- 공사, 지자체와의 협업사업 수행
- 박람회 참가

■ 컨설팅 랩어카운트

- 담임 / 전문컨설팅
- KTO 커넥트 프로그램
- 관광멘토 제도
- 가속화 지원 프로그램

■ **관광벤처 아카데미**

- 스타트업 교육
- 창업 실무, 마케팅 교육
- 홍보, 마케팅 실무 교육
- 투자유치 / 융자신청 컨설팅

■ **사업자금 지원**

- 3,000만 원~1,400만 원(자부담 25% 포함)
- 선 집행, 후 정산(사후 원가 정산)
- 지원항목(아이템 개발 인프라 홍보 마케팅 등)

■ **관광기업 지원센터**

- 관광벤처 입주공간 제공
- 네트워킹 프로그램 운영
- 기업별 전문 컨설팅 제공
  (관광벤처사업공모전 선정사업 대상 사업(활성)화 자금지원)
- 지원금액 : 4,000만 원~1,050만 원(자부담 필수)
- 집행방식 : 선 집행, 후 정산(사후 원가 정산)
- 지원항목 : 아이템 개발, 인프라 지원 등

(3) 관광벤처사업공모전 선정사업 대상 사업(활성)화 자금지원

지원금액 : 4,000만 원~1,050만 원(자부담 필수)

집행방식 : 선 집행, 후 정산(사후 원가 정산)

지원항목 : 아이템 개발, 인프라 지원 등(상세내용 하단 참조)

<table>
<tr><th>항목</th><th>지원내용</th></tr>
<tr><td>아이템
개발비</td><td>• 시제품 및 상품개발 지원 등
• 상품 개발을 위한 시장조사, 현지답사, 테스트 투어 비용 등</td></tr>
<tr><td rowspan="4">인프라
지원비</td><td>• 창업 사무공간 지원
(사무실, 보육센터 등 임차료, 단 관리비 및 임대차 보증금 제외)</td></tr>
<tr><td>• IT 인프라 구축
(홈페이지 및 모바일 어플리케이션, 서버 구축 및 호스팅 비용 등)</td></tr>
<tr><td>• 사업과 직접 연관성이 있는 사업공간 조성
(매장 인테리어 등/단, 임대차 보증금 제외)</td></tr>
<tr><td>• 사업에 직접적으로 관련된 기자재 임차비용</td></tr>
<tr><td>홍보 및
마케팅비</td><td>• 국내외 판로개척 및 마케팅 지원(전시박람회 참가, 팸투어 등/단, 서비스나 제품개발이 완료된 경우에 한함)
• 제품 홍보물 제작 및 홍보비, 카탈로그 제작비
• 온 · 오프라인 매체광고 등 미디어 홍보 지원
• 시장조사 지원(팸투어, 현지답사 등)</td></tr>
<tr><td rowspan="3">아이템
고도화비</td><td>• 전문 분야별 심화 컨설팅(경영, 마케팅, 창업 등)
• 세무, 회계, 법률, 법인설립 대행 수수료 등</td></tr>
<tr><td>• 산업재산권 출원, 등록비(대행수수료 등/ 단, 성공수수료, 연장비 제외)</td></tr>
<tr><td>• 사업운영과 관련된 교육 참가, 교재비 지원 등</td></tr>
</table>

■홍보, 판로개척 지원

공사, 지자체 등 유관기관과의 협업을 통한 국내외 홍보, 판로개척 지원

- 언론홍보(광고, 기획기사 등)
- 국내외 관광전시박람회, 소비자 홍보행사 공동 참가
- 국내관광활성화 캠페인에 관광벤처기업 참여
- ICT 기반 관광벤처 활용 신개념 사업(서비스) 개발 촉진
- 국내외 여행업자 상품개발 및 언론 홍보 팸투어 일정 수립 시 연계
- 지자체 및 업계 대상 관광벤처 홍보판촉 지원 등.

■ 효과적인 창업 및 사업화 지원을 위한 종합 컨설팅 서비스 프로그램 예시

구분	내용
담임 컨설팅	사업실행계획 작성, 수익모델 발굴 등 초기단계 종합컨설팅 제공
전문컨설팅	IT분야 등 최적의 전문 컨설팅 제공
KTO-커넥트 프로그램	세무, 법률, 회계, 투자 등 전문가 풀 확보
관광멘토 제도	분야별 세분화된 현장정보 제공
가속화 지원 프로그램	한 단계 상승진입을 위한 집중 관리 실시

■ 전문 창업 지식, 기술 등 창업역량 제고를 위한 체계적 교육 교육과정 예시

과정명	세부교육내용
스타트업 교육	• 관광벤처사업 운영 지침, 지원사업 소개 • 지원금 정산방법, 온라인 사이트 사용 안내 • 관광산업 내 창업의 이해 • 전문가 창업교육(기업가정신) • 선배기업 성공스토리 공유
관광상품 및 서비스 개발 실무	• 관광관련 법규, 제도, 허가절차 등 • 관광시장 트렌드 분석 • 여행업의 이해(유통 및 수익구조)
관광 마케팅 (온-오프라인)	• B2B(여행사 등), B2G(정부, 지차체 등) 마케팅 실무 • 온라인 마케팅 채널별 이해와 활용방안 • 국내 주요 타겟별 마케팅 전략수립
창업지원 유사제도	• 정부 및 지자체의 창업지원제도에 대한 이해와 활용방법
투자유치 / 융자신청 방법	• 창업단계별 활용가능한 자금조달 방안 • 투자유치를 위한 전략수립 및 방법
해외관광 마케팅	• 시장별(중국, 일본, 아시아, 구미주 등) 특성 및 대응 마케팅전략

제9장

엘리베이터 피치

관 광
창업론

09

제9장

엘리베이터 피치

학습목표

1. 투자자들에게 창업 아이디어를 효과적으로 전달할 수 있다.
2. 엘리베이터 피치 연습을 통해 발표력을 향상시키고 다양한 곳에서 활용할 수 있다.

1. 엘리베이터 피치의 개념 및 주요내용

엘리베이터 피치의 개념

■ 어떤 상품, 서비스 혹은 기업과 그 가치에 대한 간단한 요약 설명서
= 로켓피치(Rocket Pitch)

■ 엘리베이터에서 투자자 혹은 우리 사업에 영향을 미칠 수 있는 주요 이해관계자를 만났을 때, 자신의 생각을 요약하여 20초에서 3분이라는 짧은 시간에 전달할 수 있어야 한다는 의미로 붙여짐

■ 엘리베이터 피치는 주로 말, 글, 비디오의 형태로 전달

■ 투자자는 기업가의 아이디어에 대한 가치를 엘리베이터 피치를 듣고 결정하기 때문에 사업을 진행하는 데 있어서 엘리베이터 피치는 매우 중요하다.

■ 이런 형식의 말하기는 면접, 자기소개 등 여러 가지 용도로 쓰인다.

엘리베이터 피치의 주요 내용

■ 자기(회사, 팀)소개

- 대부분의 투자자들은 발표자의 이력과 전문성 등을 매우 중요한 투자의 결정요인으로 여긴다.
- 아주 강력하게 자신(팀)의 장점, 특히 해당 사업과 관련성이 높다고 생각되는 자신(팀)의 이력 중의 하나를 포함한다.

■ 문제제기(창업 아이템 제안 배경)

- 고객이 갖는 불편한 점은 무엇인가?
- 고객들이 그런 불편함을 갖게 되는 근본 원인은 무엇인가?
- 이러한 문제를 우리는 어떻게 해결하고자 하는가를 설명해야 한다.
- 즉, 고객의 불편함을 정의하고 그 해결책으로 우리의 제품이 등장하게 되었다는 점을 부각시켜 설명한다.

■ 제품 및 서비스 설명(아이템 컨셉 및 차별성)

- 제품의 주요 기능과 특징을 설명한다.
- 제품 및 서비스의 특징을 설명한다는 것을 차별화 요소를 부각시키는 것으로, 짧은 시간에 효과적으로 설명하기 위해서는 기존의 제품들과 비교하여 설명하는 것이 좋다.
- 다른 제품에 비해 저렴한지, 좀 더 나은 제품인지, 시장에 없는 최초의 제품인지 등 설명
- 경쟁자 프로파일 매트릭스를 바탕으로 우리제품과 서비스가 경쟁자에 비해 어떤 부문에서 경쟁우위를 갖고 있는지를 비교 설명하는 것이 좋다.

■ 고객과 시장에 대한 이해(사업성)

- 주요 고객과 그 특성을 명확하게 파악하고 있음을 보여 주는 것이 바람직하다.
- 이와 더불어 시장(산업)의 트렌드와 성장가능성 등에 대해 설명한다.
- 엘리베이터 피치에서는 재무 부문이 아주 자세하게 설명될 필요는 없지

만 대략 언제부터 수익이 나기 시작하는지 등 매출과 비용에 대해 이해하고 있음을 보여 주는 것이 좋다.

■ **기타 보조자료의 활용**

- 증거 자료가 필요하다면 도식화하여 보여 주거나, 전문가의 인터뷰 내용 일부를 발췌하여 제시하는 것이 필요하다.

2. 엘리베이터 피치 주의사항

1) 제품 및 서비스에 대해 지나치게 자세히 설명하는 것은 바람직하지 않다.
   → 새로운 가치가 있음을 설명하는 것이 중요
2) 기존의 제품과 차별성은 엘리베이터 피치의 핵심이다. 발표자들이 범하기 쉬운 오류는 청중이 기존 제품을 모두 알고 있거나 해당 분야에 전문지식이 많다고 가정하는 것이다.
   → 청중이 기존 제품과 산업에 대해 어떤 전문지식도 가지고 있지 않다고 가정하고 제품을 설명한다. 설명을 한 후에 기존 제품과의 차별성을 부각시키는 것이 좋다.
3) 고객이 누구인지, 시장규모가 얼마나 되는지 명확한 수치로 설명을 해야 한다.
   → 추측이나 발표자의 짐작으로 시장 규모를 설명하는 것은 명확하지 않다. 근거있고 논리적인 자료를 바탕으로 고객과 시장 규모를 설명해야 한다.
4) 발표 준비의 철저성을 투자자들이 발표자와 회사에 대해 신뢰를 갖게 하는 중요한 부분이다. 다음과 같은 행위는 투자자와 청중에게 신뢰감을 떨어뜨리는 행위이다.
   ① 노트나 메모를 보고 읽는 경우 : 노트나 메모를 읽는 것은 청중들의 신뢰감을 떨어뜨리는 대표적인 행위이다. 해당 제품이나 서비스가

무엇인지 발표자가 이해하고 있지 못하거나 준비가 제대로 되어 있지 않다는 이미지를 주기 때문에 발표 자료의 구성을 암기하여 발표 자료가 없더라도 발표를 진행할 수 있을 정도로 준비해야 한다.

② 기술적이고 전문적인 용어를 너무 많이 사용하는 경우 : 기술 기반의 창업 아이템을 가지고 있는 발표자가 특히 주의해야 할 부분이다. 청중들은 투자 및 기업가적 과정의 전문가들이지 해당 산업의 전문가가 아닌 경우가 많다. 대부분의 청중들이 해당 기술을 모른다고 가정하고 쉬운 용어로 풀어서 설명해야 한다.

③ 파워포인트 및 컴퓨터 사용이 미숙한 경우 : 포인터, 파워포인트 등 컴퓨터 사용이 미숙한 경우에는 준비 부족으로 간주되어 맞은 점수를 받을 수 있다. 투자자들은 사업성에 대한 평가도 하지만 얼마나 발표자가 성실하게 준비하고, 청중을 존중하는지에 대한 태도 또한 평가한다.

④ 너무 많은 정보를 주려고 하는 경우 : 엘리베이터 피치는 20분 동안의 사업 설명회 혹은 투자유치 설명회 발표가 아님을 기억하자. 너무 많은 정보를 주려다가 시간을 넘기거나 많은 내용을 전달하기 위해 지나치게 빠른 속도로 발표하는 것은 감점의 요인이 될 수 있다. 투자자가 발표자의 사업에 관심이 있다면 발표를 마친 후에 질문을 할 것이다. 질문을 받을 기회가 있음을 기억하고, 발표할 때는 정확한 시간에 맞추어 적절한 정보만 전달해야 한다.

⑤ 고객을 잘 이해하지 못하는 경우 : 우리의 고객이 누구인지 명확하게 제시되지 않으면 감점 요인이 된다. 아무리 우수한 제품 및 서비스를 만들었다고 하더라도 고객이 누구인지 한마디로 명확하게 정의되지 않으면 투자자의 신뢰를 얻을 수 없다.

⑥ 경쟁자들을 무시하는 태도나 발언을 하는 경우 : 본인의 제품 우수성에 심취되어 경쟁자를 무시하는 발언을 하기도 한다. 경쟁 제품이 소비자의 니즈를 만족시키지 못한다거나 어떤 오류가 있다는 것을 너무 과장되게 설명하는 것은 피한다. 경쟁자에게 존경심을 표하는 것이 필요하고 그들의 노고를 치하하면서 우리 제품의 차별성을 설명해야 한다.

⑦ 지나친 과장이나 잘난 척을 하는 경우 : 시장 성장률 혹은 제품의 차별성을 설명할 때 발표자들이 지나치게 과장하는 경우가 많다. 창업 후 1년이면 100억의 매출을 올릴 수 있다는 표현, 즉 지나치게 매출에 대해 낙관적으로 예측치를 보이거나 과장하는 것은 피한다. 수치로 설명해야 하는 경우, 지나친 낙관에 과장하고 있지 않은지를 점검해야 한다.

⑧ 지나친 단조로움으로 지루함을 유발하는 경우 : 목소리 톤이 너무 일정하거나, 책을 읽는 것과 같은 단조로움으로 청중을 지루하게 하는 발표는 피해야 한다. 청중과 눈을 맞추고 청중들의 관심을 유발할 수 있도록 간단한 질문을 던지는 것도 필요하다.

엘리베이터 피치에 사용하면 좋은 것

■ 표와 그래프

짧은 시간에 효과적으로 발표를 진행하기 위해서 표와 그래프 같은 시각적인 집중을 끌 수 있는 방법을 활용하는 것이 좋다.

■ 고객 및 전문가의 의견

고객의 목소리를 담거나, 전문가 인터뷰 내용을 발췌하여 신뢰도를 높이는 것이 좋다.

■ 사진

사진을 활용하면 설명력이 높아지고 실제 현상을 전달하기에 신뢰성이 높아질 수 있다.

■ 다른 산업에서 우리와 비슷한 경우 소개

우리제품 및 서비스의 성공가능성을 설명하기 위해서 다른 산업의 사례를 활용하는 것이 바람직하다.

3. 엘리베이터 피치 준비하기

엘리베이터 피치 작성TIP

■자신(팀)의 제품 및 서비스를 5분 동안 설명할 수 있도록 발표 스크립트를 작성해보자.

주요내용	발표내용	특이사항
나는(팀) 누구인가?		발표자 및 팀의 우수 이력사항 등
고객이 갖는 불편함은 무엇인가?		그림으로 표현
우리 제품 및 서비스는 고객의 불편함을 어떻게 해결하였는가?		해결책 제시
우리의 제품은 기존의 제품과 어떤 특성 및 차별성을 가지고 있는가?		기존 제품과 비교설명 (표/그림, 소비자 인터뷰 등)
언제 매출이 나기 시작하고, 언제 수익이 나는가?		그래프 활용
시장규모 및 시장성장률은 어떠한가?		출처 및 근거 제시

4. 엘리베이터 피치 평가하기

■ 엘리베이터 피치 동영상을 보고 다음 사항을 평가해 보자.

○ 나(회사)는 누구인지 설명했는가?
○ 고객이 갖는 불편함을 설명했는가?
○ 우리 제품 및 서비스가 불편함을 어떻게 해결했는지 설명되어 있는가?
○ 기존 제품 및 서비스와 다른 차별성이 있는가?
○ 언제 매출이 나기 시작한다고 설명했는가?
○ 시장 규모 및 성장률을 설명했는가?

○ 몇 점을 부과할 수 있을지 작성해 보자. 점/ 100점 만점
○ 이 점수를 부여한 이유를 설명해보자.

※ 자료 : 엘리베이터 피치 동영상 1
- 내 서랍 속 교실 이레밍즈
https://www.youtube.com/watch?v=PKUMDrx-2AI

엘리베이터 피치 동영상 2
- 서울과학기술대학교 기업가정신과 창업 - 투핸즈 컴퍼니 조
https://www.youtube.com/watch?v=voXCl-99E88

5. 엘리베이터 피치의 핵심

엘리베이터 피치의 목적은 무엇인가?

■ 투자, 아이디어 검증 등

결국 상대방을 납득시키는 것

■ 내 의도대로 상대방이 움직이게 하는 것.

핵심메시지를 전달하자.

■ 인간의 뇌는 다량의 정보에 취약하다.

■ 자신의 아이템을 한 문장으로 정의해 보자.

참고문헌

- 권대환(2018). 협동조합마을발전소맥, 사업구상 작성실습, 5.
- 김연정(2017). 'PBL 교수법에 기반 한 대학 창업교육 학습 사례 연구', 한국창업학회지, 12(3), 285-309.
- 목영두 · 최명길(2010). '창업교육의 대학교과과정 설계방향에 관한 연구', 한국산학기술학회 논문지, 11(1), 320-334.
- 박철호 · 한수정(2018). 창업대비관광법류론, 기문사.
- 이용숙 외(2013). '대학 신규 교과목 개발을 위한 실행연구: 신제품 마케팅 에스노그라피', 교육인류학연구, 16(1), 65-100.
- 이우진 외(2013). '해외 대학의 창업교육 현황과 특징에 관한 연구: 미국 5개 대학 사례를 중심으로', 벤처창업연구, 8(1), 99-110.
- 조권래(2007). '대학과 대학원에서의 창업교육 교과과정 개발에 관한 연구(Babson College 사례를 중심으로)', 진주산업대학교 벤처창업대학원 석사학위논문.
- 피터 드러커 저, 'Next Society', 이재규 역(2002), 한국경제 신문사
- Finkle, T. A., Kuratko, D. F. and Goldsby, M. G.(2006). 'An Examination of Entrepreneurship Centers in the United States: A National Survey', Journal of Small Business Management, 44(2), 184-206.
- 교육부·한국청년기업가정신재단. 대학창업교육 표준교재 1탄. 손에 잡히는 기업가 정신
- 국가법령정보센터 http://www.law.go.kr/main.html
- 기획재정부 경제e이야기 https://mosfnet.blog.me/221037614758
- 네이버 지식백과 http://terms.naver.com
- 문화체육관광부(2008). 제3차 관광진흥 5개년 계획 [2009~2013]
- 문화체육관광부(2013). 제4차 관광진흥 5개년 계획 수립연구.
- 문화체육관광부(2018). 제5차 관광진흥 5개년 계획 수립연구.
- 신용보증기금 월간지 '신용사회'(CEO를 위한 경영전문지)(2015). 대한민국 기업가정신. 2015년 2월호, No.389, Special Theme.
- 아이디어마루 https://www.ideamaru.or.kr
- 이투데이(2016). '데쓰밸리' 무색한 벤처 천억 기업…고성장으로 헤외 넘본다. 이투데이 2016.07.21.(김정유기자) http://www.etoday.co.kr/news/view/1360118
- 중소벤처기업부(2022) 알기 쉽게 풀어 쓴 중소기업 범위해설
- 중소벤처기업부 창업기업실태조사 http://www.mss.go.kr
- 중소벤처기업부 http://www.k-startup.go.kr/common/post/detail.do?mid=30005&bid=710&postSn=56327
- 중앙일보(2018). 「세계 70개국과 비교해본 우리나라 기업가정신 생태계」, 중앙일보, 2018. 01.29. https://news.joins.com/article/22327911
- 창조경제연구회(2016). 16차 공개포럼 발표자료 - 플랫폼 생태계와 창업. Photograph. 14.
- 창조경제연구회(2016). 21차 공개포럼 발표자료 - 창조경제의 세계화, Photograph. 3.
- 통계청 http://kostat.go.kr
- 통계청(2014). 통계로 찾은 2014 블루슈머 6. Photograph. 4
- 한국과학기술정보연구원 http://www.kisti.re.kr
- 한국관광공사 https://www.visitkorea.or.kr/
- 한국기업가정신센터 http://www.entrepreneurship.or.kr
- K-Startup https://www.k-startup.go.kr

저자약력

| 박철호

경기대학교 관광경영학과(관광경영전공)
경기대학교 대학원 경영학 석사(관광경영전공)
경기대학교 대학원 경영학 박사(관광경영전공)
George Mason University(USA, Visiting Scholar)

현)
- 안양대학교 관광경영학과 교수
- 한국문화레저관광산업연구회 회장
- 한국여행학회 고문
- 한국문화관광연구학회 부회장
- 한국관광연구학회 부회장
- 학교법인 송곡학원(송곡대학교, 송곡고등학교, 송곡여자고등학교, 송곡관광고등학교, 송곡여자중학교) 이사
- 서울특별시 송파 · 강동 교육지원청 교육발전자문위원회 위원장
- 서울특별시 송파 · 강동 교육지원청 인사위원
- 한국관광호텔등급 심사위원
- 국립 산림치유원 고객만족위원회 위원
- 슬로우시티 평가위원
- 안양시 관광자문위원
- 경기남부지방경찰청 경찰공무원 면접위원

전)
- 한국여행학회 회장
- 한국해양관광학회 부회장
- 한국서비스경영학회 편집위원
- 국무총리실 정책평가위원회 정책평가 전문위원(관광정책)
- (주)대교개발(서울교육문화회관호텔, 경주교육문화호텔, 지리산가족호텔, 설악유스호스텔, 교원 공제회 여행사)사외이사
- GKL 사회공헌재단 이사
- 문화체육관광부 국제회의 산업자문단 자문위원
- 관광통역안내원 시험출제 및 면접위원
- 중앙인사위원회 국가고시 출제위원
- 국무총리실 사행산업통합감독위원회 위원
- 한국학술진흥재단 교수공모과제 심사위원
- 서울특별시 교육청 동작교육지원청 인사위원
- 서울특별시 공무원 면접위원
- 문화체육관광부 축제평가 및 선정위원
- 경기도 문화관광축제 평가위원
- 안양시민축제 추진위원회 위원
- 의왕시 축제 추진위원회 위원
- 안양시 시정발전위원(관광정책)
- 인천광역시 관광진흥위원회 위원
- 기업도시선정 평가위원
- 안양상공회의소 안양지역 경제센터 연구위원
- 한국문화관광정책연구원 관광아카데미 강사

관광창업론

2023년 2월 20일 초 판 인쇄
2023년 2월 28일 초 판 발행

저 자 박 철 호
발행인 한 인 환
발행처 도서출판 **기문사**
등 록 1978. 8. 9. NO. 6-0637
주 소 서울시 동대문구 안암로 50-1(용두동) 홍신빌딩 3층
전 화 02) 2265-7214(代)/922-8662~3
팩 스 02) 922-8772

homepage : www.kimoonsa.co.kr
e-mail : book@kimoonsa.co.kr

ISBN : 978-89-7723-946-3 93980

저자와의 협의하에 인지생략

정가 : 19,000원